Zu diesem Buch

Gerd Höhler, Jahrgang 1949, arbeitet als freier Journalist und Korrespondent mehrerer Tageszeitungen in Athen. Sein Reiseführer beschränkt sich deshalb nicht darauf, die Geschichte des klassischen Griechenland aufzuzeigen, vor deren Hintergrund erst die Entwicklung der modernen griechischen Demokratie zu verstehen ist. Obwohl auch er von der reizvollen Landschaft und den vielen Zeugen einer antiken Hochkultur fasziniert ist, sind es immer wieder die heute lebenden Menschen, die ihn eigentlich interessieren. Wie leben sie in dieser Landschaft, wie gehen sie mit ihrer Geschichte um? Besonderes Gewicht legt Höhler dabei auf die aktuellen politischen Entwicklungen der letzten Jahre; er gibt damit dem Griechenlandreisenden umfassende Informationen über den bloßen «Säulen-Tourismus» hinaus.

Gerd Höhler

Begegnung mit Griechenland

Kultur/Geschichte/Politik

rororo

Rowohlt

Umschlagentwurf Werner Rebhuhn
(Foto: Hans Winter/Bavaria)

Veröffentlicht im Rowohlt Taschenbuch Verlag GmbH,
Reinbek bei Hamburg, Juli 1984

Gesetzt aus der Bembo (Linotron 202)
Gesamtherstellung Clausen & Bosse, Leck
Printed in Germany
1080-ISBN 3 499 17841 9

Inhalt

Vorwort

Griechenland:

weiße Säulen, goldener Strand und blaues Meer? Sirtaki und Tavernen? Ja, auch das. Aber noch viel mehr. Unser von Reiseprospekten und Ansichtskarten auf Hochglanz poliertes Griechenland-Bild ist unvollständig. Denn allzuoft läßt es aus, was dieses Land so einzigartig macht, so unverwechselbar: seine Menschen.

Dies ist der Versuch, den Griechen und ihrem Griechenland auf die Spur zu kommen. Jenseits der Touristentavernen, jenseits der klassischen Ruinen, jenseits der Statistiken auch. Eine Entdeckungsreise in ein bekanntes, so unbekanntes Land, das uns im Rest Europas mal ganz vertraut erscheint – und mal ganz fremd.

Was sind die Ingredienzien dieser aufregenden, anregenden Mixtur aus Orient und Okzident, aus Ost und West? Wo hat dieses Zehnmillionenvolk seine Wurzeln: im Athen des Perikles, der den Parthenon erbauen ließ? Im Weltreich Alexanders des Großen? Oder im Gottesstaat Byzanz? Wie kam es, daß die Aufklärung, diese ganz und gar ‹griechische› Revolution des Denkens, ausgerechnet an Griechenland vorüberging?

Auf der Akropolis, im Zentrum des hellenischen und europäischen Kosmos, bauten die osmanischen Besatzer ein Minarett, und neben dem Tempel der Athena richtete der Sultan seinen Harem ein. Deutsche gruben Olympia aus. Aber Deutsche waren es auch, die auf der Akropolis die Flagge mit dem Hakenkreuz hißten.

Dieses Griechenland hat vieles erlebt, vieles erlitten. Bis auf den heutigen Tag leidet es an seiner grandiosen, überwältigenden Vergangenheit – versucht, mit ihr zu leben, sie zu bewältigen, ihr gerecht zu werden.

Der griechische Nationalstaat, das Griechenland der Griechen, ist nicht älter als einhundertfünfzig Jahre. In einer blutigen Revolution befreite sich dieses Volk von den moslemischen Besatzern, und unter Schmerzen – aber auch mit viel Begeisterung – müht sich das Mutterland der Demokratie seither um ... Demokratie. Die Diktatur der Obristen Papadopoulos, Pattakos und Co. war nur einer von vielen «Betriebsunfällen» während dieser eineinhalb Jahrhunderte.

Die «Rückkehr nach Europa» nennen viele das, was am 1. Januar 1981 vollzogen wurde: Griechenlands Beitritt zur Europäischen Gemeinschaft. Richtig verstanden wäre das wohl eher ein beiderseitiges Aufeinanderzugehen – auch die Rückkehr Europas also zu seinen Ursprüngen. Eine Herausforderung an diese Gemeinschaft, die ja mehr sein will als ein gemeinsamer Markt.

Griechenland scheint entschlossen, seine ganze vielfarbige, vitale und manchmal widersprüchliche Alltagswirklichkeit einzubringen in diese so lustlos wirkende EG. Ein neuer Lebensimpuls für Europa? Hoffentlich.

Lernbegierig sind die Griechen auf dem Weg nach Europa – und vieles können sie gewiß lernen. Obwohl: Man weiß nicht so recht, ob man ihnen deutsche Gründlichkeit, französischen Esprit oder britische Reserviertheit ernsthaft als vorbildlich empfehlen darf. Eher scheint es, daß die anderen Länder Europas vom neuen, alten Nachbarn Hellas eine Menge lernen können: Improvisation, Optimismus, Spontaneität, Menschlichkeit, Lebensart und Lebenslust.

Kein anderes Land in Europa hat sich während der letzten drei Jahrzehnte ähnlich rasant und zielstrebig vom Agrarland zum modernen Industriestaat entwickelt wie Griechenland. Das brachte gelegentlich Probleme mit sich: Die Hauptstadt Athen, um die Jahrhundertwende noch eine idyllische Kleinstadt, droht an ihrem ungestümen Wachstum zu ersticken. Und die soziale Umwälzung, der Wandel von einer bäuerlichen zu einer Industriegesellschaft, ist ein längst nicht abgeschlossener, oft schmerzhafter Prozeß – ein langer Weg: von Odysseus zu Onassis. Höchst verunsichert manchmal, dann wieder allzu fortschrittsgläubig fragt sich dieses Volk, welche seiner Traditionen es opfern, welche seiner Angewohnheiten es sich abgewöhnen muß. Bei aller oft vordergründigen Begeisterung für das Fremde und trotz der weitverbreiteten Sucht, es den Fremden gleichzutun, wird sich das Volk der Griechen dann im Zweifelsfall immer auf seinen Stolz besinnen – und unverwechselbar griechisch bleiben.

Griechenland also:

Alles – nur nicht «edle Einfalt, stille Größe». Soviel stimmt hingegen: Mit der Seele kommt man ihm auf die Spur, diesem Volk, doch wohl nur an Ort und Stelle. Auf der Suche nach Griechenland und den

Griechen, auf der Suche nach Antworten auf die Frage, warum dieses Volk so ist, wie es ist, gilt es Abschied zu nehmen von liebgewonnenen Klischees.

Das Zeitalter des Philhellenismus, der romantisch-verklärten Griechenlandverehrung dauert hier und da noch an – in manchen Schulbüchern zum Beispiel: Menschen aus Marmor, die alten Griechen; nicht aus Fleisch und Blut. Und deren Nachfahren? «Wir alle sind Griechen», läßt der Brite Percy Bysshe Shelley 1822 in seinem Drama *‹Hellas›* eine der Hauptfiguren begeistert ausrufen; und der Historiker Sir Henry Main fand sogar: «Ausgenommen die Kräfte der Natur, bewegt sich nichts in dieser Welt, das nicht griechischen Ursprungs wäre.» Solche Träume sind mächtig.

Skepsis – eine gute griechische Eigenschaft auch unserer Tage – ist am Platze, wenn man auf die Suche nach Hellas geht. Skepsis nicht gegenüber diesem Land und seinen Leuten. Skepsis gegenüber den Vorstellungen vom alten und vom neuen Griechenland, die wir alle mit uns herumtragen, und die sich, gelegentlich, als Last erweisen.

Was sonst noch vonnöten ist: die griechischste aller griechischen Begabungen – Neugierde. So gibt dieses Buch auch keine Rezepte, wo man mit der Entdeckung Griechenlands anzufangen, wo man aufzuhören hat. Diese Expedition kann überall starten, wo die ausgetretenen Trampelpfade enden. In die Irre laufen? Ausgeschlossen. Schließlich sind wir in Griechenland! Das Wort «Xenos» bedeutet nicht nur «der Fremde». Sondern auch: «der Gast».

Hellas auf den ersten Blick

Laut, aber friedlich

Erste Zweifel beschleichen den Fremden gewöhnlich schon am Flughafen. Der Anblick eines griechischen Taxis setzt Naturen mit schwachen Nerven meist arg zu: Von den Bemühungen der Karosserieschneider ist nicht viel übriggeblieben – die hellenischen ‹Straßenkämpfe› haben unübersehbare Spuren hinterlassen. Zahllose Beulen, deformierte Stoßstangen und gesplitterte Scheinwerfergläser beweisen: Auf Griechenlands Straßen geht es hart zu. Die zwanzigminütige Fahrt vom Athener Flughafen Ellinikon zur Akropolis gibt einen ersten Vorgeschmack auf das, was Taxipassagiere in Hellas erwartet: Sie haben Anteil an jedweder Art von Gefühlsausbrüchen, zu denen die griechische Seele fähig ist; die Emotionen entladen sich nicht allein auf das Gaspedal, die Bremse oder die Hupe. Nur Neulinge glauben, daß die Autoscheiben aus klimatischen Gründen meist heruntergekurbelt sind – wichtiger ist für den Fahrer jedoch die Möglichkeit, gestenreich und lautstark Kontakt zu anderen Verkehrsteilnehmern herzustellen. Grundsätzlich gilt: Der andere hat Platz zu machen. Doch weil der genauso denkt, kommt es gelegentlich zu Konflikten. Daß bei solchen Unstimmigkeiten über das Vorfahrtsrecht stets der ganze Grieche gefordert, besser gesagt herausgefordert ist, dafür sorgt das *Philotimo* – die griechische Version dessen, was man am ehesten mit ‹Selbstwertgefühl›, ‹Selbstachtung›, ‹Stolz› übersetzen könnte: nur nicht das Gesicht verlieren! Die griechische Seele nimmt Erniedrigungen, und sei es auch nur ein Vordrängeln an der Ampel, nicht gleichmütig hin.

Der schier unbegrenzten Improvisationsfähigkeit griechischer Automonteure ist es zu verdanken, daß die unvermeidlichen Blessuren im Blech ohne viel Aufwand geradegebogen werden. Mancher Westeuropäer, zumal mancher Deutsche, der sein Vehikel liebevoll wäscht und wienert, wundert sich, wie oft sich Kotflügel immer aufs neue ausbeulen, Türen wieder in Form bringen lassen. Ersatzteile sind in Griechenland rar und teuer; das beflügelt die Phantasie der Mechaniker, die mühelos aus zwei ausgedienten Auspuffrohren ein ‹neues› fabrizieren und rostige Schrauben nicht achtlos in den Mülleimer werfen – wer weiß, eines Tages könnte man sie noch gebrauchen.

Wer sieht, mit welcher Erregung, vor allem in welcher Lautstärke griechische Automobilisten um die Auslegung der Verkehrsregeln ringen, muß fast den Eindruck haben, daß bei solchen Auseinandersetzungen am Ende die stärkeren Fäuste den Ausschlag geben. Der Eindruck allerdings täuscht. Laut mögen sie sein, leicht aufzubringen und kaum je so unterkühlt-beherrscht wie die Nordeuropäer. Aber ein Blick in die Statistik beweist, daß die Hellenen weit friedfertiger sind als jedes andere Volk in Europa. In keinem anderen westlichen Land haben Polizei und Gerichte so wenig Arbeit wie in Griechenland. Die Zahl der Gewaltverbrechen ist nirgendwo so niedrig wie in Hellas; pro Jahr sprechen die Richter im Durchschnitt nur etwa fünf- bis zehnmal lebenslange Haftstrafen aus – die Todesstrafe wird, obgleich sie nach wie vor existiert, nicht mehr vollstreckt.

Wenn in Griechenland Blut fließt, so ist meist Eifersucht oder verletzte Ehre das Motiv. Auch heute noch darf, wer mit Gewalt die Familienehre wiederherstellt, auf relative Milde vor den Gerichten rechnen. Zwar ist Ehebruch seit 1982 auch in Griechenland kein Straftatbestand mehr. Doch daß Gattin oder Ehemann den ungetreuen Partner auf frischer Tat ertappen und auf der Stelle für Vergeltung sorgen, kommt immer wieder vor. Solche Eifersuchtsdramen gehören zu den begehrtesten Themen der Boulevardpresse. Der betrogene Ehepartner, der seine Ehre gewaltsam wiederherstellt, darf nicht nur in der Öffentlichkeit mit Sympathie rechnen; auch die Gerichte werten solche Delikte meist als Affekthandlungen und erkennen auf eine entsprechend milde Strafe.

Jene Art von Kriminalität, die das Alltagsleben zu einem Spießrutenlauf machen kann, ist hingegen in Hellas fast völlig unbekannt. Während Autofahrer im benachbarten Italien in ständiger Angst um ihr Vehikel leben, werden in Hellas auch solche Autos nicht geklaut, die unverschlossen abgestellt sind. Einbrüche sind gleichfalls höchst selten, und die Fälle von Straßenraub machen nur deshalb Schlagzeilen, weil sie solche Raritäten sind. Auch die Drogenwelle, die in den letzten Jahren über nahezu alle westlichen Staaten hinwegrollt, beschäftigt Polizei und Gerichte in Hellas so gut wie gar nicht; jene Fälle von Drogenkriminalität, die aufgedeckt werden, gehen zum großen Teil auf das Konto ausländischer Gäste – seien es Touristen oder Seeleute. Weitgehend verschont blieb Hellas bislang auch von der häßlichsten Variante der modernen Kriminalität, dem politisch motivierten Terrorismus. Einige wenige Mordanschläge während der letzten Jahre gehen auf das Konto politischer Extremisten, doch das Terrorismusproblem hat in Griechenland nicht annähernd jenes Ausmaß wie in Italien, Großbritannien, der Bundesrepublik oder gar der Türkei.

Siesta

Mancher Geschäftsreisende aus anderen Gebieten Europas kommt unfreiwillig auf den Geschmack: Rastlos und voller Energie, ganz auf einen Nonstop-Zehnstundentag eingestellt, klettern die Manager in Athen aus dem Flugzeug. In Hellas freilich machen sie eine neue, eine verlockende Erfahrung: Sie lernen die Siesta kennen. Geschäftliche Verabredungen am Nachmittag finden nicht statt: Die griechischen Partner lehnen höflich, aber bestimmt ab. Allein im Hotelzimmer, kapituliert der Fremde schließlich vor den Sitten des Gastlandes und legt sich nieder zum Mittagsschlaf – welch eine Wohltat!

Nein, Siesta ist nicht Siesta. Jeder Weitgereiste weiß, daß man im Süden Europas die auch in nördlichen Breiten übliche Mittagspause gern ausdehnt; in Italien, Spanien und Frankreich gehört es zum guten Ton, des Mittags zwischen eins und drei nicht zum Telefon zu greifen: Das Geschäftsleben ruht, oder es verlagert sich doch mindestens an einen gut gedeckten Essenstisch, wo über einem üppigen Menü und bei einem Glas guten Weines besprochen wird, was man andernorts in der westlichen Welt eher im Konferenzzimmer beredet. Da ist die Mittelmeersiesta.

Anders die griechische. Auch sie besteht in der Regel aus einem (meist leichten) Mittagessen, bei dem sich das Tischgespräch durchaus um Dollars und Drachmen, häufiger allerdings um Politik, den eigentlichen griechischen Nationalsport, dreht. Doch nach dem Dessert verabschiedet man sich höflich voneinander und begibt sich zur Ruhe. So unterscheidet sich die griechische Siesta von der gewöhnlichen Siesta schon durch ihre Dauer: Sie nimmt nicht selten vier Stunden in Anspruch. Und die Ruhe ist total: Die Geschäfte schließen gegen eins oder halb zwei, um ihre Pforten erst um fünf oder halb sechs wieder zu öffnen. Montags, mittwochs und samstags tut man gut daran, wichtige Besorgungen am Vormittag zu erledigen – denn da bleiben die Läden am Nachmittag und Abend ganz geschlossen. In den Ministerien und Behörden darf man ohnehin nicht hoffen, jemals nach 14 Uhr irgend jemand anzutreffen.

Diese ausgedehnte Mittagspause, während der die Straßen so leergefegt sind, als werde im Fernsehen ein Fußballspiel übertragen, hat natürlich klimatische Gründe: Während der Sommermonate steigen die Temperaturen am frühen Nachmittag allenthalben auf über 30° – wer kann, wer mag da schon arbeiten. Freilich gibt es die Siesta auch im Winter – was darauf hindeutet, daß es sich um mehr handelt als um eine einfache Zwangspause. Die Siesta ist eine nationale Institution.

Nicht alle sind glücklich mit ihr: Die großen Industrieunternehmen können schwerlich Maschinen und Fließbänder kurzerhand über Mittag anhalten; Banken und Behörden, Im- und Exportfirmen können nicht zu einer Zeit, da im übrigen Europa fest gearbeitet wird, die Telefonhörer aushängen. Kurzum: Volkswirtschaftlich gesehen ist die Siesta ein Anachronismus, eine seit der Erfindung der Klimaanlage eigentlich überflüssige Tradition. Sie beschert der Hauptstadt Athen zum Beispiel vier Hauptverkehrszeiten, weil Zehntausende den Weg zwischen Wohnung und Arbeitsstätte viermal täglich zurücklegen. Andere, denen der Weg nach Hause zu weit ist, pilgern wie in alten Zeiten zum Nationalgarten am Sintagmaplatz und halten unter einer der schattenspendenden Baumkronen ein Nickerchen.

Keine Regierung der letzten zwanzig Jahre hat sich mit der Siesta abfinden wollen. Sie alle haben versucht, das Volk der Griechen auf den in Nordeuropa üblichen Stundenplan einzuschwören. Erfolg war keinem dieser Versuche beschieden. Zuletzt versuchte die Regierung des Konstantin Karamanlis anläßlich des EG-Beitritts, die Siesta abzuschaffen oder doch auf ein wirtschaftlich vertretbares Maß zu stutzen. Doch da zeigte sich erneut, daß an den Grundfesten des griechischen ‹way of life› rüttelt, wer so etwas unternimmt: Die Gewerkschaften antworteten auf die bloße Ankündigung des neuen Stundenplanes mit Streiks – die Siesta blieb. Auch die seit Herbst 1981 in Griechenland regierenden Sozialisten haben mancherlei – in Kenntnis der Problematik allerdings eher schüchterne – Versuche unternommen, die Nation aus diesem allmittäglichen kollektiven Tiefschlaf zu wecken – indes: ohne Erfolg. Der Umstand, daß diese Siesta so erbittert verteidigt wird, weckt den Verdacht, daß es sich womöglich um mehr handelt als um eine liebgewonnene Tradition. Der Verdacht ist berechtigt. Die Siesta ist eine schlichte Notwendigkeit: Ihr verdanken die Hellenen ihre erstaunliche Ausdauer bei nächtlichen Vergnügungen. An das griechische Abendessen, das traditionell nicht vor zehn Uhr beginnt, schließt sich im Sommer ein Besuch im Freiluftkino oder ein Tavernenbummel an, der bis in die frühen Morgenstunden dauern kann. Im Winter verlagert sich das Nachtleben in die Diskotheken, die Nachtklubs oder die Bouzoukia – die griechische Version des guten alten Kabaretts. Solche ausgedehnten Vergnügungen fordern ihren Tribut – die ständige Nachtschicht steht nur durch, wer den versäumten Schlaf am Nachmittag nachholt. Daß die im griechischen Stundenplan vorgesehenen drei oder dreieinhalb Stunden Arbeitszeit am frühen Abend nicht eben zu den produktivsten des Tages gehören, läßt sich denken. Sie dienen weniger der Aufarbeitung dessen, was in den Büros vor der Siesta beiseite gelegt wurde, als vielmehr der Planung des Feierabends. Wichtigstes Utensil: das Telefon. Besonders am Spätnachmittag werden die griechischen Fernsprechleitungen stark strapaziert – es gilt, Verabredungen für die lange Nacht zu treffen.

Die Energiekrise lieferte der griechischen Regierung 1979 den Anlaß, dem Siestaproblem von der anderen Seite aus zu Leibe zu rücken: Alle Nachtlokale müssen nun, je nach Jahreszeit und Wochentag, zwischen zwei und (an Sommerwochenenden) um vier Uhr früh schließen – früher war Hellas durchgehend geöffnet. Auch diese Attacke freilich hat die Siesta bisher überlebt.

Blick in den Kochtopf

Es dürfte kaum jemanden geben, der des Essens wegen nach Hellas reist. Eher trifft zu: Die meisten Urlauber kommen *trotz* der griechischen Küche. Ein hartes Urteil, gewiß, aber es ist wohl schlechterdings nicht zu verheimlichen, daß Griechenland kein Schlaraffenland für Feinschmecker ist. Mit ihren französischen oder italienischen Berufskollegen können sich die griechischen Köche nicht messen. Der alte Lucullus, jener römische Feldherr und Hobbykoch, der sich vor rund zweitausend Jahren ausgerechnet mit griechischen Rezepten einen Namen machte, wäre gewiß bitter enttäuscht, kehrte er heute in einer griechischen Taverne ein.

In den hellenischen Gasthäusern wird höchst unterschiedliche Qualität geboten – wer wirklich die Delikatessen der griechischen Küche (es gibt solche durchaus) genießen will, tut gut daran, sich nur in ein zuvor empfohlenes Lokal zu begeben oder, besser noch, eine Einladung zum Essen in einer griechischen Familie zu ergattern. Immer wieder machen Besucher aus dem Ausland die traurige Erfahrung, daß in vielen griechischen Hotelküchen reichlich lieblos gekocht wird; einem frischen Landsalat oder einem Lammkotelett in der Dorftaverne sind gegenüber einem mißratenen Filetsteak oder Wiener Schnitzel im Speisesaal allemal der Vorzug zu geben. Die Versuche griechischer Küchenmeister, ‹internationale› Speisen zuzubereiten, scheitern meist kläglich. Keine Regel natürlich ohne Ausnahmen: In Athen zum Beispiel gibt es ein gutes Dutzend erstklassiger französischer, italienischer und fernöstlicher Restaurants – wer sich mit der griechischen Speisekarte partout nicht anzufreunden vermag, kann dort Zuflucht suchen.

Apropos Speisekarte: Zu den lobenswerten Traditionen der griechischen Gastronomie gehört der Verzicht aufs gedruckte Menu. Der gute alte Brauch, das Speisenrepertoire in der Küche (die sich meist gleich an den Gastraum anschließt) in Augenschein zu nehmen, hat sich fast überall erhalten: Die Köstlichkeiten werden zur Schau gestellt. Suppen, Eintopfgerichte und Gemüse im dampfenden Wasserbad, Vorspeisen, rohes Fleisch und frischer Fisch in der Kühltheke. Bereitwillig erläutert der Küchenchef die Zusammensetzung der Gerichte, auch gekostet werden darf selbstverständlich vor der Bestellung. Das Verfahren hat den Vorteil, dem Fremden Übersetzungsprobleme zu ersparen; überdies kann er das Kotelett, das Steak oder den Fisch eigenhändig aussuchen.

Die Liebhaber frischen Meeresgetiers kommen in Hellas gewiß auf ihre Kosten; auch hier gilt allerdings die Binsenweisheit: je näher das Meer, desto frischer der Fisch. So sollten Athen-Reisende die kurze Autofahrt in die Küstenvororte, nach Glifada, Voula, Kavouri oder Vouliagmeni oder auch den Weg zum Jachthafen von Piräus, dem *Mikrolimano*, nicht scheuen – in den kleinen Tavernen gleich am Wasser wird man in aller Regel besser bedient als in der Hauptstadt selbst. Die Preise freilich sind hier wie überall in Hellas stattlich, denn Fisch ist rar in Griechenland. Seit jeher war das Mittelmeer wegen seiner Nährstoffarmut kein besonders ertragreiches Gewässer, und der Touristenansturm der letzten Jahre hat überdies den Fischbeständen schwer zugesetzt.

Für den Fisch spricht nicht nur seine Frische, sondern auch ein anderer Umstand: Er wird unmittelbar vor dem Servieren zubereitet; wenn der Kellner ihn prompt aus der Küche zum Tisch bringt, ist er heiß, wie es sich gehört. Wer allerdings eines der fertigen Fleisch- oder Gemüsegerichte wählt, erlebt oftmals eine bittere Enttäuschung: Das Essen ist meist nur lauwarm. In den griechischen Tavernen wird traditionell am Vormittag gekocht, und oft genug ist der Vorrat gleich auf zwei, drei Tage angelegt. Wie sich denken läßt, bekommt das ständige Aufwärmen dem Geschmack nicht immer: Der Braten ist oft zäh und trocken, die Gemüse wäßrig, die Kartoffeln muffig; griechische Tavernenwirte schrecken nicht einmal davor zurück, Spaghetti über mehrere Tage warmzuhalten – allen Nudelfreunden muß das ein Greuel sein. Das Millionenheer der Touristen, unter denen offenbar immer mehr anspruchsvolle Esser sind, hat inzwischen dazu beigetragen, das Übel etwas zu mildern: Da und dort werden die Speisen mittlerweile so serviert, wie sie am besten schmecken – nämlich heiß. Die ‹internationalen› Restaurants in den großen Städten haben sich natürlich ohnehin längst den kulinarischen Temperaturgebräuchen anderer Länder angepaßt. Ausnahme bleiben allerdings auch hier die traditionell kalt servierten Vorspeisen. Der Fremde sollte ruhig einen Versuch wagen – er wird vermutlich die Ansicht teilen, daß im griechischen Klima mindestens während des Sommers gebackene Bohnen, gefüllte Tomaten oder gekochte Artischocken auch eisgekühlt ein Leckerbissen sein können.

Lammliebhaber sind natürlich in Griechenland gut aufgehoben. Selbst mancher Skeptiker dürfte in Hellas schon zum Lammfleisch bekehrt worden sein, denn hier versteht man sich auf die (geruchsfreie) Zubereitung dieser Spezialität weit besser als im Norden unseres Kontinents. Doch auch die anderen Spezialitäten der griechischen Küche sollte man probieren: die *Avgolemono*-Suppe etwa, die mit Eigelb, Zitronensaft, einer Reiseinlage und oft auch Geflügelfleisch zubereitet wird: oder *Dolmadakia*, die kalt oder (besser) warm zu essenden Weinblätter mit einer Füllung aus Hackfleisch und Reis – oft mit einer pikanten Zitronensauce serviert; zum Standardrepertoire jeder griechischen Landküche gehört auch die *Moussaka* – ein Auflauf aus Kartoffeln, Auberginen und Hackfleisch; schließlich ist da die Speisenfamilie der *Pites*: warme Blätterteigkuchen, die mit Spinat, Fleisch, Käse oder würzigen Kräutern gefüllt sind.

Die Frage, was man zum Essen trinkt, erübrigt sich auf dem Lande zumeist: *Retsina* vom Faß, den geharzten Weiß- oder Roséwein, der dem Fremden zunächst ungewohnt schmeckt. Nach zwei, drei Gläsern allerdings haben sich die Geschmacksnerven angepaßt. Auch durstige Konsumenten werden übrigens kaum mit Kopfschmerzen oder Magenverstimmungen bestraft: Der Retsina ist bekömmlich, vielerorts auf dem Lande allerdings auch recht stark. Noch vor einigen Jahren galt es, von den griechischen Flaschenweinen eher abzuraten. Mittlerweile jedoch haben sich die Winzer in Hellas ein respektables Renommee verdient: Sie produzieren, oft mit aus Italien oder Frankreich importierten Weinstöcken, eine ganze Reihe vorzüglicher Weine; in der Regel sind die trockenen weißen schon des Klimas wegen den oft schweren roten vorzuziehen. Als Aperitif wählt man in Griechenland meist *Ouzo*, den Anisschnaps, der wie seine französischen Pendants mit einem Schuß Eiswasser gemischt wird. In größeren Mengen konsumiert, kann Ouzo allerdings einen ausgewachsenen Kater nach sich ziehen – man tut also gut daran, den Trinkgewohnheiten der Einheimischen zu folgen, die insbesondere während der heißen Sommermonate Alkoholisches nur in Maßen genießen. Das eigentliche griechische Nationalgetränk ist ohnehin – Wasser. Die Wasserkaraffe ist die traditionelle, kostenlose Beigabe zu allem, was man im Kafenion oder in der Taverne bestellt – sei es ein Kaffee, eine Süßigkeit oder ein frischer Salat; selbst zur Flasche Bier oder Limonade wird das Glas Wasser gereicht. Dabei ist, wie erfahrene Feinschmecker wissen, Wasser nicht gleich Wasser: Auf dem Lande trifft man in jedem Dorf einige Experten, die auf Anhieb die diversen Quellen und Brunnen am Geschmack identifizieren können – oder das doch mindestens behaupten.

Das Dessert einer griechischen Mahlzeit sollte im Sommer aus frischem Obst bestehen – eisgekühlte *Karpousi*, Wassermelone zum Beispiel; Experten prüfen die Qualität der ungeöffneten Frucht sachkundig, indem sie an die Schale klopfen. Im Frühjahr ist auch in Hellas Kirschenzeit. Überall, wo Kirschbäume wachsen in Griechenland, werden an den Überlandstraßen die provisorischen Marktstände aufgebaut – mal ein paar Holzkisten, mal auch nur eine im Gras ausgebreitete Zeltplane. Die Früchte kommen geradewegs vom Baum und schmecken auch so. Überhaupt wird sich der Nordeuropäer in Hellas wundern, wie frisch Obst und Gemüse schmecken können, wenn sie nicht zuvor durch unzählige Markthallen gegangen sind. Im Spätsommer schließlich reifen überall im Land die Feigen, und auch sie werden von den Bauern an den Straßenrändern angeboten.

Früher oder später wird der Griechenlandreisende auch die Bekanntschaft mit dem einheimischen Gebäck machen – und feststellen, daß Zucker, Sirup und Honig zu den eindeutig bevorzugten Zutaten gehören. Was die hellenischen Konditoren feilbieten, ist unendlich süß – wirklich nicht jedermanns Geschmack, aber eine Kostprobe wert. Ihre orientalische Herkunft können die meisten dieser Torten und Teilchen nicht verleugnen.

Wer schließlich trotz vorurteilsloser Kostproben in griechischen Küchen sich mit den hiesigen Kochkünsten nicht anzufreunden vermag, der sollte aus der Not eine Tugend machen und fortan die Mahlzeiten als das nehmen, was sie nach griechischer Auffassung zu sein haben: gesellschaftliche Ereignisse – und nicht kulinarische; ein Mittag- oder Abendessen in der Taverne dient vor allem dem Zeitvertreib, der Unterhaltung. Daß man bei Tisch diskutiert, lacht, klatscht, vielerorts auch die Bouzouki spielt, ist der Hauptzweck – gegessen wird eher nebenbei.

Ein Wort noch zum Kaffee, denn der kann unversehens zum Politikum werden. Zubereitet wird er in der Regel auf einer Gasflamme, hier und da auch noch im altertümlichen Kohlebecken. Kaltes Wasser (für eine Portion etwa der Inhalt einer Mokkatasse), ein gehäufter Teelöffel sehr fein gemahlenen, stark gebrannten Kaffees, dazu je nach Geschmack ein oder auch zwei Teelöffel Zucker; die Mixtur wird verrührt, zum Sieden gebracht und im Augenblick des Aufkochens in kleine Tassen gefüllt. Manche Reiseführer geben dem Fremden den Rat, im Kafenion einen solchen Kaffee mit den Worten *ena tourkiko!* zu bestellen – was soviel heißt wie: einen türkischen (Kaffee). Von dieser Formulierung allerdings ist im allgemeinen abzuraten. Zwar stammt das Rezept unzweifelhaft aus Kleinasien, doch ihren Kaffee deshalb «türkisch» zu nennen, das lehnen die meisten Griechen empört ab – für sie ist und bleibt er *ellinikos kafes*: griechischer Kaffee. Allenfalls erklären sie sich bereit, dem geographischen Ursprung des Rezepts durch die Formulierung «byzantinischer Kaffee» Rechnung zu tragen. Wer sich elegant aus der Affäre ziehen will und sich gleichzeitig als kundiger Kaffeetrinker ausweisen möchte, bestellt eine Tasse am besten kurz und knapp als *metrio* (mittelsüß), *gliko* (sehr süß) oder *sketo* (ungezukkert).

Wie alle griechischen Gaststätten dient das Kafenion natürlich nicht in erster Linie dem Verzehr von Getränken oder Speisen. Es ist vielmehr eine nationale Institution. Natürlich eine reine Männersache: undenkbar, daß eine griechische Frau allein in ein Kafenion geht; vielerorts wird sie es gar in Begleitung ihres Mannes nicht wagen, diese Kultstätte zu betreten, zumal nicht auf dem Dorf, wo das Kaffeehaus dem Bürgermeisteramt den Rang abläuft: Im Kafenion fallen die politischen Entscheidungen, im Rathaus werden sie allenfalls ausgeführt – wobei jeder Bürgermeister gut beraten ist, möglichst viele seiner Amtsgeschäfte ins Kafenion zu verlegen, wenn er die Absicht hat, wiedergewählt zu werden. Es versteht sich von selbst, daß zum festen Ensemble des griechischen Dorfkafenions neben dem Bürgermeister und seinen Ratsherren der Schullehrer gehört. In aller Regel hat auch der örtliche Busfahrer, meist ein selbständiger Ein-Mann-Betrieb mit staatlicher Lizenz für den Personentransport zur nächstgelegenen Stadt, seinen Stammplatz. Auch der Taxiunternehmer des Dorfes darf nicht fehlen. Über allen freilich thront der Pope, der durch seine vorbehaltlose Teilnahme an der allabendlichen Kafenionrunde klarstellt, daß auch er letztlich von dieser Welt ist.

In den griechischen Dörfern ist der örtliche Geistliche nach wie vor die eigentliche Autorität. Selbst einem Bürgermeister, der einer kommunistischen Partei angehört, würde es nie einfallen, diese traditionelle Rangordnung in Zweifel zu ziehen. Die Bedeutung der orthodoxen Kirche im öffentlichen Leben Griechenlands kann allerdings nicht darüber hinwegtäuschen, daß diese Kirche heute mit mannigfaltigen Schwierigkeiten zu kämpfen hat.

Auf der Suche nach dem Diesseits

Viele orthodoxe Würdenträger machen aus ihrer Abneigung gegen Griechenlands Beitritt zur Europäischen Gemeinschaft keinen Hehl. Sie bewegt zum einen die Sorge, daß die griechisch-orthodoxe Kirche nach dem Anschluß an Europa über kurz oder lang zahlreiche ihrer Privilegien verlieren könnte; zum zweiten fürchten viele Geistliche, die EG-Mitgliedschaft werde fast zwangsläufig dem Land eine Sintflut des Sittenverfalls und der moralischen Zersetzung bescheren. Beide Besorgnisse klingen für unsere Ohren wunderlich; vor dem Hintergrund der letzten eintausend Jahre griechischer Kirchengeschichte freilich werden sie erklärlich.

Keine andere Institution hat die Regeln des gesellschaftlichen Lebens in Griechenland so nachhaltig beeinflußt wie die orthodoxe Kirche. Im Gottesstaat Byzanz war es die Kirche, die das Zusammenleben der Menschen bis ins kleinste Detail reglementierte; aus den Katakomben des heidnischen Rom war diese Kirche nicht nur zur höchsten religiösen, sondern auch weltlichen Autorität aufgestiegen. Von diesem Anspruch hat sich die griechische Orthodoxie, die sich in der direkten Tradition der byzantinischen Ostkirche begreift, nie ganz trennen können.

Während der vierhundertjährigen türkischen Okkupation Griechenlands betrachtete sie sich als die führende geistige und politische

Kraft in Hellas. Das Bekenntnis zum orthodoxen Glauben war einziges Kriterium der Zugehörigkeit zur griechischen Nation. So war es nur folgerichtig, daß diese Kirche auch im Befreiungskampf gegen die Besatzer eine besondere Rolle spielte – ein orthodoxer Bischof hißte das weiß-blaue Griechenkreuz, die Flagge der Nation, als Startsignal zur Revolution.

Heute gehören 95 von 100 Griechen diesem Bekenntnis an. Die Verfassung der Republik aus dem Jahre 1975 garantiert dieser Kirche den Schutz des Staates; und im Alltagsleben des heutigen Griechenland ist die Orthodoxie auf Schritt und Tritt präsent: Wenn etwa ein Minister in die Provinz reist, wird er traditionell vom örtlichen Popen begrüßt; Würdenträger der Kirche nehmen dem Staatspräsidenten, dem Regierungschef und dem Kabinett den Amtseid ab; orthodoxe Bischöfe segnen Panzer, U-Boote, Kreuzfahrtdampfer und Lokomotiven; kaum ein weltliches Ereignis, an dem nicht die Kirche in der einen oder anderen Form beteiligt wäre – selbst bei der Grundsteinlegung für ein Bürohaus oder einen Supermarkt ist der Pope selbstverständlich dabei, um den Segen der Kirche zu spenden. Diese Allgegenwart der Kirche ist in Griechenland allgemein akzeptiert, ist Teil der Tradition und kein Gegenstand von Kontroversen.

Immer häufiger freilich wird die Frage gestellt, wie weit die Einflußnahme der Kirche in gesellschaftspolitischen Dingen noch zeitgemäß sei. Da ist das Beispiel des Ehe- und Familienrechts: Bis vor kurzem galt nach griechischem Recht nur als verheiratet, wer den Segen der Kirche hatte. Diese Regelung benachteiligte jene Griechen, die sich nicht zum orthodoxen Glauben bekennen – das sind etwa 7 Prozent. Angehörige anderer Religionsgemeinschaften konnten nur unter erheblichen Komplikationen eine in Griechenland rechtsgültige Ehe schließen. Nachdem die Konservativen nach 1974 bereits mehrfach Pläne zur Einführung der Zivilehe geschmiedet, aber aus Rücksicht auf den Klerus nie in die Tat umgesetzt hatten, schafften 1982 die Sozialisten das Trauungsmonopol der Popen ab. Seither gibt es auch in Griechenland Standesämter, und die Zivilehe steht gleichberechtigt neben der kirchlichen Trauung. Doch die Kirchenoberen reagierten mit erbittertem Widerstand auf diese Reform – sie drohen jenen, die sich allein vor dem Standesbeamten, nicht aber vor dem Traualtar das Jawort geben, mit Exkommunizierung, mit der Verstoßung aus der Kirche.

Der Zorn der Popen erklärt sich wohl nicht allein aus theologischen, sondern auch aus merkantilen Erwägungen: An jeder der jährlich rund

70000 Eheschließungen in Griechenland verdient die Kirche kräftig. Auch die geplante Liberalisierung des Scheidungsrechts trifft auf den erbitterten Widerstand der Kirche. Selbst ein so weltlicher Vorgang wie die Aufnahme diplomatischer Beziehungen zwischen der Republik Griechenland und dem Vatikan löste in kirchlichen Kreisen heftige Proteste aus: Seit dem Schisma, der Kirchenspaltung im Jahre 1054, spricht die Orthodoxie nicht nur dem Heiligen Stuhl die religiöse Autorität ab, auch in seiner Rolle als Staatsoberhaupt des Vatikanstaates erkennt sie den Papst nicht an.

Der Anspruch der orthodoxen Kirche auf Mitbestimmung in weltlichen Fragen stößt in Griechenland zunehmend auf Skepsis und sogar öffentliche Ablehnung; diese Kirche hat an Autorität verloren – ihre Glaubwürdigkeit, so scheint es, steht auf dem Spiel. Allein in der Hauptstadt Athen besitzt der Klerus an die 50 große Wohn- und Geschäftshäuser. Zum kirchlichen Vermögen gehören Theater, Kinos und Hotels; die Mieteinnahmen werden auf mindestens fünf Millionen Mark im Jahr geschätzt. Keine Institution, kein Privatmann und kein Unternehmen verfügt über einen auch nur annähernd so umfangreichen Grundbesitz wie die orthodoxe Kirche – insgesamt dürften es über 1500 Quadratkilometer Felder, Wiesen und Wälder sein. Auch eine prozentuale Beteiligung an den Einnahmen der staatlichen Lotteriegesellschaft trägt dazu bei, daß die griechische Orthodoxie von materiellen Sorgen nicht geplagt wird. Experten schätzen das Gesamtvermögen der Kirche auf mindestens 25 Milliarden Mark – das entspricht immerhin dem Gesamtvolumen des griechischen Staatshaushaltes im Jahre 1981.

Doch diese Milliarden, so werfen viele Kritiker der Kirche vor, liegen ungenutzt da. Weltabgewandt und asketisch verharrt diese Kirche in ständiger Endzeiterwartung. Ihre religiösen Dogmen und ihre Liturgie hat sie seit 1500 Jahren nicht angetastet. Mit den Veränderungen in der modernen Welt hat sie sich nie abfinden, nicht einmal auseinandersetzen wollen – sie hat sich ganz auf die Sicherheit des Überlieferten, das Sakramentale verlassen. Kurz gesagt: Die Orthodoxie ist eine Kirche ohne soziale Dimension. Folgerichtig werden mit ihren Milliarden keine Kindergärten finanziert, keine Altersheime und keine Krankenhäuser. Auch von Mildtätigkeit der Orthodoxen in der Dritten Welt ist wenig bekannt. Diese Kirche, so spotten Kritiker, beschränke ihre Teilnahme am gesellschaftlichen Leben auf Proteste gegen Nacktbadestrände und Koedukation.

Daß die griechisch-orthodoxe Kirche bis heute die Fiktion aufrechterhält, Armut sei eine Tugend, daß sie Kontemplation und Spiritualismus predigt und sich gegen alles und jedes sperrt, was auf eine noch so behutsame Veränderung der Regeln des sozialen Zusammenlebens hinauslaufen könnte, hat ihr Mißtrauen und Kritik eingetragen. Zwar gibt es in den Reihen des Klerus nicht wenige Würdenträger, die auf Öffnung drängen; sie bekennen sich zur Notwendigkeit der Reform in einer veränderten Welt. Doch ihr Spielraum ist begrenzt: Schließlich bindet sogar die Verfassung der Republik Griechenland die orthodoxe Kirche «unauflöslich an die Dogmen der Heiligen Kirche von Konstantinopel», verpflichtet sie, «unerschütterlich der Liturgie und der Heiligen Tradition zu folgen», und verbietet die «Übersetzung der Heiligen Schriften in irgendeine andere sprachliche Form als die gegenwärtige» – so gibt es bis heute keine Übersetzung der Bibel in die neugriechische Volkssprache.

Der Weg ins Diesseits ist also weit für diese Kirche. Sie wird ihn freilich antreten müssen, wenn sie ihre geistliche Autorität nicht gänzlich verlieren will. Schon heute gelingt es der Orthodoxie sehr viel weniger als etwa dem Katholizismus, die Kirchen zu füllen. Das religiöse Leben in Griechenland ist weitgehend erstarrt, formalisiert und voller Mystizismen. Nicht nur in ländlichen Gegenden mischen sich orthodoxe Liturgie und paganistische Rituale: Tieropfer sind in vielen Bergdörfern noch heute ein fester Brauch; selbst in der ‹aufgeklärten› Hauptstadt Athen kommt es häufig vor, daß der Grundstein eines Hauses mit dem Blut eines geköpften Hahns geweiht wird. Auch in gebildeten Kreisen der Gesellschaft, selbst (oder gerade) unter jenen, die sich mit der Kirche eng verbunden wissen, ist der Aberglaube in all seinen Variationen weit verbreitet. Fast scheint es, als hätten die orthodoxen Heiligen die Rolle der antiken Gottheiten übernommen.

Dies alles hat gewiß damit zu tun, daß die orthodoxe Kirche nicht eigentlich Verkündigung und Auslegung betreibt; sie beschränkt sich vielmehr auf das Zelebrieren der Liturgie, und diese Liturgie hat überhaupt keine Beziehung zur Lebenswirklichkeit des durchschnittlichen Kirchgängers – er versteht die Bedeutung der religiösen Formeln weder im wörtlichen noch im geistlichen Sinn. Die Kirche spricht in einer ihm fremden Sprache.

Immer noch gehört es zu den ungeschriebenen Gesetzen im religiösen Leben Griechenlands, daß Frauen und Männer in der Kirche nicht beieinander sitzen – sie nehmen auf getrennten Bänken Platz. Vielen erscheint dies, wohl zu Recht, als ein Indiz für einen Mangel an Gleichberechtigung der Geschlechter. Das Problem freilich beschränkt sich nicht auf die Sitzordnung in der Kirche. Vor nicht allzulanger Zeit – Ende der siebziger Jahre – machte sich gar ein orthodoxer Bischof für Geschlechtertrennung an den Badestränden und das Verbot des Minirocks stark. Das sind Ausnahmeerscheinungen, aber immerhin bleibt festzuhalten: Bei dem Versuch, volle Gleichberechtigung zu erstreiten, gerät Helena wohl zwangsläufig auch in Konflikt mit den Wert- und Moralvorstellungen der Orthodoxie.

Doch es gibt daneben andere Hürden, die genommen sein wollen. Wer sich an einem Sommerabend auf dem Athener Sintagmaplatz umsieht, der bekommt eindrucksvoll vor Augen geführt, mit welch massivem Widerstand die Griechin wohl zu rechnen hat, wenn sie gleiche Rechte in Anspruch nimmt. Die griechische Version des Papagallo, so können blonde Touristinnen aus dem Norden gewiß bestätigen, reicht seinem italienischen Berufskollegen mühelos das Wasser, übertrifft ihn womöglich gar an Hartnäckigkeit und Selbstbewußtsein. Es ist kein Geheimnis, daß es in Athen wie auch in den anderen touristischen Zentren des Landes einige Hundertschaften berufsmäßiger Herzensbrecher gibt, die mindestens während der Sommermonate ihren Lebensunterhalt ausschließlich mit Amouren bestreiten – zu deutsch: Sie lassen sich aushalten. Das ginge, solange es auf beiderseitigem Einvernehmen beruht, nur die Beteiligten etwas an. Leider aber sieht sich auch manche Touristin, die nicht auf der Suche nach einem Liebhaber ist, von den Don Juans bedrängt; und auch griechische Frauen machen immer wieder die Erfahrung, daß viele ihrer männlichen Landsleute mit einer doppelten Moral durchs Leben gehen: Insbesondere in Liebesdingen nehmen sich viele Griechen entschieden mehr Freiheiten, als sie ihren Frauen, Freundinnen, Schwestern oder Töchtern zubilligen. Immer noch gilt in der (männlichen) Öffentlichkeit der Ehebruch, den eine Frau begeht, als weit verwerflicher als der Seitensprung eines Mannes. Für junge Männer ist es Ehrensache, daß sie vor der Ehe sexuelle Erfahrungen sammeln – dieses Recht billigt ihnen stillschweigend auch die eigene Familie zu; für ein junges Mädchen hingegen wäre es nahezu undenkbar, sich in diesem Punkt auf Gleichberechtigung zu berufen.

Es gibt, zumal in Fragen der sexuellen Freiheiten, die man sich nimmt oder die einem zugestanden werden, natürlich ein Gefälle zwischen den dörflichen Gemeinschaften in der griechischen Provinz und Großstädten wie Athen, Piräus oder Thessaloniki. Überdies haben sich die Moralbegriffe gerade während der Jahre seit 1974, nach dem Ende der Obristendiktatur, erheblich gewandelt: Griechenland ist kein Elfenbeinturm – es ist ein Land mit überaus zahlreichen und intensiven Kontakten zu den anderen Ländern Europas, das sich Einflüssen bereitwillig öffnet. Dennoch gibt es auch heute noch in Athen viele Regionen, in denen sich das familiäre Leben im Grunde nach ländlichen Mustern vollzieht. Kein Wunder: Schließlich rekrutiert sich die Einwohnerschaft dieser Dreieinhalb-Millionen-Stadt zu fast zwei Dritteln aus Zugereisten. Für viele ‹Athener› ist diese Stadt überdies nicht ständiger Wohnort, sondern nur Arbeitsplatz – an den Wochenenden kehren sie in die Dörfer auf dem Peloponnes oder in Thessalien zurück.

Und dort, in der Provinz, würde es keiner Frau je in den Sinn kommen, den Männern ihr Recht auf die Männergesellschaft im Kafenion streitig zu machen; undenkbar auch, daß ein Mädchen primär nach beruflicher Karriere streben würde – Ehe und Familie bleiben der Fixpunkt aller Zukunftsplanung, und selbstverständlich haben die Eltern ein gewichtiges Wort mitzureden, wenn es um die Wahl des Ehemannes geht.

Griechenlands emanzipationsbewußte Frauen haben an ihrer Spitze eine prominente Protagonistin: Margaret Papandreou, die Gattin des 1981 zum Ministerpräsidenten aufgestiegenen Chefs der «Panhellenischen Sozialistischen Bewegung» (PASOK). Seite an Seite mit der gebürtigen Amerikanerin Margaret Papandreou kämpft auch die Schauspielerin und Kultusministerin der sozialistischen Regierung, Melina Mercouri, um Gleichberechtigung für die griechischen Frauen. Einige legalistische Hürden sind inzwischen genommen, seit die sozialistische Regierung eine Reform des Ehe- und Familienrechts durchsetzte. Anders als früher ist nun der Ehemann nicht länger «Alleinherrscher» in der Familie; die Mitgift, ein anachronistischer Brauch, ist – mindestens nach dem Buchstaben des Gesetzes – abgeschafft; und die griechischen Frauen können nun auch nach der Eheschließung ihren Familiennamen frei wählen – den ihres Ehemannes oder ihren Geburtsnamen.

Doch auch die auf Emanzipation bedachten Griechinnen wissen, daß es mit Gesetzesänderungen und Proklamationen allein nicht getan ist. Anzugehen gilt es gegen in Jahrhunderten gewachsene Vorurteile – und das ist ein weiter Weg. Nach wie vor ist die Geburt eines Sohnes in den meisten griechischen Familien ein größeres Ereignis als die einer Tochter; der erstgeborene Sohn trägt traditionell den Vornamen des Großvaters väterlicherseits, der jüngere Bruder wird auf den Vornamen seines Großvaters mütterlicherseits getauft.

Die durchschnittliche Griechin freilich empfindet diese und andere Zustände kaum als skandalös. Das Patriarchat ist selbstverständlicher Bestandteil der sozialen Ordnung, so wie sie tradiert wurde. Und de facto ist die Männerherrschaft ja auch längst nicht so total, ihr Anspruch bei weitem nicht so chauvinistisch, wie das auf den ersten Blick erscheinen mag: In zahllosen Familien ist es die Frau, die die Entscheidungen trifft; gehe es nun um die Berufswahl für die Kinder oder um die Verwaltung der Familienfinanzen. Das ist den griechischen Männern auch durchaus recht, solange ihre Autorität nicht öffentlich in Frage gestellt wird. Mit dem Philotimo des griechischen Mannes verträgt es sich nicht, wenn bei seinen Geschlechtsgenossen der Eindruck entsteht, daß die Frau das Sagen hat.

Um der Situation der griechischen Frauen von heute gerecht zu werden, darf man wohl die vergangenen Jahrhunderte, die Wurzeln und die Mutationen dieser Gesellschaft nicht außer acht lassen. Und da zeigt sich dann, wie weit Helena es schon gebracht hat auf dem Weg zur Emanzipation. Keine Frage, daß Griechenland heute in dieser Hinsicht den westeuropäischen Gesellschaften um vieles näher steht als den orientalischen: Für welches türkische Mädchen etwa wäre es heutzutage vorstellbar, im Alter von 18 oder 19 Jahren allein ins Ausland zu reisen, um dort zu studieren – in Griechenland ist das längst keine Sensation mehr. Auch an den griechischen Universitäten studiert inzwischen eine große Zahl von Frauen – im Durchschnitt stellen sie 25 % der Studierenden, und unter den Hochschullehrern ist gar jeder dritte eine Frau.

Nein, die Unterschiede zwischen Hellas und anderen Ländern Europas sind mittlerweile in dieser Hinsicht weit geringer als noch vor einigen Jahren. Daß die Emanzipation der Helena eines der drängenden sozialen Probleme dieser Gesellschaft wäre, kann man wirklich nicht behaupten.

Veröffentlichte Meinungen

Liest man die Mehrzahl der gegenwärtig 16 Athener Tageszeitungen, so muß man zu dem Schluß kommen, das politische Leben Griechenlands bestehe ausschließlich aus Intrigen und Indiskretionen, Coups und Krisen, Katastrophen und Verschwörungen. Beständige Unruhe scheint das einzige Kontinuum der politischen Szene zu sein, der dauernde Wechsel das einzig Beständige.

Papier ist geduldig, und nicht alles schwarz auf weiß Gedruckte ist schon deshalb wahr, weil es in der Zeitung steht; das gilt zumal für Griechenland, wo offenbar die meisten Zeitungsmacher, stets im Kampf um die Gunst der Leser und meist am Rande des wirtschaftlichen Ruins, vor allem eines für unerträglich halten: ereignislose Ruhe. Und so sind sie in erster Linie darauf aus, Skandalen und Affären nachzuspüren – eine Beschäftigung, die eindeutig mehr Phantasie als Wahrheitsliebe erfordert.

Griechenlands Zeitungen werden ausschließlich auf der Straße verkauft, nicht im festen Abonnement. Das macht den Existenzkampf besonders hart. Nur eines der 16 Blätter kommt an guten, also sensationsreichen Tagen auf mehr als 150000 verkaufte Exemplare; die meisten anderen Tageszeitungen finden nicht mehr als 20000 bis 30000 Leser. Es ist kein Geheimnis, daß Eleni Vlachou, die große alte Dame des griechischen Journalismus und Herausgeberin der seriösesten Morgenzeitung, der *Kathimerini*, ihren Betrieb seit Jahren mit beträchtlichen Summen aus ihrem Privatvermögen subventioniert. Andere Verleger sichern sich das Überleben einstweilen mit Konzessionen an den Publikumsgeschmack: Sie präsentieren neben (oft genug frei erfundenen) Politskandalen vor allem nacktes Fleisch und Gesellschaftsklatsch und würdigen jeden Verkehrsunfall, jeden Flugzeugabsturz mit großformatigen Fotos der Opfer. Weil daneben die Mehrzahl der Zeitungen sich als Sprachrohr der einen oder anderen politischen Partei begreift, werden die Leser über politische Vorgänge meist höchst einseitig informiert – nie würden sich die der Opposition nahestehenden Blätter die Freiheit nehmen, den Regierungschef zu loben; umgekehrt findet man in den regierungsnahen Blättern kaum jemals ein kritisches Wort über die Regierung.

Doch offenbar lassen sich die griechischen Zeitungsleser nicht unbegrenzt für dumm verkaufen: Die seit einigen Jahren rückläufigen Gesamtauflagen aller griechischen Tageszeitungen sollten den Verlegern zu denken geben. Immer häufiger greifen die polyglotten Hellenen zu fremdsprachigen Blättern, die am Abend des Erscheinungstages an nahezu allen Kiosken im Stadtzentrum zu haben sind. Selbst in den meisten Kleinstädten gehören die *International Herald Tribune*, die *FAZ* und die *Süddeutsche, Guardian, Le Monde* und *Figaro* zum festen Repertoire der Zeitungshändler. Es stimmt: Griechenlands politisches Leben ist turbulent, voller Emotionen und immer gut für Überraschungen – doch so byzantinisch, wie die meisten griechischen Zeitungen es ihren Lesern weismachen möchten, ist es nun auch wieder nicht. Ein großer Teil der öffentlichen Unruhe geht gar auf das Konto der Presse, die häufig jene ‹Skandale›, die dann die Seiten füllen, erst selbst auslöst. Den Betroffenen bereitet das regelmäßig großes Ungemach – denn immer noch ist Mißtrauen ein nationaler Charakterzug in Hellas. So haben die sensationslüsternen Journalisten leichtes Spiel: Eine Geschichte mag noch so abstrus sein – irgend etwas könnte ja dennoch dran sein, sagen sich viele Leser. Und das Dementi, das anderntags bereitwillig abgedruckt wird, macht alles eher noch schlimmer, denn das gilt vielen Griechen als der endgültige Beweis, daß etwas vertuscht, etwas verheimlicht werden soll. Kein griechischer Minister, der etwa aus Gesundheitsgründen seinen Sessel räumt, darf jemals damit rechnen, daß die breite Öffentlichkeit ihm glaubt. Gesundheitsgründe? Die Zeitungsleser im Kafenion blicken einander wissend und vielsagend an – wer ist so naiv, das zu glauben? Nein, einfache, plausible Erklärungen sind nicht nach des Griechen Geschmack. Er will den Dingen auf den Grund gehen, und das endlos. Nichts ist so, wie es auf den ersten Blick scheint. Je unverdächtiger ein Vorgang, desto mehr Skepsis scheint am Platze. Und Zufälle, die gibt es nicht – nur mehr oder weniger gut getarnte Konspirationen, und keine Täuschung ist eben so perfekt, daß ein Grieche sie nicht durchschaut! Ein griechischer Schüler etwa, der ein Examen verpatzt, wird in den seltensten Fällen einräumen, es habe an mangelndem Fleiß gelegen. In der Regel wird er die ‹Umstände› beklagen oder ganz offen den Verdacht äußern, man habe ihm übel mitgespielt.

Unglückseligerweise ist das tatsächlich manches Mal der Fall. Im griechischen Geschäftsleben zum Beispiel gilt es als durchaus statthaft, einander aufs Kreuz zu legen. Zahllose Geschäfte werden per Handschlag geschlossen – und ebenso informell wird manche Vereinbarung wieder gebrochen. Daran müssen sich Ausländer, die in Hellas handeln, gewöhnen. Und sie müssen sich auch daran gewöhnen, daß die daraus resultierenden Irritationen keineswegs von Dauer sind. Geschäftspartner, die noch gestern einander wortreich und lautstark des Betruges, der Wortbrüchigkeit und der Hinterlist bezichtigten, sieht man schon morgen wieder friedlich vereint über ein neues, vielversprechendes Geschäft diskutieren. Den anderen übers Ohr zu hauen, das gilt in Hellas vielfach als läßliche Sünde, ja sogar als Ausweis besonderer merkantiler Versiertheit. Auch im privaten Leben übrigens gehört es zu den ungeschriebenen Gesetzen, Streitigkeiten, und seien sie auch noch so heftig, beizeiten, möglichst noch am gleichen Tag, wieder beizulegen. So begegnet man hellenischen Gefühlsausbrüchen am besten mit Gelassenheit: nicht jedes Wort auf die Goldwaage legen, nicht alles für bare Münze nehmen; denn insgeheim rechnet auch ein Grieche nicht damit, daß man ihm alles abnimmt, was er sagt. So zu tun als ob, gehört freilich zur Konvention.

Es ist nicht schwer, sich an den Umgang mit diesem Volk zu gewöhnen. Wie die Griechen die hohe Kunst der Anpassung an Fremdes beherrschen, so erleichtern sie auch dem Fremden die Adaption ans Hellenische. Der griechische Stolz mag es verbieten, sich dem Fremden gänzlich zu unterwerfen; aber die griechische Gastfreundschaft – und sie ist mehr als eine Konvention oder eine höflich erfüllte Pflicht – gebietet es, den Besucher wie einen alten Freund zu empfangen und zu bewirten. Das ist es wohl, was über Hellas vor allem zu sagen wäre: Man findet leicht gute Freunde in diesem Land; die besseren sind vermutlich jene, mit denen man im Laufe der Zeit die heftigsten Auseinandersetzungen hat. Aber man darf sicher sein: Sie bleiben Freunde ein Leben lang.

Lukratives Erbe

Zurück nach Olympia?

Der Bürgermeister von Olympia ist Feuer und Flamme. Natürlich, sagt er: Wenn die Olympischen Spiele für immer nach Olympia zurückkehrten, dann würde er seinen Posten zur Verfügung stellen. Olympia, dann gewissermaßen exterritorial, ein globales Dorf, braucht keinen Bürgermeister mehr.

Griechenland, Heimat der antiken olympischen Idee und 1896 erster Austragungsort der von Pierre de Coubertin 1894 ins Leben gerufenen Spiele der Neuzeit, hatte ursprünglich gute Aussichten, 1996, ein Jahrhundert nach dem Neubeginn, das Spektakel erneut auszurichten. Seit der Kontroverse um die Moskauer Spiele von 1980 allerdings hoffte Griechenland, nicht bis 1996 warten zu müssen. Olympische Spiele gehören nach Olympia, meint die überwältigende Mehrheit der Griechen; und an der Spitze dieser olympischen Bewegung marschierten immerhin so einflußreiche und gewichtige Leute wie Griechenlands Staatspräsident Konstantin Karamanlis und die angesehene Verlegerin und Journalistin Eleni Vlachou. In einer Zeit, da der olympische Wanderzirkus nicht zuletzt aus finanziellen Gründen immer fragwürdiger wird, in einer Zeit, da Sport, Kommerz und Politik auf dem olympischen Rasen immer mehr miteinander verquickt scheinen, sah man in Griechenland die Chance zu einem neuen Anfang. Und wohl auch die Chance zur Selbstdarstellung für ein Land, das mit großer Beharrlichkeit, viel Fleiß und gelegentlich auch voller Zweifel und Verzweiflung um die eigene Identität um den eigenen Standort in Europa und der Welt ringt. Olympische Spiele in Olympia, das wäre für die meisten Griechen ein dem EG-Beitritt ihres Landes gleichwertiges, wenn nicht gar übergeordnetes Ereignis.

Olympia, dieser Name steht für mehr als ein kleines Dorf auf dem Peloponnes. Olympia, das Wort bezeichnet einen jener vielleicht zwei Dutzend Plätze im heutigen Griechenland, wo von Januar bis Dezember Saison ist, wo die Pullmanbusse Tag für Tag Tausende amerikanischer, deutscher, japanischer und skandinavischer Touristen anlanden, wo der warme Regen der Dollars und Francs, der Pfunde und Lire scheinbar nie versiegt. Seit die deutschen Archäologen Ernst Curtius und Wilhelm Dörpfeld vor einem Jahrhundert hier die Palästra und das Stadion, den Zeustempel und das Heiligtum der Hera ausgruben, ist Olympia fester Bestandteil jener Ausflüge ins «alte Griechenland», die früher vornehmlich von deutschen Studienräten im praktischen Kleppermantel bewältigt wurden und die heute längst zum touristischen Massenangebot gehören. Trotz des Touristenansturms übrigens ist die Landschaft von Olympia, dieses gewachsene Zusammenspiel antiker Ruinen und sanfter, dichtbewaldeter Hügel, auch heute noch einer der einzigartigen, berauschenden Orte im modernen Griechenland – kein anderer Platz in Hellas hat auch nur eine annähernd ähnliche, befreiende und friedliche Atmosphäre wie dieses Tal in den Bergen über Pirgos.

Olympia ist für den Griechen weit mehr als ein Ruinenfeld. Es ist ein Teil seiner Geschichte und somit, nach griechischem Verständnis, Bestandteil der Gegenwart. Olympia, das Wort steht wie kein zweites für das Ideal des antiken Hellas, das Bild vom freien Menschen. Nikos Kazantzakis, der große kretische Schriftsteller, schrieb beim Anblick der Ruinen von Olympia:

«So wird die Reise eines Griechen durch Griechenland unvermeidlich zu einer mühevollen Suche nach der Pflicht – wie man selber den Vorfahren ebenbürtig werde, wie man die Überlieferung des eigenen Volkes fortsetzen könne, ohne sie bloßzustellen. Wer in Griechenland geboren wurde, hat die Aufgabe, den ewigen griechischen Mythos fortzusetzen!»

Für unsere Ohren mag das pathetisch klingen – aber daß sehr viele Griechen auch heute noch genauso empfinden, ist keine Frage.

Konstantin Karamanlis war es, der 1976 am Rande der Spiele von Montreal die Idee formulierte. Zurück nach Olympia – das ist, bei Licht besehen, kein neuer Einfall. Schon jene frühen Philhellenen, die im 14. und 15. Jahrhundert in Europa die Wiederbelebung der antiken olympischen Idee propagierten, hatten Olympia als Austragungsort im Auge. Im Jahre 1604 – fast drei Jahrhunderte vor Coubertin – veranstaltete der Brite Robert Dover seine «Englischen Olympischen Spiele» wohl vor allem deshalb in England, weil Olympia zu jener Zeit von den Türken besetzt und kaum verfügbar war. 1883, Griechenland war gerade nach vierhundertjähriger türkischer Okkupation zur souveränen Nation aufgestiegen, bewarb sich das Dorf Pirgos auf dem Peloponnes, nahe dem antiken Olympia gelegen, um die Spiele. Und lange bevor Coubertin in der Pariser Sorbonne dafür sorgte, daß er bis auf den heutigen Tag als der Vater der olympischen Idee der Neuzeit gilt, schlug der deutsche Archäologe Ernst Curtius vor, nach der Freilegung der Ruinen nun auch die Idee zu neuem Leben zu erwecken – und wo sonst als in Olympia! Als Pierre de Coubertin 1894 seine olympische Idee verkündete, hatten bereits vier Olympische Spiele stattgefunden: 1859, 1870, 1875 und 1887 in Athen. Und die Griechen waren es, die, gegen den Widerstand Coubertins, auch die ersten offiziellen Spiele der Neuzeit nach Athen holten – der französische Baron hatte die Jahrhundertwende als Starttermin und Paris als Austragungsort ins Auge gefaßt. Griechenkönig Georg I. unternahm dann im Jahr der Spiele, 1896, einen ersten Versuch, Griechenland zum ständigen Austragungsort zu machen; er scheiterte freilich am olympischen Komitee.

Nun aber glaubten die Protagonisten des «Zurück zu den Ursprüngen», Rückenwind zu spüren. Seit offenbar geworden ist, daß selbst so begüterte Städte wie Los Angeles alle Mühe haben, die Finanzierung einer Olympiaschau auf die Beine zu stellen, schien die Zeit reif für drastisch abgespeckte, bescheidene, schlichte Spiele – im alten Olympia.

Es gab auch Besorgnisse. Unter den Archäologen zum Beispiel machte sich Unruhe breit. Sie quälte die Vision, das sorgsam ausgegrabene Olympia könnte durch Würstchenbuden entweiht werden; der heilige Hain, so fürchteten sie, könnte zugunsten eines Parkplatzes gerodet, das antike Stadion gar mit Flutlichtmasten verunstaltet werden. Solchen Sorgen ist freilich die Nahrung genommen, seit die Olympiareformer klargestellt haben, daß sie ihre Spiele nicht zwischen den klassischen Ruinen veranstalten möchten. Die jahrhundertealten Ölbäume sollen unangetastet, die antiken Stätten unbehelligt bleiben: Olympia bei, nicht in Olympia. Dennoch: Es blieb hier und da die Furcht, die beschauliche Landschaft des westlichen Peloponnes sei am Ende dem Ruf nach der «Jugend der Welt» nicht gewachsen. So atmete mancher auf, als das Internationale Olympische Komitee die Idee «zurück nach Olympia» schließlich im Herbst 1981 verwarf.

Ganz so unberührt, ganz so jungfräulich ist allerdings auch Olympia nicht mehr. Obwohl weit abseits der touristischen Ballungsgebiete gelegen, gehört die Ruinenstadt längst zu den fünf, sechs meistbesuchten antiken Sehenswürdigkeiten in Griechenland. Mit über 350000 Besuchern im Jahr rangiert Olympia gleich hinter dem Kap Sounion; der Poseidontempel, eineinhalb Autostunden von Athen entfernt, zieht immerhin 400000 Touristen pro Jahr an. Selbst in den Wintermonaten bringen die Reisebusse pro Tag fünfhundert bis achthundert Besucher hier hinaus.

Hauptattraktion aber, wie könnte es anders sein, ist die Akropolis. 1970 wurden hier rund 700000 Eintrittskarten verkauft, 1980 waren es bereits knapp zwei Millionen. Selbst an kühlen Regentagen im Februar steigen mindestens zweitausend Besucher die Stufen der Propyläen hinauf. Mit Freude registrieren die griechischen Tourismusstrategen, daß die antiken Stätten nicht an Anziehungskraft verloren haben – im Gegenteil: Die Zahl ihrer Besucher steigt überproportional an. Rund fünfeinhalb Millionen Touristen kamen 1980 nach Hellas, und jeder von ihnen muß – statistisch gesehen – mindestens einmal eine der klassischen Sehenswürdigkeiten besucht haben: An den Pforten zu den Ruinen wurden fast sieben Millionen Eintrittskarten gelöst. Noch einmal fünf Millionen Besucher zählte man in den Museen des Landes. Sicher: Es gibt jene Touristen, die in Kreta oder Kos aus dem Charterflugzeug klettern und anschließend für 14 Tage oder gar drei Wochen nichts sehen und nichts sehen wollen als weißen Sand, blaues Meer und die Farbenspiele der eigenen Epidermis. Aber die große Mehrzahl der Griechenlandbesucher reist offenbar mit dem festen Vorsatz hierher, der klassischen Vergangenheit dieses Landes auf die Spur zu kommen. Selbst jene Orte, die nur nach stundenlanger Bus- oder Autofahrt über heiße Landstraßen erreichbar sind, verzeichnen einen erstaunlichen Andrang: Das antike Theater von Epidavros etwa wird von mehr als einer halben Million Touristen im Jahr besucht – das ist ziemlich genau jene Zahl von Reisenden, die im Jahre 1962 insgesamt nach Hellas kamen! Auf ähnliche Besucherzahlen kommen derzeit auch Knossos auf Kreta, Mikene und Delfi.

Daß dieser Ansturm den Ruinen nicht immer wohltut, läßt sich denken. Die Denkmalschützer auf der Akropolis zum Beispiel sehen das Millionenheer der ausländischen Gäste mit gemischten Gefühlen –

denn unter den Schritten seiner Bewunderer erbebt der Parthenon buchstäblich. Auch stellen sich die Wächter an den Säulen hier wie anderswo in Griechenland jene bange Frage, die jeden bewegen muß, der so viele unbekannte Gäste hat: Ist noch alles da? Vieles verschwindet, keine Frage: hier ein Marmorstückchen, da eine Tonscherbe. In vergangenen Jahrhunderten kamen auch schon mal größere Stücke abhanden. Die Museen in aller Welt sind voll von Schätzen aus dem antiken Griechenland, die zumeist während der vierhundertjährigen türkischen Okkupation außer Landes geschafft wurden. Allein im Britischen Museum in London sind gut 200 Tonnen Marmor von der Akropolis zu besichtigen – Säulen, Kapitelle, Friese und Statuen.

Kein Wunder also, wenn heutzutage jeder mit erheblichem Ärger rechnen muß, der auch nur Kleinigkeiten als Souvenir mit nach Hause nehmen möchte. Selbst ein Marmorsplitter, wie sie zu Tausenden auf der Akropolis herumliegen, gilt als Antiquität – wer ihn in die Hosentasche steckt und erwischt wird, kommt für mindestens zwei Monate hinter Gitter. Nicht nur die mit Trillerpfeifen ausgerüsteten Wächter in den Freiluftmuseen haben ein wachsames Auge auf solche Gelegenheitsdiebe, auch die Zöllner an den Grenzstationen sorgen sich um das wertvolle Erbe ihrer Heimat. Jener Tourist, der eine ausgiebige Kontrolle seines Gepäcks oder seines Autos über sich ergehen lassen muß, sollte versuchen, Verständnis aufzubringen: Allein die rund 10000 Kirchen und Kapellen des Landes bergen unschätzbare Werte aus byzantinischer Zeit. Und die meisten dieser Kirchen sind unbewacht, viele unverschlossen. Kein Wunder also, daß immer mal wieder griechische Ikonen auf den Schwarzmärkten in Amsterdam, Zürich oder Mailand auftauchen. Meist werden sie von organisierten Banden außer Landes geschafft, manchmal auch von bis dato unbescholtenen Touristen, die der Versuchung nicht widerstehen können, «ein Stück Byzanz» im Wohnzimmer oder in der Hausbar zu haben.

Daß Griechenlands antike Stätten auch im Zeitalter des Massentourismus nicht an Attraktivität verloren haben, daß der Hellasreisende an griechischen Säulen offenbar ebenso interessiert ist wie an griechischer Sonne und griechischem Wein, mag zunächst überraschen. Soviel kunstgeschichtliches Interesse bei einer Spezies von Reisenden, von der es heißt, ihre kulturellen Bedürfnisse seien mit dem Besuch einer Folkloreveranstaltung oder eines Weinfestes bereits hinreichend befriedigt? Das griechische Beispiel – und es ist nur eines von vielen – beweist, daß der vielgescholtene Pauschaltourist besser, sprich wißbegieriger, aufgeschlossener ist, als sein Ruf es vermuten läßt. Nicht nur die griechischen Museen, auch die deutschen registrieren Jahr für Jahr steigende Besucherzahlen; populärwissenschaftliche Bücher und Zeitschriften erzielen Rekordauflagen; eine Jahrhundertschau wie die Tut-ench-Amun-Ausstellung fasziniert Millionen; und vor den Museumskassen stehen just jene Schlange, denen man so gern historisches Desinteresse und kulturelle Ignoranz nachgesagt hat – die Jungen nämlich. Es scheint, als habe die Fernsehgeneration das Staunen nicht verlernt.

Begegnung mit den Göttern

Was Griechenland betrifft, den Parthenon und das Amphitheater von Epidavros, die Ruinen von Korinth und das Löwentor von Mikene: da sind es wohl weniger die kunstgeschichtlichen Feinheiten, die den Durchschnittsbesucher faszinieren. Vieles hier beeindruckt zunächst einmal durch schiere Größe, durch Monumentalität.

Die dorischen Säulen des Parthenon sind über zehn Meter hoch; und dem Betrachter, der an ihrem Fuß steht, scheinen sie noch weit höher; wie überhaupt dieses Bauwerk, 72 Meter lang und 34 Meter breit, größer, gewaltiger wirkt, als es den tatsächlichen Maßen nach ist. Der Kunstgriff der Parthenonarchitekten Iktinos und Kallikrates verfehlt auch heute, im Zeitalter der Wolkenkratzer, seine Wirkung nicht: Säulen und Außenwände stehen leicht nach innen geneigt auf ihren Fundamenten – die Fortsetzung ihrer Linien nach oben würde in etwa zweitausend Meter Höhe in einem einzigen Punkt zusammentreffen; der dreistufige Unterbau des Tempels ist leicht gewölbt – in der Mitte der Längsachse liegt das Niveau elf Zentimeter über den Ecksteinen, auf der Schmalseite beträgt die Differenz sechs Zentimeter; die Ecksäulen haben einen etwas größeren Umfang als die übrigen 42 Säulen der Außenreihe, und nicht überall ist der Abstand zwischen diesen gleich groß. Die Summe dieser präzisen «Unregelmäßigkeiten» ist ein Bauwerk, das trotz seiner gewaltigen Massen scheinbar schwerelos und voller Leben emporragt.

Über das schiere Staunen hinaus hat offenbar der Normaltourist zu den klassischen Denkmälern ein sentimentales Verhältnis. Sie verkörpern jene Welt des klassischen Hellas, die – eher in mythologischen Kategorien als in historischen – vielen von uns geläufig ist. Vor diesem Hintergrund werden die Tempel und Statuen zu Sehenswürdigkeiten ganz besonderer Art – zu Schauplätzen der klassischen Mythologie:

Da ist Ägeus, der König von Athen; seinen Sohn Theseus schickt er nach Kreta, den Minotaurus, dieses menschenfressende Ungeheuer, halb Mensch, halb Stier, zu besiegen; Theseus tötet den Minotaurus, begibt sich auf die Rückfahrt nach Athen; aber statt des weißen Segels, das dem am Ufer Ausschau haltenden Vater den Sieg über das Monstrum signalisieren soll, setzt er versehentlich das schwarze; Ägeus stürzt sich aus Kummer über den vermeintlichen Tod seines Sohnes vom Kap Sounion, von jener Stelle, wo heute die Ruinen des Poseidontempels stehen, ins Meer. Seither trägt die See seinen Namen – die Ägäis.

Und im Herzen dieser Ägäis, in ihrer geographischen Mitte: Delos – die Insel des Apoll. Leto, eine der vielen Geliebten des Göttervaters Zeus, gebar der Sage nach auf Rhenia die Artemis und auf dem benachbarten Delos im Schatten einer Dattelpalme deren Zwillingsbruder Apollon; kaum war Apoll zur Welt gekommen, so der Mythos, verwandelte sich die Felseninsel in ein Paradies voller Blumen, Bäume und Früchte. Delos, die Insel des Apoll, heute das größte Ausgrabungsgebiet der griechischen Inseln, zieht alljährlich mehr als 150000 Besucher an.

Oder Theben – mit der altgriechischen Mythologie ist dieser Name verknüpft wie wohl kein zweiter: Geburtsort des Dionysos und des Herakles, Kulisse für die Tragödien des Ödipus und der Antigone.

Und Kreta – jene Insel, auf der Zeus geboren wurde; der Planet des sagenhaften Königs Minos; die Insel des Minotaurus.

Die Welt der griechischen Mythologie ist lebendig, ist gegenwärtig – nicht allein in den steinernen Denkmälern, sondern überall in Griechenland, auf Schritt und Tritt, begegnet man ihr: Jenes Schiff, das der Reisende in Piräus besteigt, heißt *Apollon* oder *Minos, Ariadne* oder *Jason*; sein Quartier nimmt der Besucher im Hotel *Zeus* oder *Leto, Alkyon* oder *Elektra*. Die Helden und Götter der griechischen Sagenwelt sind schließlich sogar, höchst profan, dort präsent, wo man sie kaum erwartet: Ein Toilettenreiniger trägt den beziehungsreichen Namen *Typhon*, griechischer Zement wird unter Markennamen wie *Herakles* oder *Titan* feilgeboten; und die erfolgreichste Schokoladenmarke des Landes heißt nach dem Sohn des Apoll *Ion*.

Die Götter des alten Griechenland müssen herhalten für Suppenwürfel und Möbelpolitur, Pfeifentabak und Eiscreme. In der Antike waren sie liebenswert menschlich, voller Schwächen und so gar nicht ohne Fehl – kein Wunder eigentlich, daß sich heute die sprichwörtlich geschäftstüchtigen griechischen Marketingstrategen ihrer bemächtigt haben.

Fünf Millionen Gäste

Griechenlands Fremdenverkehrsmanager bauen auf das klassisch-mythologische Image: «Segle auf den Spuren des alten Odysseus», hieß es in einem ihrer Prospekte, «zu einsamen Inseln und sandigen Buchten! Erlebe den langen Sommer des Mittelmeeres! Deine Haut wird die Farbe antiker Bronze bekommen, Du wirst essen, wie einst die Götter aßen – und vergiß nicht: Du gehörst mit zur Familie!»

Lange, warme Sommer, milde Winter, unvergleichliche Landschaften und eine legendäre Tradition der Gastfreundschaft – das sind die bedeutendsten Aktivposten der griechischen Fremdenverkehrsstrategen. Trotz solcher Vorzüge hat es lange gedauert, bis Griechenland sein touristisches Potential nutzte. Bis etwa Mitte der fünfziger Jahre gab es so gut wie keinen organisierten Fremdenverkehr in Hellas. Als Italien und Spanien bereits weiße Strände und blaues Meer en gros feilboten, galt Griechenland noch als touristisches Entwicklungsland. Doch gerade dem Umstand, daß auch heute noch in vielen Regionen Griechenlands der Fremdenverkehr eher amateurhaft abgewickelt wird, verdankt dieses Reiseland seinen Charme, seine Ursprünglichkeit. Nirgendwo rund ums Mittelmeer darf man solche Gastfreundschaft, solche Freundlichkeit erwarten, wie in jedem x-beliebigen Bergdorf auf Kreta, Limnos oder Lesbos. *Xenos*, das Wort für «Fremder», hat – wie im klassischen, so auch im modernen Griechisch – noch eine andere Bedeutung: «Gast».

Zwar hat die sprichwörtliche Geschäftstüchtigkeit vieler Griechen dazu geführt, daß heute selbst kaum bewohnbare Unterkünfte auf Mikonos, Paros oder Skiathos für geradezu horrende Preise vermietet werden; aber wer sich die Mühe macht, die touristischen Trampelpfade zu verlassen, findet just auf diesen Modeinseln immer noch einen Gastgeber, der für fünfundzwanzig oder dreißig Mark pro Nacht ein sauberes, geräumiges Pensionszimmer bietet. Wer in Griechenland heute übers Ohr gehauen wird, ist fast immer selbst schuld.

Natürlich: Die Kapazität hält mit der Nachfrage nicht überall Schritt, denn diese Nachfrage ist während der vergangenen Jahrzehnte explosionsartig gewachsen:

1952 zählten die Grenzpolizisten gerade 55000 Touristen. Zehn Jahre später, 1962, hatte sich die Zahl bereits verzehnfacht. 1969 wurde die Millionengrenze überschritten. 1975 kamen 2,7 Millionen Urlauber nach Griechenland, und in der nun folgenden zweiten Hälfte der siebziger Jahre nahm der Fremdenverkehr einen beispiellosen Aufstieg: Übers Jahr nahm die Zahl der Touristen um über eine Million zu, 1977 waren es bereits 4,4 Millionen, und 1978 wurde erstmals die Fünf-Millionen-Marke überschritten. Den bisherigen Tourismusrekord verzeichnete man im Jahre 1981 mit rund 5,5 Millionen Besuchern. Seither sind die Zahlen leicht rückläufig: auch Griechenland blieb von der Reiseflaute während der schwersten internationalen Wirtschaftskrise seit Kriegsende nicht verschont. Auch langten die erfolgsverwöhnten Hoteliers und Tavernenwirte vielerorts bei den Preisen reichlich hemmungslos zu – Griechenland wurde vielen Urlaubern zu teuer. Immerhin aber hat sich die Zahl der Hellas-Reisenden zwischen 1975 und 1980 nahezu verdoppelt – ein bemerkenswerter Erfolg der griechischen Fremdenverkehrswirtschaft.

Es ist selbstverständlich, daß die Entwicklung der touristischen Infrastrukturen mit diesem rapiden Wachstum nicht immer und überall Schritt halten konnte. Zwar darf heute jeder Urlauber, der in Hellas ein Zimmer bucht, ziemlich sicher sein, dieses bei seiner Ankunft auch tatsächlich vorzufinden – anders als die spanischen Hoteliers haben die griechischen Gastwirte sich bisher zum Glück nicht entschließen können, ein und dasselbe Zimmer gleich zweimal zu reservieren. Aber in den touristischen Brennpunkten, auf Korfu und Rhodos, Mikonos und Paros, geht es in der Hochsaison schon mal recht eng zu. Die staatliche Fluglinie *Olympic Airways* meldet in der Regel schon im Mai *fully booked* auf den Routen zwischen Athen und den Ägäisinseln. Früher konnte, wer über gute Beziehungen oder ein gewinnendes Lächeln und ein Radiergummi verfügte, auf den wohlweislich mit Bleistift geführten Passagierlisten schon mal außer der Reihe einen Platz ergattern; seit aber auch bei *Olympic* der Computer die Sitze verteilt, sind Spätbucher, auch wenn sie Charmeure sind, wieder auf das Fährschiff angewiesen.

Weder bei den staatlich besoldeten Fliegern noch an Bord der von den privaten Reedereien betriebenen Fährschiffe freilich darf man sich auf übertrieben pünktliche Beförderung verlassen. So ist vor allem eine Schiffsreise in griechischen Gewässern eine nützliche Lektion zur Anpassung an den griechischen *way of life*. Pünktlich fahren sie zwar ab in Piräus, die Dampfer, denn hier kostet jede Minute Verspätung zusätzliche Liegegebühren. Einmal auf See, gerät allerdings der Fahrplan alsbald in Vergessenheit – bei einer zwölfstündigen Fahrt mit dem Linienschiff von Insel zu Insel darf man getrost zwei bis drei Stunden Verspätung einkalkulieren. Daß solche Abweichungen vom ausgedruckten Fahrplan nur von pedantischen Fahrgästen aus «Europa» wahrgenommen und reklamiert werden, ist bezeichnend. Unter Griechen und Griechenlandliebhabern herrscht eine andere Lebensauffassung vor: Man fährt ab, wenn man abfährt, und man kommt an, wenn man ankommt – dazwischen liegt das Meer, liegen Inseln, die im Dunst Revue passieren, liegen Dutzende neuer Bekanntschaften und Gespräche. Wer nicht bereit ist, diese Lebensauffassung mindestens für die Dauer der Urlaubswochen zu teilen, der bleibt besser zu Hause und verbringt die Ferien auf dem Balkon, in Sichtweite der Normaluhr.

Wer Anfang der fünfziger Jahre als Urlauber nach Griechenland kam, der mußte darauf gefaßt sein, ein kleines Abenteuer zu bestehen: Klapprige Autobusse, rostige Postdampfer und, mit etwas Glück, ein altersschwaches Taxi – das waren die einzigen Verkehrsmittel; wer das Landesinnere erforschen wollte, mußte sich nicht selten gar einem Maultierrücken anvertrauen, und Grandhotels suchte man außerhalb Athens meist vergeblich. Heute allerdings bietet Hellas in den Touristikzentren zahlreiche Hotels der Luxusklasse, die sich in Service und Preis mit den renommierten Herbergen an den spanischen und französischen Küsten durchaus messen können. Auf nahezu allen Ägäisinseln findet der Urlauber darüber hinaus Hotels der A- und B-Klasse, dazu eine große Zahl einfacher Pensionen, die den Mangel an perfektioniertem Service durch herzliche Gastfreundschaft wettmachen. Die staatliche Touristikorganisation *E. O. T.* kontrolliert allerorts die Preise, wenn auch die gleichfalls staatlich festgelegte Klassifizierung eines Hotels nicht immer wirklich Aufschluß über die Qualität eines Hauses gibt. Hier gilt, wie überhaupt in Hellas: Man sollte dem eigenen Urteil und den Empfehlungen Ortskundiger eher folgen als den Lobpreisungen der Prospekte und Reiseführer.

Die touristische Infrastruktur Griechenlands hat sich insbesondere seit dem Sturz der Obristendiktatur 1974 in rapidem Tempo entwikkelt. Daß Hellas dennoch kein steriles, perfektioniertes Urlaubsparadies geworden ist, macht seinen Reiz aus. Fünf Millionen Gäste auf neuneinhalb Millionen Einwohner, das scheint, arithmetisch gesehen, an der Grenze des noch Erträglichen zu liegen.

Gewiß: In den Hochburgen des Fremdenverkehrs herrscht während der Monate Juni bis August oft große Enge. Aber selbst auf so populären Ferieninseln wie Rhodos, Kos und Korfu findet, wer nur etwas Initiative entwickelt, mühelos vom Fremdenverkehr völlig unberührte Gegenden. Wer die Bergdörfer Kretas, die Küsten des Peloponnes, die Hochebenen Thessaliens auf eigene Faust erobert, hat gute Chancen, den Touristenströmen ganz zu entfliehen. Oft genug reicht es schon, von den neuen Überlandstraßen abzubiegen – nach wenigen Kilometern sieht sich der Reisende in eine seit Jahrzehnten unveränderte, ursprüngliche Landschaft versetzt.

Wer von Iraklion, dem kretischen «Athen», die neue Küstenstraße nach Rethimnon einschlägt, der stößt gleich hinter den letzten Hotelburgen am Stadtrand der kretischen Hauptstadt auf den Abzweig nach *Rodia*. Über steile Serpentinen führt die schmale Straße hinauf in die Berge. Keine zehn Kilometer von der Küstenautobahn entfernt, auf halbem Wege zum Dorf Rodia, liegt rechts am Weg eine Taverne: ein weißgetünchter, viereckiger Kasten mit blauen Fensterläden. Der Wirt, vielleicht 45, vielleicht auch 65 Jahre alt – das von der Sonne verbrannte Gesicht läßt da keine genaue Schätzung zu –, hat während der Sommermonate vielleicht ein dutzendmal Besuch von Touristen, die neugierig genug sind, sich hierher zu verirren. Der Gastraum ist fünf mal vier Meter groß, der Zementfußboden sauber gekehrt; in der einen Ecke zwei, drei quadratische Metalltische, darumherum Holzstühle – die Standardmöblierung der griechischen Taverne; in der anderen Hälfte des Raumes die Küche: ein zweiflammiger Propangaskocher, eine brandneue Kühlvitrine (die freilich, weil es hier oben keinen Strom gibt, nur optische Funktion hat); und ein Feldbett schließlich mit einer Wolldecke – Küche, Wohnschlafzimmer, Gastraum, alles auf zwanzig Quadratmetern. Die Speisekarte ist begrenzt: Flaschenbier, süßliche Limonade, Cola; je nach Jahreszeit Orangen, Tomaten, Feigen; frisches Brot bringt der Fahrer des Linienbusses aus dem Dorf. Und natürlich: Ouzo, Retsina, Oliven, Salami. Der Blick durch die blaugestrichenen Gitterstäbe vor dem Fenster – wozu die Gitter? – wandert auf das tintenblaue Meer fünfhundert Meter tiefer. Und rechts dann: Iraklion, im Dunst des späten Nachmittages. «Las Vegas!», sagt der Wirt lachend und deutet nach unten – «Las Vegas!» In seinem Leben war er dreimal dort unten.

Solche Plätze, solche Begegnungen gibt es zu Hunderten, zu Tausenden in Griechenland. Wer sie versäumt, lernt dieses Land nicht kennen.

«Wir sind alle Griechen ...»

«Wir sind alle Griechen», schrieb der Brite Percy Bysshe Shelley 1822 in seinem Drama *‹Hellas›*. «Unsere Gesetze, unsere Literatur, unsere Religion, unsere Künste haben ihre Wurzeln in Griechenland.» Und der britische Historiker Sir Henry Main fand sogar: «Ausgenommen die Kräfte der Natur, bewegt sich nichts in dieser Welt, das nicht griechischen Ursprungs wäre!»

Solche Träume sind mächtig. Und der Traum vom klassischen Griechenland war wohl der mächtigste in den Gemütern jener kultivierten, bisweilen auch nur schicken Europäer, die um die Wende vom 18. zum 19. Jahrhundert die Werke Platos und Homers studierten und bei passender Gelegenheit wohl auch zu rezitieren wußten. Der Etonschüler und Oxford-Student Shelley faßt die Sehnsüchte einer ganzen Generation in Worte, wenn er schreibt: «Der menschliche Körper und der menschliche Geist erreichten in Griechenland Perfektion; und der moderne Grieche ist der Abkömmling jener ruhmreichen Geschöpfe, die unser Verstand sich kaum als von dieser Welt vorzustellen wagt.»

Für Shelley wie für viele andere war der Traum vom «Goldenen Zeitalter» etwas Absolutes – ein Traum, der alles andere ausschloß, nichts sonst gelten ließ und den ganzen geistigen Horizont ausfüllte. Die Akropolis, zu jener Zeit noch unter dem Schutt der Jahrtausende verborgen, wurde zum steinernen Sinnbild menschlicher Größe; Athen, damals «nichts als ein Haufen schmutziger Trümmer», avancierte binnen weniger Jahrzehnte zum fashionablen Reiseziel und, mehr als das, zum Zentrum des geistigen Universums.

Das Zeitalter der Philhellenen brach an – und man darf sich diesen Philhellenismus, diese Leidenschaft für das klassische Griechenland des Perikles und des Plato, des Aristoteles und des Alexander nun nicht als eine allzu wissenschaftliche Bewegung vorstellen, die ihre Heimstatt allein in Universitätskollegs und Gelehrtenzirkeln hatte. Der Philhellenismus war vor allem auch eine Mode, die alsbald in die Salons der besseren Gesellschaft einzog; freilich eine, die mit dem Habitus der Tiefgründigkeit und der Attitüde des Philosophischen daherkam; ein Zeitvertreib für wohlhabende Gentlemen, die ihre Kaminsimse mit den miniaturisierten Gipskopien klassischer Statuen garnierten, antike Münzen in mit Samt ausgeschlagenen Schatzkästlein bewahrten und – schon ein Höhepunkt – ihre Gäste mit Rezitationen aus den ersten Strophen der Ilias zu delektieren verstanden.

Shelley war es, der mit gespitzter Feder diese Zeilen aufschrieb:

«Der Welt großes Zeitalter beginnt aufs neue, die goldenen Jahre kehren zurück. Die Erde häutet sich wie eine Schlange ... Ein neues Athen wird auferstehen, und es wird den Glanz seiner Blüte zukünftigen Zeiten schenken ...»

Es gab freilich auch Zweifler. Die britische Schriftstellerin Virginia Woolf, über viele Jahre hinweg Kritikerin in den Diensten des angesehenen *Times Literary Supplement*, argwöhnte später: «Wir versinken in etwas, das vielleicht nur ein Abbild der Wirklichkeit ist – aber nicht die Wirklichkeit an sich. Der Traum eines Sommertages, wie wir ihn während eines Winters im Norden träumen!»

Der Konflikt von Traum und Wirklichkeit begann um 1810. Viele jener, die ihre Griechenland-Leidenschaft zunächst nur an den Kaminfeuern gepflegt hatten, machten sich nun auf die Reise; zunächst nach Herkulaneum und Pompeji, dann auch nach Hellas. Hier nun trafen Hellenen und Philhellenen aufeinander. Letztere kamen in der festen Überzeugung, sie selbst seien die frischeste, vollkommenste Blüte der klassischen Tradition: Sie waren in Eton und Oxford aufgewachsen und hatten überdies mit Stolz herausgefunden, daß jedes siebente Wort der englischen Sprache griechischen Ursprungs sei – nicht allein der Wortschatz der Akademiker von Cambridge und Oxford barg klassisches Gut, nein, selbst so profane Bezeichnungen wie *air* und *butter* ließen sich mühelos auf die Sprache Platos zurückführen.

Und die Hellenen? Sie schienen in unerklärlicher Weise ihren göttergleichen Vorfahren entfremdet – wenigstens im Urteil der britischen Reisenden jener Jahre. Der Archäologe William Gell, unterwegs in Griechenland zu Beginn des 19. Jahrhunderts, fand: «Sie sind zutiefst in Ignoranz und Vorurteil versunken, und zwar jenseits aller Hoffnung auf Besserung!»

Die oft genug nur dilettantische Begeisterung für das klassische Erbe, das die europäischen Philhellenen selbstverständlich für sich in Anspruch nahmen, mischte sich mit einer gehörigen Portion Arroganz gegenüber jenen, die man allenfalls in geographischer Hinsicht als «Griechen» akzeptieren mochte. Zu der geradezu rauschhaften Verehrung alles Klassisch-Griechischen gesellte sich in jenem Moment, da Philhellenen und Hellenen aufeinandertrafen, eine tiefe Verachtung für die Griechen des 19. Jahrhunderts. H. W. Williams, ein aus Schottland stammender Künstler, brachte von einer ausgedehnten Griechenlandreise um 1810 vor allem die Erkenntnis mit, er sei «stolz, ein Brite zu sein» – und er hegte den dringlichen Wunsch, in Edinburgh eine Kopie des Parthenon zu errichten. Viele jener graecophilen Gentlemen entpuppten sich, einmal in Hellas, als pedantische, unsensible, selbstgerechte und im Grunde langweilige Herrschaften. Henry Miller bemerkte kurz vor Beginn des Zweiten Weltkrieges, als er seine Reise nach Griechenland unternahm, die Engländer in Hellas seien «eine traurige Gesellschaft» – nicht viel anders muß es um 1810 gewesen sein.

Zu den zweifelhaften Gestalten jener Jahrzehnte muß sich auch Lord Elgin rechnen lassen. 33jährig war er im Jahre 1799 zum britischen Botschafter in Konstantinopel ernannt worden. Obwohl sein intellektuelles Interesse an Athen und dessen Kunstwerken begrenzt schien, erkannte der Lord offenbar den kommerziellen Wert der klassischen Monumente; den türkischen Besatzern handelte er die Genehmigung ab, Kopien einiger Kunstwerke auf der Akropolis anzufertigen; einmal an der Arbeit, wies Elgin seine Helfer jedoch gleich an, die Friese und Kapitelle, die Statuen und Säulen einzupacken und nach England zu verschiffen. Bis heute ist ungeklärt, ob Elgin den türkischen Besatzern die Kunstwerke abkaufte oder ob der Handel kostenlos abgewickelt wurde. Fest steht jedenfalls, daß der Staatsdiener Elgin die Kunstwerke wenig später seinem Dienstherrn, dem Königreich Großbritannien, zum Kauf anbot. Der zweifelhafte Handel kam zustande, und so stehen die «Elgin-Marbles» bis auf den heutigen Tag im Britischen Museum in London. Nicht nur die Philhellenen des 19. Jahrhunderts ergötzten sich an ihnen, nicht nur Schulklassen und Universitätskollegs bewunderten diese steinernen Zeugen des «Goldenen Zeitalters» – das Britische Museum wurde fortan auch zum Wallfahrtsort britischer Reitlehrer. Am Beispiel der marmornen Kavalkaden der Athener auf dem Parthenonfries brachten sie ihren Schülern bei, wie man auf einem Pferd zu sitzen habe.

Griechenlands sozialistische Kultusministerin Melina Mercouri war es, die 1982 eine alte Idee wieder aufgriff und mit neuer Energie zu verwirklichen suchte: die Idee von der Rückkehr der Elgin-Marbles auf die Athener Akropolis. Der Gedanke stieß, wie sich denken läßt, beim Britischen Museum auf gar keine Begeisterung. Auch in den anderen westlichen Ländern fand Melina Mercouri kaum Bundesgenossen. Kein Wunder: schließlich sind die Museen von Berlin und Paris, von Rom und München, New York und Amsterdam voller Kunstschätze, die oft unter nicht ganz zweifelsfreien Umständen dorthin gelangt waren – die Elgin-Marbles sind nicht der einzige Kunstraub des 19. Jahrhunderts.

In Griechenland freilich gab es von Anfang an eine breite Welle der Zustimmung für Melina Mercouris Kampf um die, wie sie hier bald genannt wurden, «Mercouri-Marbles». Unschätzbare Werte sind von europäischen Reisenden und Archäologen im vergangenen Jahrhundert aus Hellas fortgeschleppt worden. Die Motive mögen oft genug hochherzig gewesen sein, galt es doch, die Kostbarkeiten vor der Zerstörungswut der türkischen Besatzer in Sicherheit zu bringen oder vor dem Verfall zu retten. Fest steht aber auch, daß kaum ein Antiquitätenjäger im 18. oder frühen 19. Jahrhundert auf die Idee kam, daß diese klassischen Relikte nicht herrenloses Gut waren, sondern rechtmäßige Besitzer hatten: jene Menschen nämlich, die in der ausgebeuteten, verarmten Westprovinz des osmanischen Reiches lebten und die sich anschickten, für nationale Souveränität und Bürgerrechte zu kämpfen. So gesehen, ist für viele Griechen der Kampf um die Elgin-Marbles tatsächlich, wie Melina Mercouri es formulierte, eine «nationale Sache».

Zu jenen, die Elgins Kunstraub erbittert kritisierten, gehörte George Gordon Noel Lord Byron. Er schrieb 1821: «Ich war und bin gegen diesen Raub der athenischen Ruinen, der angeblich dazu gut sein soll, die Briten in der Kunst der Skulptur zu unterrichten – jene Briten, die von Skulptur soviel verstehen wie die Ägypter vom Eislaufen. Warum ich dagegen bin? Diese Ruinen sind auf dem Piccadilly von der gleichen Poesie, wie sie es am Parthenon waren – aber der Parthenon ist ohne sie um so vieles weniger poetisch!»

Byrons Büste steht noch heute auf zahllosen griechischen Dorfplätzen, sein Bild hängt – neben denen griechischer Nationalhelden – in mancher ländlichen Wohnstube auf Korfu, Kefalonia oder Sakinthos. Die Griechen haben ihn bezeichnenderweise auch sprachlich inzwischen zu einem der Ihren gemacht – sie nennen ihn *Vyron*, als sei der erste Buchstabe seines Namens ein griechisches *Beta*, das im Neugriechischen *Vita* ausgesprochen wird.

1809 kam Byron zum erstenmal nach Hellas, verbrachte dann einige Jahre in Italien, um schließlich für immer nach Griechenland zurückzukehren. Byron gilt weithin als der Prototyp des Philhellenen; aber von zahllosen anderen unterscheidet ihn vor allem dies: Seine Griechenlandleidenschaft war nicht blind und nicht chauvinistisch; er setzte sich, anders als die frühen Philhellenen, mit den Griechen des 19. Jahrhunderts auseinander und nicht nur mit der klassischen Vergangenheit dieses Landes; und schließlich war Byron ein überzeugter Republikaner. Zu jenen Zeitgenossen, die Byron zutiefst verachtete, zählten Georg IV. von England, Wellington und Castlereagh. Für Byron und seine Freunde war der griechische Freiheitskampf keine sentimentale Schwärmerei – er war vielmehr Teil eines europäischen Freiheitskampfes. Jene Griechen, an deren Seite er in den zwanziger Jahren des 19. Jahrhunderts gegen die türkischen Besatzer für Unabhängigkeit und nationale Identität kämpfte, hat Byron in ihrer ganzen Unvollkommenheit, mit all ihren Vorzügen und Fehlern verehrt. Sie zu lieben, kann ihm nicht immer leicht gefallen sein – aus Byrons Mund sind beredten Seufzer der Verzweiflung an diesem Volk überliefert. Er hat, so scheint es, anders als die meisten seiner Zeitgenossen, die Griechen des 19. Jahrhunderts nicht allein nach dem beurteilt, was sie sagten, taten oder versäumten – sondern danach, woran sie litten. Schon dies macht seinen Beitrag zur Emanzipation des griechischen Volkes unschätzbar.

Die Griechen danken Lord Byron, der für ihre Sache 1824 bei Mesolonghi starb, bis auf den heutigen Tag mit aufrichtiger Verehrung.

Es gibt andere fremdländische Namen, die in Griechenland bis auf den heutigen Tag einen guten Klang haben – Namen, die zur griechischen Geschichte gehören. Namen von Männern und Frauen, die der Vergangenheit dieses Landes auf die Spur gekommen sind und die so ihren Beitrag zum Selbstverständnis der griechischen Nation geleistet haben. Der vielleicht bedeutendste von ihnen war ein Amateur: Heinrich Schliemann, jener wohlhabende Kaufmann und Weltreisende, der von frühester Jugend an fasziniert war von der griechischen Mythologie, grub eine Welt aus, die vordem ins Reich des Sagenhaften, des Phantastischen verwiesen worden war. Jene Mauern, die Schliemann zwischen 1870 und 1890 unter dem Hügel von Hissarlik in Kleinasien freilegte, eröffneten der Geschichtsschreibung eine neue Dimension.

Auf der Suche nach der Vergangenheit

Heinrich Schliemann, der Pastorensohn aus Mecklenburg, kann kein Träumer gewesen sein. Als er, 46jährig, zum erstenmal griechischen Boden betrat, sprach er bereits ein Dutzend Sprachen, hatte sich nicht nur als erfolgreicher Kaufmann ein Millionenvermögen erwirtschaftet, sondern auch mehr von der Welt gesehen als die meisten «gelernten» Archäologen und Historiker.

Es heißt, als Zehnjähriger habe er in einem Kinderbuch das Bild des brennenden Troja gesehen, und seither habe ihn der Gedanke, diese gewaltigen Mauern zu finden, ihre tatsächliche Existenz nachzuweisen, nicht mehr losgelassen. Das wird zu den romantischen Verklärungen seiner Biographie gehören. Dieser Heinrich Schliemann war zuallererst neugierig, unabhängig in seinem Urteil, ein Selfmademan im besten Sinne des Wortes. Seine Suche nach dem sagenhaften Troja begann er auf Ithaka, der Insel des Odysseus. Von hier reiste er nach Mikene, zur Burg Agamemnons, der einst gegen Troja gezogen war – so jedenfalls berichtete es Homer. Und der Bericht des Homer war für Schliemann kein Märchen – er war fest davon überzeugt, daß dieser trojanische Krieg wirklich stattgefunden hatte; er war sicher: Achill und Hektor, Kastor und Pollux, Andromache und Helena waren nicht fiktive Sagengestalten, sondern hatten wirklich gelebt. Und Troja: kein Luftschloß, glaubte Schliemann – und machte sich auf die Suche nach den Ruinen dieser Stadt.

Andere hatten vor ihm nach Troja gegraben. Aber Schliemann, der 1868 zum erstenmal hierherkam, gab nicht auf wie die anderen. Mit gewaltigem finanziellem Aufwand, mit generalstabsmäßiger Planung begann er mit einem Heer von mehr als hundert Tagelöhnern die Suche nach der versunkenen Stadt – und fand sein Troja. Am 25. Mai 1873 stieß Schliemann auf das, was bis dahin als eine Fiktion, als «nicht wirklich» gegolten hatte: er entdeckte den vermeintlichen Schatz des Priamos – ein kupferner Schild, ein Helm mit zwei Hörnern; Silberschalen, silberne Messer; goldene Trinkgefäße, goldene Diademe, goldene Ohrringe, goldene Armbänder.

Das Gold von Troja, später die Attraktion des Berliner Museums für Vor- und Frühgeschichte, ging in den Wirren des Zweiten Weltkrieges unter. Andere von Schliemann zutage geförderte Kostbarkeiten freilich sind in ihrer ganzen Pracht erhalten geblieben. Das wohl beeindruckendste Stück, das der Amateurarchäologe Schliemann je entdeckte, ist jene Goldmaske, die er 1876 in den Königsgräbern von Mikene fand – das erregendste Relikt griechischer Vorgeschichte: ein in Gold gehämmertes Gesicht, abstrakt und naturalistisch zugleich, ein Abbild von besonderer Art. Schliemann hob diese Goldmaske hoch, und darunter verbarg sich das über die Jahrtausende erhaltene Gesicht eines Menschen. An König Georg von Griechenland telegrafierte

Heinrich Schliemann an jenem Tag: «Ich habe in das Antlitz des Agamemnon geblickt.»

Die Liste der Namen jener anderen, die in den Jahrzehnten zwischen der griechischen Unabhängigkeit und dem Ersten Weltkrieg mit den Mitteln der Archäologie Geschichtsschreibung betrieben, ist lang. Wilhelm Dörpfeld gehört zu ihnen – jener deutsche Architekt, der seit 1882 mit Schliemann in Troja gegraben hatte und der später das Dionysostheater am Fuß der Akropolis entdeckte. Er war über lange Jahre Leiter der 1874 in Athen gegründeten Zweigstelle des Deutschen Archäologischen Instituts, und die von ihm gegründete Deutsche Schule in Athen trägt bis auf den heutigen Tag seinen Namen – Wilhelm-Dörpfeld-Gymnasium.

Dörpfeld begegnet uns auch in Olympia: Gemeinsam mit den deutschen Archäologen Curtius, Adler und Furtwängler legte er zwischen 1875 und 1881 große Teile des Heiligtums frei. Die Grabungen in Olympia markieren im übrigen das Datum einer, mindestens für jene Jahre, ungewöhnlichen Vereinbarung zwischen dem Königreich Griechenland und dem deutschen Kaiserreich. Während immer noch Archäologen aller möglichen Nationalitäten emsig ihre Funde außer Landes schafften, um sie in den Museen der Welt einem staunenden Publikum vorzuführen, einigten sich die Regierungen in Athen und Berlin 1874, daß keines der in Olympia ausgegrabenen Stücke außer Landes gebracht werden sollte.

Von Olympia hinüber nach Knossos. Auf der Landkarte des Heinrich Schliemann spielte übrigens auch dieser Ort eine ganz besondere Rolle: «Ich möchte», schrieb Schliemann, 67jährig, kurz vor seinem Tod in Neapel, «die Arbeiten meines Lebens mit einem großen Werk schließen, nämlich mit der Ausgrabung des uralten, prähistorischen Palastes der Könige von Knossos in Kreta, den ich vor drei Jahren entdeckt zu haben glaube.» Der Millionär Schliemann brachte sich um diesen letzten Triumph. Als es darum ging, das Grundstück zu kaufen, unter dessen Erde er den Palast des Minoerkönigs vermutete, wurde er, dem man bisweilen übertriebenen Geiz nachsagte, nicht handelseinig mit dem Besitzer.

Und so war es der Brite Sir Arthur Evans, Journalist, Schriftsteller, Professor und Amateurarchäologe, der im März 1900 mit den Grabungen in Knossos begann. Evans kam überraschend schnell voran: Schon nach einigen Wochen hatten seine Arbeiter die Ruinen einer Anlage freigelegt, die nahezu so groß war wie der Buckinghampalast in London; Evans hoffte, «in einem halben, einem Jahr fertig» zu sein in Knossos. Aber er grub ein Vierteljahrhundert, und obwohl seither andere seine Arbeit fortsetzten, gilt für Knossos, was für nahezu jeden Quadratmeter griechischer Erde gilt: Unermeßliche Schätze warten darauf, gehoben zu werden.

Was Evans in Knossos fand, ist heute eine der bemerkenswertesten archäologischen Attraktionen und gleichzeitig eine der umstrittensten. Denn Evans begnügte sich nicht damit, die jahrtausendealten Mauern und Säulen freizulegen. Er hatte den Ehrgeiz, seinen Zeitgenossen und der Nachwelt ein anschauliches Bild dessen zu vermitteln, was Knossos einmal gewesen war. Und so baute er große Teile des Palastes wieder auf; nahm da, wo die Originalsteine fehlten, Zement zur Hilfe und rekonstruierte mit Gips und Farbe den Palast des Königs Minos so, wie er einst ausgesehen hatte. Hatte er wirklich so ausgesehen? Viele Archäologen bezweifeln das – sie verurteilen die Unbefangenheit, mit der Evans «seinen» Palast von Knossos wieder aufbaute – ein Meisterwerk des *art nouveau*, sagen sie – aber keine getreue Rekonstruktion. Dieser Gelehrtenstreit kann die Besucher von heute jedoch kalt lassen – denn auf die aufgeworfenen Fragen werden wir vermutlich nie eine exakte Antwort erhalten. Evans' Verdienst bleibt es, schon zu Beginn dieses Jahrhunderts etwas vorweggenommen zu haben, was die Archäologen heute auch andernorts wagen: ausgegrabene Geschichte wieder zum Leben zu erwecken; sie so aufzubereiten, daß Vergangenheit greifbar, begreifbar, anschaulich wird. Was Evans, der Amateurarchäologe, einst wagte, ist heute ein nicht unumstrittener, aber doch unbestreitbar erfolgreicher Trend: wo immer die Archäologen den Mut haben, ihre Funde zu rekonstruieren, Zerstörtes wieder aufzubauen, Verlorengegangenes zu ersetzen, erleben sie es, daß ihre einst staubtrockene Arbeit plötzlich Interesse, Begeisterung bei einem breiten Publikum auslöst. Evans hat dies erreichen wollen, und er hat es erreicht.

Es ist das farbenprächtige Bild einer geheimnisvollen Epoche, das sich uns in Knossos heute bietet. Mythos und Wirklichkeit fließen ineinander. Es ist das Bild einer Gesellschaft, wie sie in der antiken Welt bisher ohne bekanntes Beispiel, ohne Parallele ist. Hat es jenen jungen Mann wirklich gegeben, dessen Bild man in Knossos fand? Auf dem Kopf trägt er eine Tiara aus Lilien und Pfauenfedern, an der Leine führt er einen Greifvogel. Oder das Bildnis jenes anderen Jungen, der einen Salto über einen heranstürmenden Stier schlägt – spielerisch leicht ist sein Ausdruck. Immer wieder begegnet uns in Knossos ein Element:

das Spiel. Blaue Delphine spielen mit rosaroten Fischen; ein hellblauer Affe pflückt Blumen auf einer Wiese. Farben überall. Die Minoer, das muß ein unvergleichlich lebenslustiges, heiteres, selbstbewußtes Volk gewesen sein; keine kriegerische Gesellschaft offenbar: Waffen fand man nicht in ihren Palästen. Hier lebte ein reiches, gebildetes Bürgertum, in dem Männer und Frauen gleichrangig waren. Aus keiner anderen Epoche der griechischen Geschichte sind so phantasievolle Kleider, so kunstvolle Haartrachten, so elegante Schmuckstücke überliefert wie aus der minoischen. Ein rätselhaftes Paradies, dessen Ursprung und Untergang bis heute im Dunkel liegt.

Oder war es doch ganz anders? Wo hat der Mythos des menschenverschlingenden Minotaurus seinen Ursprung, seinen geschichtlich wahren Kern? Für die minoische Epoche gilt wie für so viele andere: Unser Bild ist längst noch nicht vollständig, es ist geprägt von Theorien und Hypothesen, Schlußfolgerungen und Analogien, deren Gültigkeit sich erst noch erweisen muß.

Archäologische Funde aus jüngster Zeit scheinen alles bisher Behauptete nahezu auf den Kopf zu stellen – sie legen die Möglichkeit nahe, daß es im minoischen Kreta, in dieser Gesellschaft der fröhlichen Spiele und farbenfrohen Fresken, Menschenopfer gegeben haben könnte. Der britische Archäologe und Volkskundler Peter Warren stieß gar in Kreta auf Kindergebeine, die deutliche Spuren eines Schlachtmessers zeigen – Kannibalismus im Reich des Königs Minos?

Es besteht wohl Anlaß, das von den Historikern bisher präsentierte Bild der minoischen Epoche kritisch zu überprüfen. Und wohl nicht allein das Bild jener Epoche. Eine Wissenschaft wie die Archäologie, die Vergangenes ausgräbt und Ausgegrabenes deutet, schafft wohl zwangsläufig ihre eigene Geschichtsschreibung, und oft genug tut sie das allzu dogmatisch. Jenes Bild, das sie von der Vergangenheit entwirft, spiegelt stets auch die Ideen und die Ideale jener wider, die da gerade graben. Vor etwa vierzig Jahren bekannte der britische Archäologe R. G. Collingwood: «Meine Erfahrung hat mich gelehrt, daß ich nichts fand – es sei denn, Antworten auf zuvor gestellte Fragen. Wenn man gräbt und fragt: Mal sehen, was da ist – dann lernt man rein gar nichts. Was man lernt, hängt weniger davon ab, was man findet – sondern vielmehr davon, was man sucht. Folglich findet jener, der bestimmte Fragen stellt, bestimmte Antworten; ein anderer, der andere Fragen stellt, lernt von derselben Erde anderes; und ein Dritter, der illusionäre Fragen stellt, findet illusionäre Antworten.»

Die These vom Menschenopfer im Inselbereich des Königs Minos paßt nicht in unser Geschichtsbild – und so manches andere, das noch unentdeckt in der griechischen Erde liegt, wird nicht in jenes verklärte Bild hineinpassen, das wir von den «alten Griechen» haben.

Legende und Wirklichkeit

Die Verklärung des klassischen Griechenland beginnt früh – sie ist nicht das Werk der Philhellenen. Der Mythos nimmt seinen Anfang mit dem Hellenismus, genauer gesagt: mit den Eroberungszügen Alexanders des Großen im 4. Jahrhundert v. Chr., dieser explosionsartigen Expansion des Griechentums auf ein Weltreich, das von der Adria bis an den Indus reichte. Jene Siedlungen in der Diaspora betrachteten das Erbe des Mutterlandes als ihre Wurzeln. An die Stelle eigener, lokaler kultureller Traditionen trat die alles beherrschende «griechische Idee». Die geographische Distanz wurde geleugnet, wurde überspielt, die politische Idee sollte sich als universell, als weltgültig erweisen.

Dieser Kult setzte sich fort im Römischen Reich. Literatur, zu Zeiten des Homer, Aischylos und Sophokles aktueller Bestandteil der Gegenwart, in ihr verwurzelt und auf sie hingeschrieben, war nicht länger Artikulation des Lebens – sie degenerierte zur Kopie vorangegangener literarischer Muster, sie wurde zum Instrument klassischer Bildung, zum Bildungsgut. Es war das Zeitalter der Imitation – in der Literatur, in der bildenden Kunst, in der Architektur. Das Bild vom klassischen Griechenland wurde abstrakt und artifiziell. Abgeschnitten von seinen historischen Wurzeln, getrennt von seiner geschichtlichen Wirklichkeit, separiert auch von der Gegenwart, verkümmerte es. Die griechischen Götter, einst so voller Menschlichkeit, wurden zu Bildern, zu literarischen Fiktionen. Griechenland, das verlorene Paradies.

Dieses vom Hellenismus geprägte Bild des klassischen Hellas bestimmte von nun an für Jahrhunderte den Traum von Griechenland. Die Humanisten der Renaissance blickten auf das hellenistische Griechenlandbild, die Philhellenen hatten es vor Augen. Die Mißverständnisse des 19. Jahrhunderts schließlich, das, was Arnold Toynbee die «fatale Idee» nannte, haben hier ihren Ursprung. Bis heute halten sie sich, diese unglaublich hartnäckigen Trugbilder und Klischees in den Schul- und Geschichtsbüchern. Die Griechen: eine Gesellschaft mythischer Helden, Menschen aus Marmor – nicht aus Fleisch und Blut. Sie wie ihre Gesellschaft, ihre Demokratie, ihre Zivilisation: scheinbar fehlerfrei, vorbildlich, ein Modell bis auf den heutigen Tag.

Da ist jene berühmte Rede des Perikles, die er vor seinen Landsleuten während des Peloponnesischen Krieges hielt – unsere Schulbücher nehmen sie bis heute für bare Münze; warum eigentlich kommt es kaum einem Schulmeister in den Sinn, daß dies die Rede eines Politikers gewesen ist – eine Rede, so glaubwürdig und so absichtsvoll wie die Politikerreden, die heute auf dem Athener Sintagmaplatz gehalten werden?

«Vielleicht nur ein Abbild der Wirklichkeit?» fragte Virginia Woolf einst im *Times Literary Supplement*. Und in demselben Blatt schrieb – anonym, wie es Tradition ist – ein Kritiker vor wenigen Jahren diese satirischen Sätze:

«Genug mit all diesen ehrfurchtsvollen Kniefällen vor dem griechischen Wunder! Laßt uns statt dessen eine ebenso willkürliche und übertriebene Gegendarstellung haben: eine aufwendige Ausgabe, in der alle Tempel durch einen Vorhang wolkenbruchartiger griechischer Herbstregen fotografiert sind; mit Texten, die Perikles als einen imperialistischen Kriegstreiber und Plato als einen homosexuellen Snob entlarven; das klassische Griechenland: eine Tradition der intellektuellen *haute couture*, so voller Vorurteile gegen die praktische Anwendung abstrakter Erkenntnisse, so statisch in seiner Konzeption, so aristokratisch in seinen sozialen Voraussetzungen, daß es den technologischen Fortschritt für die nächsten 2000 Jahre blockierte, die Handlungsanweisungen für jede Art von totalitären Regimen lieferte und zahllose Generationen dazu verführte, die Römer zu verachten, nur weil sie größeres Gewicht auf effiziente Abwassersysteme, Straßen und Wasserleitungen legten!»

Eine boswillig-amusante Idee – die aber den Kern des Problems trifft: Unser Griechenland-Bild ist bis zur Unkenntlichkeit steril, glorifiziert und wirklichkeitsfremd.

Der Mystifizierung des «Goldenen Zeitalters» haben sich nicht einmal die legitimen Erben des alten Griechenland, die Griechen selbst, entziehen können. Dies gehört wohl zu den fatalen Nachwirkungen eines über das Ziel hinausschießenden, für die historischen Realitäten blinden Philhellenismus. Shelley und seinesgleichen haben der jungen Nation Griechenland eine schwer zu tragende Bürde aufgehalst: Den Anspruch, sich als würdige Erben der großen Griechen von einst zu erweisen; die Verpflichtung, einem imaginären Traumbild nachzulaufen.

Das hat zu zahllosen Konflikten und Komplexen geführt. Daß sie kein Volk wie jedes andere sind, erfüllt viele Griechen mit Stolz – doch es macht ihnen auch das Leben schwer. Selbst ein so aufgeklärter Mann wie der Schriftsteller Nikos Kazantzakis hat sich dem nicht entziehen können: «Wer in Griechenland geboren wurde, hat die Aufgabe, den ewigen griechischen Mythos fortzusetzen.» Das ist eines der folgenschweren Mißverständnisse unserer Zeit.

Olympia – dieser Name steht nun in jüngster Zeit erneut für ein, wenn auch harmloses, Mißverständnis. Denn jene Puristen unter den Reformern der olympischen Idee, die mit der Rückkehr der Spiele an ihren geographischen Ursprung gleichzeitig eine Katharsis, eine Reinigung der vom Kommerz arg in Mitleidenschaft gezogenen Veranstaltung anstreben, erliegen wohl einer Illusion, wenn sie die antiken Spiele als gänzlich unkommerzielle, idealistische Angelegenheit vor Augen haben. Am Rande des olympischen Rasens wurden seit jeher Geschäfte gemacht. Heute wird an den Banden für Kühlschränke und Magenbitter geworben; seinerzeit boten fliegende Händler auf den Hängen des Kronoshügels Patentarzneien feil, gingen Kreditwucherer auf Kundenfang.

Ein liebenswertes, letztlich belangloses Mißverständnis, dieses «zurück zu den Ursprüngen». Aber es zeigt beispielhaft, wie wenig vollständig unser Bild vom alten Griechenland ist, wie hochglanzpoliert sein Image. Erster Schritt zum vorurteilsfreien, ehrlichen Verständnis dieses Landes, seiner Geschichte, seiner Nöte und Sorgen, seiner Talente und Möglichkeiten ist der nüchterne Blick auf die Realitäten. Wir werden Griechenland am Ende nur gerecht, wenn wir es mit seinen Maßstäben messen – nicht mit den unseren.

Land und Leute

Griechische Geographie

In Griechenland ist auf die Sonne Verlaß. In keinem anderen europäischen Mittelmeerland ist der Sommer so warm und so ausdauernd wie in Hellas: Die Hauptstadt Athen registriert über dreihundert Sonnentage pro Jahr, nur an durchschnittlich 47 Tagen fällt Niederschlag. Zum Vergleich: In der Bundeshauptstadt Bonn, längst nicht Deutschlands schlimmstes Regenloch, zählen die Meteorologen im langjährigen Durchschnitt über 160 Regentage. Selbst die Ionischen Inseln, die nasseste Region Griechenlands, kommen auf höchsten 1200 Millimeter Niederschlag im Jahr – drei- bis viermal so viel wie in Athen, aber immer noch weit unter dem statistischen Durchschnitt Westeuropas.

Die sonnenverbrannten Inseln der Ägäis, das ist das Griechenland der Reiseprospekte. Nur zwischen Februar und Mai zaubern die Frühlingsschauer und eine wohligwarme Sonne einen bunten Blumenteppich auf die braune Erde. Der ägäische Frühling ist eine Zeit überwältigender Farbenpracht. Mitte Februar, wenn in den anderen Teilen Europas noch tiefer Winter herrscht, entfalten hier bereits die Obstbäume ihre Blüten; wenig später folgen Veilchen, Anemonen und Mimosen; der üppige Mohn sprenkelt die frischen Wiesen, die Nächte sind noch erfrischend kühl, der Wind ist sanft und die Luft voll vom schweren Blütenduft.

Aber griechischer Frühling, das sind auch Schneestürme und Hochwasser, Lawinen und – Wintersport. Wer im Februar nach Athen kommt, der kann mit etwas Glück ohne Mantel zum Schaufensterbummel starten und das Mittagessen unter freiem Himmel in einem der Straßencafés am Kolonaki- oder Sintagmaplatz einnehmen, aber es kann auch sein, daß der Wind schneidend kalt, die Temperatur tagelang kaum höher als fünf, sechs Grad und der Winter in Sichtweite ist: Neuschnee auf dem Rücken des Imettos am Nordwestrand der Stadt, und auf dem Parnes, keine Stunde Autofahrt vom Stadtzentrum gelegen, werden die Skilifte in Betrieb genommen. Die Akropolis im

Schneegestöber? Das allerdings kommt höchst selten vor, und die weiße Pracht hält nie länger als ein paar Stunden.

Doch schon auf der anderen Seite des Saronischen Golfes ist der Winter hart, lang und beschwerlich. Viele Bergdörfer auf dem Peloponnes sind zwischen Dezember und April oft tagelang von der Außenwelt abgeschnitten – Schneestürme machen die Wege ins Tal unpassierbar. Wie groß die klimatischen Gegensätze in diesem Land sind, läßt sich an den Statistiken der Meteorologen ablesen: Die Hauptstadt Athen registriert in normalen Jahren eine maximale Temperatur von 38° Celsius; im Winter sinkt das Thermometer auf ein Minimum von minus 1°. Weit extremer sind die Werte im Norden des Landes: Thessaloniki verzeichnet Höchsttemperaturen von gleichfalls 38°, aber im Winter sinkt die Quecksilbersäule hier nicht selten auf minus 10°. Im Binnenland sind Temperaturen von minus 15° keine Seltenheit, und auf den 24 Zweitausendern, die Griechenland zu bieten hat, der höchste von ihnen mit 2917 Metern ist der Olymp, werden in jedem Winter minus 25° bis minus 30° gemessen.

Kein Wunder, daß Griechenlands staatliche Fremdenverkehrsorganisation während der letzten Jahre große Anstrengungen unternahm, Hellas den zahlungskräftigen Winterurlaubern zu erschließen. Mittlerweile gibt es ein knappes Dutzend Wintersportzentren, das größte von ihnen am Parnassos in unmittelbarer Nähe des alten Delfi. Auch an den Hängen des heiligen Olymp tummeln sich inzwischen die Wintersportler, und der Parnes vor den Toren Athens lockt nicht nur mit gutpräparierten Pisten, sondern auch mit einem luxuriösen Hotel und einem Spielcasino. Während der Weihnachtstage ist dieser Gipfel, der an klaren Tagen einen berauschenden Ausblick auf die Viermillionenstadt bietet, Treffpunkt der Athener High-Society. Ähnlich verlockende Après-Ski-Möglichkeiten gibt es nur am Parnassos – in den anderen Wintersportgebieten des Landes müssen die Urlauber einstweilen auf mondäne Bars und luxuriöse Hotels verzichten. Dafür bieten ihnen diese Orte – etwa Pelion bei Volos, Menalo auf dem Peloponnes oder Lefka Ori, die «weißen Berge» auf Kreta – unberührte Natur, wie man sie in St. Moritz oder Garmisch vergeblich sucht. Unterkunft findet der Besucher in urgemütlichen Gasthäusern oder Berghütten. In wenigen Jahren werden freilich auch jene zufrieden sein, die ohne Farbfernseher im Hotelzimmer und Diskothek im Untergeschoß nicht auszukommen glauben: Das traditionelle Sonnenziel Griechenland ist entschlossen, künftig auch im Wintertourismus kräftig mitzumischen.

Tröstlich für all jene, denen nicht allein am perfekten Skizirkus liegt: Es ist Platz genug für alle, Einsamkeit wird es in der griechischen Bergwelt auch in den neunziger Jahren in Hülle und Fülle geben.

Von den Winterstürmen des Nordens bleibt die Inselwelt der südlichen Ägäis nahezu unberührt. An den Küsten Kretas sinkt die Temperatur kaum jemals auch nur in die Nähe des Gefrierpunktes, normal sind hier selbst in der kalten Jahreszeit plus 10°. Auf den fast zweieinhalbtausend Meter hohen Gipfeln der Insel liegt zwar bis in den Mai hinein Schnee, aber auch dort oben sind die Minustemperaturen während des Winters deutlich milder als auf dem Festland. Auch Rhodos lockt mit so frühlingshaften Wintertemperaturen, daß nicht nur Unentwegte zu Neujahr schwimmen gehen.

Hier, in der Ägäis und an den Küsten des südlichen Attika, ist der farbenprächtige Frühling eine flüchtige Erscheinung. Der Sommer kommt nahezu über Nacht und unwiderruflich. Binnen weniger Tage steigt das Thermometer über die 25°-Marke, die Wolken verschwinden vom tiefblauen Himmel, um für die folgenden vier Monate nicht wiederzukehren. Im Mai mag es noch einige kräftige Wolkenbrüche geben, aber das Gras ist längst verdorrt, der bunte Blumenteppich hat sich in unansehnliches, braunes Stroh verwandelt. Für gewöhnlich haben es die Meteorologen zwischen Anfang Juni und Ende September leicht mit den Wetterprognosen: Südöstlich der Linie Athen–Korinth fällt in jenen Monaten so gut wie kein Tropfen Regen, der Himmel ist von einem tiefen, beständigen Blau, und je nach Windrichtung sind die Nächte kaum kühler als 25°. Insbesondere in den Straßenschluchten der Hauptstadt Athen staut sich die heiße Luft, das Temperaturmaximum wird für gewöhnlich am Nachmittag erreicht und hält sich bis gegen Sonnenuntergang. Linderung bringen erst die frühen Morgenstunden: Gegen drei, vier Uhr früh fällt das Thermometer unter die 30°-Marke, nur um bei Sonnenaufgang wieder kräftig anzusteigen.

Auf den Inseln und an den Küsten darf man freilich auf frischen Wind hoffen. Manchmal allerdings bläst der Sommerwind, der Meltemi, mit solcher Gewalt, daß nicht nur die Fischer der Verzweiflung nahe sind, weil sie die schützenden Häfen nicht verlassen können. Mehr noch zerrt der Sturm an den Nerven der Landratten. Wenn der Meltemi weht, so sagt man auf den Inseln, ist nicht gut Geschäftemachen. Und daß der Meltemi zur Siestazeit am Nachmittag eine Pause einlegt ist Seemannsgarn.

Griechenlands Vegetation ist so abwechslungsreich, wie es das nahe

Beieinander ganz unterschiedlicher Klimazonen vermuten läßt. Das Festland hat mehr Pflanzenarten zu bieten als jede andere Region rund ums Mittelmeer. Auf den Inseln der Ägäis beherrschen Oleander, Lorbeerbaum, Ölbaum, Zypresse und Aleppokiefer das Bild – Arten, die auch längere Trockenperioden während des Sommers schadlos überstehen. Weiter nördlich, wo mehr Regen fällt, ist die Vegetation deutlich dichter: Die Sporadeninseln etwa sind von dichtem Buschwald bedeckt. Die üppigste Flora schließlich findet man auf den Ionischen Inseln, wo auch während der Sommermonate gelegentliche Regenschauer für relativ hohe Grundwasserspiegel sorgen.

Wasser ist knapp im Südosten des Landes. Die Vier-Millionen-Stadt Athen ist noch vergleichsweise gut dran: Zwar liegt sie in der niederschlagsärmsten Region des Landes, aber schon frühzeitig wurde für ausreichende Trinkwasservorräte gesorgt: In den Bergen nördlich der Hauptstadt fällt im Jahresmittel mehr als doppelt soviel Regen wie über der Akropolis. Als um die Jahrhundertwende die Wasserversorgung Athens in ernste Schwierigkeiten geriet, begann man, den Vorrat der kaum dreißig Kilometer entfernten Berge anzuzapfen: Der Staudamm von Marathon schuf ein Trinkwasserreservoir von mehr als vierzig Millionen Kubikmetern. Mit dem explosionsartigen Wachstum Athens während der letzten Jahrzehnte allerdings stieg auch der Verbrauch weiter an, der Marathonsee erwies sich als nicht mehr ausreichend, und so baute man eine weitere Talsperre, den Ilikistausee. Seit das Athener Wasserleitungsnetz nun gar an den mehr als hundert Kilometer entfernten Fluß Mornos angeschlossen ist, scheinen die Wasserprobleme der Hauptstadt für die kommenden Jahrzehnte gelöst. Noch um die Jahrhundertwende pflegte ein Drittel der Hauptstadtbewohner das Trinkwasser beim Händler zu kaufen, der mit seinem Eselskarren die Runde machte; heute drehen die Athener unbesorgt den Wasserhahn auf: Fließendes Wasser gibt es auch in den entlegensten Stadtteilen. Überdies ist das Wasser aus der Leitung, so sagen die Chemiker, zwar stark chloriert, doch in aller Regel sauberer als das für teures Geld auch in Hellas flaschenweise verkaufte «Quellwasser». Fazit: im Restaurant ist man mit der Karaffe eisgekühlten Leitungswassers weit besser (und billiger) bedient als mit einem der plastikverpackten Gewässer.

Andere Regionen Griechenlands sind mit der Wasserversorgung weit schlechter dran. Auf jener Landzunge, deren Spitze das Kap Sounion bildet, ist es ein kostspieliges Unternehmen, an Grundwasser heranzukommen. Das felsige Gestein an der Küste setzt den Brunnenbauern arg zu, und mancher Athener, der dort sein Ferienhaus gebaut hat, muß alle paar Wochen den Tankwagen vorfahren lassen, um sein in den Fels gehauenes Reservoir wieder auffüllen zu lassen. Die Wasserrechnung erreicht in solchen Gegenden ähnliche Höhen wie die Ölrechnung im kalten Norden Europas. Noch kostspieliger und aufwendiger ist die Wasserversorgung auf vielen Inseln der südöstlichen Ägäis. Santorin zum Beispiel ist fast ganz auf das Tankschiff angewiesen, das Wasser von den Nachbarinseln herbeischafft. Auch auf Mikonos, wo sich mit der Touristeninvasion und dem Bauboom der letzten Jahre der Verbrauch vervielfacht hat, kann während der Sommermonate längst nicht genug Wasser aus den eigenen Brunnen gefördert werden. Im Juli und August werden alle paar Tage Tausende von Kubikmetern aus den Tankschiffen vom Hafen hinauf in die Reservoirs gepumpt.

Andernorts in Hellas, wo Wasser ehedem scheinbar in überreichem Maße aus den Brunnen sprudelte, hat man die Erfahrung machen müssen, daß dieser Reichtum nicht unerschöpflich ist. Sinkende Grundwasserspiegel sind ein Alarmsignal in zahllosen Gebieten, wo während der letzten Jahrzehnte umfangreiche Bewässerungsanlagen für die Landwirtschaft oder besonders leistungsfähige Brunnen für die Hotellerie geschaffen wurden. Jahr für Jahr werden Hunderte von Brunnen wertlos, weil sie versiegen oder weil vom nahen Meer Salzwasser nachfließt. Griechenland macht immer aufs neue die Erfahrung, daß sich auch mit den Mitteln der Technik die Geographie nicht auf den Kopf stellen läßt.

Wälder in Flammen

Griechenland leidet auf vielfältige Weise an seiner Geographie: Nur knapp ein Viertel des griechischen Bodens läßt sich landwirtschaftlich bearbeiten. Moderne Bewässerungstechniken haben während der letzten Jahre den Bauern geholfen, auch jene Parzellen zu nutzen, die noch im vergangenen Jahrzehnt brachlagen – doch der Kostenaufwand für solche Installationen ist hoch, Wasser bleibt knapp und teuer.

Zwei Drittel der Gesamtfläche des Landes, so sagen die offiziellen Statistiken, sind Waldgebiete. Doch der Laie, der nur einen flüchtigen Blick aus dem Flugzeugfenster auf die griechische Landschaft wirft, wird solche Zahlen skeptisch zur Kenntnis nehmen. Tatsächlich zählen die griechischen Statistiker auch solche Regionen als ‹Wald›, die eigentlich kaum Buschland sind; Wald im echten, im herkömmlichen Sinne des Wortes findet sich auf weniger als 20% des griechischen Bodens. Kreta zum Beispiel hat, wenn man diesen ehrlicheren Maßstab anlegt, gerade 3 % Waldland; in Thrakien liegt der Anteil bei etwa 28 %.

Wie die heute fast baumlosen, weithin verkarsteten Hänge des Imettos in klassischer Zeit ausgesehen haben, darüber gehen die Meinungen auseinander. Fest steht allerdings, daß zu Lebzeiten des Plato Griechenland ungleich waldreicher gewesen sein muß. Der Raubbau am griechischen Wald begann schon im 4. und 3. Jahrhundert v. Chr. – seither hat sich daran nicht viel geändert: Über Jahrtausende hinweg sind Griechenlands Wälder dezimiert worden. Sie lieferten den Rohstoff für die Kriegsflotten mehrerer Weltreiche, dienten den türkischen Besatzern als Feuerholz und Baumaterial. Griechenlands erste Königin, die Oldenburgerin Amalia, brachte um die Mitte des 19. Jahrhunderts eine Mitgift besonderer Art nach Athen: Aus Genua ließ sie per Schiff einige Tausend Palmen, Platanen und – natürlich – deutsche Eichen in die griechische Hauptstadt bringen; noch heute spenden sie im Athener Nationalgarten erfrischenden Schatten. Aber während des Zweiten Weltkrieges, als Hunderttausende von Athenern unter der deutschen Besatzungsmacht hungerten und froren, rückte man den Wäldern rund um die Hauptstadt erneut mit der Axt zu Leibe.

Der Kahlschlag setzt sich fort in unseren Tagen, wenngleich mit subtileren Mitteln als Axt und Säge. Jahr für Jahr vernichten etwa siebenhundert Waldbrände 20000 Hektar Vegetation. Viele Brände sind auf pure Unachtsamkeit zurückzuführen, andere auf Selbstentzündung. In der Mehrzahl der Fälle jedoch ist Brandstiftung die Ursache. Waldland ist nach griechischem Recht kein Bauland – und so mancher Bodenspekulant verfiel auf die «zündende» Idee, mit einem einzigen Streichholz sein unprofitables Waldgrundstück über Nacht in gewinnträchtigen Baugrund zu verwandeln. Oft genug hatte diese Strategie der verbrannten Erde in der Vergangenheit Erfolg: Nach Ablauf einer «Schamfrist» von zwei, drei Jahren wurde das abgebrannte Land von den Behörden neu klassifiziert, und der clevere Brandstifter konnte darangehen, die Fundamente für Apartmenthäuser oder Tavernen zu legen. Solche Praktiken waren vor allem während der Obristendiktatur bis 1974 gang und gäbe – die zuständigen Behörden drückten in der Mehrzahl der Fälle beide Augen zu. Seit die Demokratie nach Hellas zurückkehrte, hat sich das geändert. Die Regierung Karamanlis unternahm nach 1974 ernste Anstrengungen, die Verkarstung des Landes mit administrativen Mitteln zu stoppen. Vor allem Politiker der jungen Generation waren es, die dazu beigetragen haben, daß sich nun, zunächst noch zögernd, auch in Griechenland so etwas wie Umweltbewußtsein entwickelt.

Doch die Sünden der letzten zweitausend Jahre sind nicht über Nacht wiedergutzumachen. Vielerorts haben Wind und Regen längst den Mutterboden abgewaschen, es bleibt nichts als der nackte Fels. Aufforstung ist um so schwieriger, je länger die Landschaft verödet ist. Die zündelnden Spekulanten dürfen inzwischen nicht mehr hoffen, daß ihre niedergebrannten Wälder als Bauland ausgewiesen werden – dennoch schätzt man, daß immer noch mindestens 50 % aller Waldbrände auf das Konto von Brandstiftern gehen, in der besonders profitträchtigen Region Attika dürfte dieser Prozentsatz gar wesentlich höher liegen.

Die Bekämpfung dieser Waldbrände ist aufwendig und kostspielig, zumal in einem Land, dessen Wälder weitgehend unzugänglich sind; überdies fehlt es allenthalben an Löschwasser. Seit Mitte der siebziger Jahre hat man große Anstrengungen unternommen: Die Flotte der Löschflugzeuge wurde von ehedem zwei auf inzwischen zwölf vergrößert. Jeder dieser Wasserbomber, Maschinen vom Typ Canadair CL-215, die zunächst für die kanadische Forstverwaltung konstruiert wurden, kann auf Gewässern aufsetzen, während des Gleitfluges auf den Wogen innerhalb von nur zwölf Sekunden fünfeinhalb Tonnen Wasser aufnehmen und über dem Brandherd dieses Löschwasser innerhalb einer Sekunde abwerfen. Diese Flugzeuge sind bis heute die wirksamste und – trotz ihrer hohen Anschaffungskosten – wirtschaftlichste Waffe gegen Waldbrände.

Wichtiger noch als die Techniken der Brandbekämpfung sind Frühwarneinrichtungen: Jedes Feuer kann man löschen, wenn man es nur früh genug entdeckt. Doch weil Griechenlands Berge weit weniger besiedelt sind als etwa der Süden Frankreichs, ist der Aufbau eines solchen Alarmsystems hier besonders aufwendig. Hellas muß also auf absehbare Zukunft mit der Waldbrandgefahr leben, und die Forstleute müssen einkalkulieren, daß die neu aufgeforsteten Gebiete möglicherweise schon im nächsten Herbst wieder ein Raub der Flammen werden. Mit finanzieller Hilfe der Europäischen Gemeinschaft ist man mittlerweile dabei, das größte Aufforstungsprogramm in der Geschichte Griechenlands auf den Weg zu bringen. Der Wald in Hellas soll wieder wachsen – bis 1990 um mindestens 10 %.

Zehn Millionen Griechen

Verbesserte medizinische Versorgung und die Forstschritte der Pharmakologie haben auch in Griechenland die durchschnittliche Lebenserwartung während der letzten 150 Jahre deutlich wachsen lassen und die Kindersterblichkeit erheblich reduziert. Dies ist einer der Gründe für das rapide Bevölkerungswachstum bis zur Mitte dieses Jahrhunderts. Die steil ansteigenden Kurven der von den Bevölkerungsstatistikern aufgezeichneten Grafiken wollen allerdings auch durch den Umstand erklärt sein, daß sich Griechenlands Staatsgebiet seit der Befreiung von den türkischen Besatzern kontinuierlich erweiterte. Der erste griechische Nationalstaat umfaßte 1832 lediglich den Peloponnes, Zentralgriechenland und die Kikladen – das war weniger als die Hälfte des heutigen Staatsgebietes. Schätzungen, die allerdings nicht besonders zuverlässig sein dürften, beziffern die Bevölkerung des damaligen Königreichs Griechenland auf etwa 750000 Menschen. Nach der Annexion der Ionischen Inseln zählte man 1864 um 1,4 Millionen Griechen. Nach weiteren Gebietszuwächsen war die Zahl bis zur Jahrhundertwende auf etwa 2,5 Millionen angestiegen. Nach dem Vertrag von Lausanne schließlich zählte Griechenland 1923 fast sechs Millionen Einwohner, bei der Volkszählung im Jahre 1971 gab es 8,7 Millionen Griechen, und bei der des Jahres 1981 knapp 10 Millionen. Damit kommt Hellas auf eine Bevölkerungsdichte von etwa siebzig Menschen pro Quadratkilometer – in der Bundesrepublik geht es, mit 246 Einwohnern pro Quadratkilometer, erheblich enger zu.

Wie in anderen westlichen, entwickelten Staaten ist auch in Griechenland seit dem Ende des Zweiten Weltkrieges die Geburtenrate kontinuierlich zurückgegangen. Noch 1950 kamen auf einhundert Sterbefälle fast dreihundert Geburten; während der sechziger Jahre reduzierte sich diese Relation auf weniger als 100 zu 200, und gegenwärtig liegt sie etwa bei 100 zu 175. Mit diesen Zahlen befindet sich das einst so geburtenfreudige Hellas nur noch leicht über dem europäischen Durchschnitt. In Griechenland kommen auf 1000 Einwohner derzeit rund 15 Geburten; zum Vergleich: in Frankreich sind es 14, in Italien 12,8, in Spanien 18. Deutlich unter dem Europa-Durchschnitt liegt die Bundesrepublik mit 9,5, erheblich darüber Griechenlands Nachbar Türkei mit 27 Geburten pro 1000 Einwohner.

In ursächlichem Zusammenhang mit der sinkenden Geburtenrate steht auch in Griechenland der ständig wachsende Exodus vom Land in die großen Ballungsgebiete. Heute leben nahezu 70 % aller Griechen in städtischen Regionen, die Landbevölkerung macht nur noch 30 % aus. Groß-Athen dürfte heute knapp vier Millionen Einwohner umfassen; Thessaloniki, die zweitgrößte Stadt des Landes, hat nahezu 500 000 Einwohner; noch einmal etwa 650 000 Menschen leben in Patras, Iraklion auf Kreta, Larisa, Volos, Kavala, Serres, Chania und Ioannina. Verglichen freilich mit Athen, Piräus und Thessaloniki nehmen sich die anderen Städte des Landes eher bescheiden aus: Eine Großstadt nach unseren Maßstäben ist neben den genannten «Großen Drei» allein Patras mit seinen mehr als 120 000 Menschen; Kretas Hauptstadt Iraklion kommt auf etwas über 90 000 Einwohner, die anderen griechischen Städte haben zwischen 80 000 und 30 000 Bürger.

Alle Wege führen zum Meer

Daß die Zentren dieses Landes, die Ballungsgebiete, die während der letzten Jahre fast magische Anziehungskraft ausübten, fast ausnahmslos am Meer liegen, ist kaum verwunderlich. Alles in Griechenland findet seinen Orientierungspunkt am Meer, alle Straßen führen zu ihm, und kein Ort im Landesinnern hat jemals die Chance, mehr zu sein als tiefste Provinz.

Viele Hauptstädte waren im Gespräch, als Griechenland um 1830 die Souveränität errang – und alle ernstzunehmenden Kandidaten verfügten über einen direkten Zugang zum Meer, landeinwärts gelegene Städte wie Tripolis oder Sparta auf dem Peloponnes, Larisa in Thessalien oder Ioannina im Nordwesten sind, so scheint es, auf alle Zeiten dazu verurteilt, zweitrangig zu bleiben. Jene Landkarten, auf denen die Höhenlinien vermerkt sind, erklären, warum das so ist. Diese Städte waren in der Vergangenheit kaum mehr als Durchgangsstationen auf dem Weg von einer Küste zur anderen. Wieder ist es die Geographie: In der zerklüfteten Bergwelt Mittel- und Nordgriechenlands ist der Weg zum Meer tatsächlich meist kürzer (oder mindestens doch weniger beschwerlich) als der ins Landesinnere. Diese Geographie begünstigte in der Antike die Entstehung zahlloser, in sich geschlossener und einander widerstreitender Stadtstaaten.

Mehr als 15 000 Kilometer mißt Griechenlands zerklüftete Küstenlinie – die Landgrenzen sind hingegen nur 1200 Kilometer lang. Die vierzig größeren Seehäfen und die vielen hundert kleinen Piers längs der Küste dienen nicht überwiegend den internationalen Verkehrsverbindungen; sie sind wichtiger Bestandteil der Infrastruktur dieses Landes. Die 150 größeren und weit über 400 kleineren Fährschiffe transportieren pro Jahr allein im Inlandsverkehr etwa 22 Millionen Passagiere und fünf Millionen Autos. Selbst wenn man in Betracht zieht, daß viele der Passagiere Touristen sind, bleiben diese Zahlen beeindruckend: Im statistischen Mittel reist jeder Grieche mindestens zweimal im Jahr mit einem der Fährschiffe, und jedes griechische Auto rollt gar viermal im Jahr auf die Decks. Allein auf der Route Piräus–Ägina werden jährlich nahezu eine Million Passagiere gezählt; etwa 700000 Menschen benutzen in jedem Jahr die Fährschiffe zwischen Piräus und den Häfen auf Kreta.

Gerade vor dem Hintergrund steigender Treibstoffkosten zeigt sich: Das Verkehrsmittel Schiff ist kein Relikt vergangener Jahrzehnte; für Griechenland ist es ein unentbehrliches Transportmittel, und so ist es nicht verwunderlich, wenn Jahr für Jahr neue Linien in Betrieb genommen werden. Während sich früher der Schiffsverkehr in der Ägäis sternförmig auf Piräus konzentrierte, was die Seereise von einer Insel zur nächsten oft schwierig und zeitraubend machte, werden nun mehr und mehr auch Querverbindungen zwischen den größeren Inseln eingerichtet.

Zügige Beförderung bieten auch jene Tragflügelboote, die inzwischen einen Großteil des Seeverkehrs im Saronischen Golf bewältigen. Einst vornehmlich mit Blick auf die Touristen angeschafft, haben sie sich inzwischen zu einem echten Massenverkehrsmittel entwickelt. Mehrmals täglich verbinden sie Piräus mit den Inseln Ägina, Poros, Hydra und Spetses. Daneben gibt es zahlreiche Linien zu den Häfen an der Ostküste des Peloponnes: nach Methana, Ermioni, Porto Heli, Nafplion, Leonidio und Monemvasia. Auf diesen Routen hat sich das Tragflügelboot trotz vergleichsweise stolzer Fahrpreise als echte Alternative zum Überlandbus erwiesen. Wer auf dem Landweg von Piräus nach Monemvasia reist, braucht mindestens sechs bis sieben Stunden – die «fliegenden Delphine» schaffen die Distanz in kaum mehr als vier Stunden. Mit Seefahrt hat eine Reise auf diesen Booten freilich nicht viel zu tun: Der Passagier sitzt in Flugzeugsesseln hinter fest verschlossenen Kunststoffenstern, die nur eine begrenzte Aussicht vermitteln, und die Seeluft atmet er allenfalls stark angereichert mit Tabakschwaden und sonstigen muffigen Düften ein.

Griechenlands Inlandsflugnetz ist seit den sechziger Jahren sehr rasch gewachsen und bietet heute mehrmals täglich bediente Routen von

oben: Das antike Theater von Epidauros – im Sommer Schauplatz der Festspiele.
Quelle: Ministerium für Presse und Information, Athen

unten: Akropolis.
Quelle: Gerd Höhler

Quelle: Gerd Höhler

Delfi; die dorischen Säulen des Apollon-Tempels.
Quelle: Gerd Höhler

Stahlwerk von Elefsis, bei Athen.
Quelle: Ministerium für Presse und Information, Athen

Athen zu 27 Flughäfen. Olympic Airways entstand 1957 durch eine Fusion mehrerer kleiner Unternehmen. Alleininhaber der Fluglinie war seinerzeit Aristoteles Onassis, dem die Regierung mit einer auf gleich fünfzig Jahre laufenden Konzession das Monopol des innergriechischen Luftverkehrs eingeräumt hatte. Anfang der siebziger Jahre allerdings geriet das Unternehmen in finanzielle Schwierigkeiten, und 1974 zog sich Onassis aus dem Unternehmen zurück, das anschließend verstaatlicht wurde. Die wirtschaftliche Lage der staatlichen griechischen Fluggesellschaft ist seither nie besonders rosig gewesen – Gewinne hat das Unternehmen nie abwerfen können, und diverse Versuche, das schwerfällige Management des Staatsbetriebes in Schwung zu bringen, haben nur bescheidene Erfolge gezeitigt. Zu den objektiven Schwierigkeiten der Linie gehören die starken saisonalen Unterschiede im Verkehrsaufkommen. Während der Wintermonate gehen die Passagierzahlen auf den meisten Routen so drastisch zurück, daß ein Teil der Flotte ungenutzt am Boden stehen muß. Während der Sommermonate hingegen sind die Strecken zu den populären Ferienzielen oft schon Wochen im voraus ausgebucht; doch zusätzliche Kapazität, die den Ansturm bewältigen könnte, würde, während des Winters kaum genutzt, mehr Geld kosten, als sie während der Hochsaison einfliegen könnte. Übrigens liegen, auch nach den jüngsten Preiserhöhungen wegen der drastisch gestiegenen Ölkosten, die Flugtarife in Griechenland immer noch erheblich unter denen in anderen europäischen Ländern – das Flugzeug ist also nach wie vor ein erschwingliches Verkehrsmittel.

Wer etwa Anfang der sechziger Jahre Hellas mit dem Auto bereiste und nun wiederkommt, der wird begeistert sein: Das ehedem dürftige Straßennetz ist seither gewaltig gewachsen. Ein knapp 9000 Kilometer langes Netz von Nationalstraßen verbindet inzwischen die wichtigsten Zentren des Landes, und die für den Tourismus und den Warenverkehr wichtigsten Routen sind während der siebziger Jahre vierspurig ausgebaut worden. Solche Autobahnen verbinden heute Athen mit Korinth und Patras, eine zweite Strecke führt vom westgriechischen Hafen Igoumenitsa über Ioannina nach Arta, weiter nach Agrinion und Delfi. Auch die bedeutendste Nord-Süd-Verbindung des Landes, die Straße von Athen nach Thessaloniki, ist durchgehend gut ausgebaut, wenn auch stark befahren. Auf dem Peloponnes, wo das Verkehrsaufkommen noch geringer ist als sonst im Land, begann man später mit dem Ausbau des Straßennetzes: eine Autobahn von Patras über Pirgos nach Kalamata ist im Bau.

Diese neuen Straßen folgen vielfach dem Verlauf der alten, schmalen Überlandstraßen – mit ein Grund, weshalb man den Begriff «Autobahn» nicht allzu wörtlich nehmen darf. Es empfiehlt sich, die gesetzlich vorgeschriebene Höchstgeschwindigkeit von hundert Stundenkilometern auch da einzuhalten, wo weit und breit kein Hindernis in Sicht ist: Enge Kurvenradien, plötzliche Bodenwellen, Absenkungen oder Erdrutsche nach starken Regenfällen machen diese Straßen vielerorts gefährlich. Die hohen Unfallzahlen im griechischen Straßenverkehr haben ihre Ursache nicht allein im ungezügelten Temperament der einheimischen Automobilisten, die Verkehrsregeln eher als unverbindliche Empfehlungen auffassen und von defensiver Fahrweise gar nichts halten – auch der Zustand vieler Straßen trägt dazu bei, daß in Griechenland relativ mehr Menschen bei Verkehrsunfällen ums Leben kommen als in irgendeinem anderen Land der Europäischen Gemeinschaft. Als besonders unfallträchtig hat sich eine der landschaftlich schönsten Straßen erwiesen: die viel befahrene Strecke von Athen nach Korinth; sie folgt der Küstenlinie und bietet, mal fünfzig, mal zweihundert Meter über dem Wasserspiegel, immer wieder wundervolle Ausblicke auf den Saronischen Golf und die Berge des östlichen Peloponnes; doch kaum eine Woche vergeht ohne schwere Unfälle.

Wer Griechenland mit dem Auto bereist, sollte also Vorsicht walten lassen. Insbesondere des Nachts sind viele Strecken unübersichtlich, tauchen Hindernisse aus dem Nichts auf, und wer nur eine Nacht auf einer griechischen Überlandstraße zugebracht hat, der wird feststellen, daß insbesondere viele Lastzüge mangelhaft beleuchtet sind.

Sollte der ausländische Tourist in einen Unfall verwickelt werden, so kann er sich glücklich preisen, wenn er eine Vollkaskoversicherung abgeschlossen hat; denn auch wenn die Schuldfrage eindeutig geklärt scheint, tun sich viele griechische Haftpflichtversicherungen schwer, den von ihrem Versicherungsnehmer angerichteten Schaden zügig zu regulieren. Monatelange Wartezeiten sind die Regel, und am Ende bleibt meist ein erklecklicher Betrag offen, den der Geschädigte aus eigener Tasche zahlen muß. Wer gar, ob schuldhaft oder nicht, in Griechenland an einem Unfall mit Verletzten oder Todesopfern beteiligt ist, sollte schnurstracks die Hilfe eines örtlichen Rechtsanwaltes in Anspruch nehmen – nur der hat nämlich die Chance, seinem Mandanten die Bekanntschaft mit griechischen Gefängnissen zu ersparen. Im Normalfall wandert, wer einen solchen Unfall verursacht, bis zur gerichtlichen Klärung des Falles hinter Gitter. Unangenehme Überraschungen erwarten auch jenen, der sein Auto in Hellas zu Schrott fährt: Er muß damit rechnen, daß ihn der Finanzminister der Republik Griechenland zur Kasse bittet; das Schrottauto gilt (es sei denn, man läßt es außer Landes schaffen) als eingeführt – also muß es verzollt werden. Gleiches gilt, wie in den allermeisten anderen Ländern, auch für gestohlene Touristenautos – der Zoll kassiert vom ohnehin leidgeprüften Besitzer auch noch Einfuhrabgaben. Doch für solche Fälle gilt: Man kann sich gegen sie beizeiten versichern, etwa über die diversen Automobilclubs, und überdies sind Autodiebstähle in Griechenland eine höchst rare Angelegenheit.

Busse statt Bahnen

Wer auf griechischen Straßen unterwegs ist, der wird ihnen begegnen: jenen grün-weißen Überlandbussen, die das Rückgrat des griechischen Personentransports bilden, weswegen sich wohl ihre Fahrer auch mit Lichthupe und dröhnenden Fanfaren unerbittlich Platz auf den Überlandstraßen verschaffen ... Kein anderes Verkehrsmittel befördert annähernd so viele Fahrgäste in Hellas wie diese Busse, die auf sternförmigen Routen von den großen Städten des Landes aus bis ins kleinste Dorf fahren. Die rund 3600 Überlandbusse legen pro Jahr respektable dreihundert Millionen Kilometer zurück und befördern etwa zweihundert Millionen Fahrgäste. Wie Heuschreckenschwärme fallen diese Busflotten aus allen Himmelsrichtungen gegen Mittag in Athen ein – jede Kleinstadt, jedes größere Dorf hat seine eigene Linie in die Hauptstadt.

All diese Routen werden von Privatunternehmen betrieben; in der Regel sind es Ein-Mann-Betriebe, die von den Behörden eine Konzession für die jeweilige Linie erhalten. So gibt es in nahezu jedem Dorf einen Busunternehmer, der seine Mitbürger täglich nach Athen und zurück oder mehrmals täglich in die nächstgrößere Stadt befördert. Je nach Fahrgastaufkommen und Höhe der von der Regierung genehmigten Tarife geht der Transport in einem klapprigen Uraltgefährt vonstatten oder in einem chromglänzenden, mit unzähligen Scheinwerfern und vor allem kräftigen Fanfaren ausgerüsteten Luxusbus. Auf vielen Routen gehören auch heute noch Hühner, Katzen und Hunde zum Reisegepäck, das, natürlich an mitteleuropäischen Verhältnissen gemessen, den Umfang von Umzugsgut hat: Wer vom Land in die Stadt reist, der bringt traditionsgemäß seinen Freunden,

Verwandten und Bekannten riesige Gläser goldenen Honigs, hausgemachte Marmelade, frische Feigen, Kräuter, Gemüse oder ein Hühnchen mit – letzteres wird natürlich, der Frische wegen, die Fahrt lebendigen Leibes machen. Auf dem Rückweg wird dann transportiert, was die Stadt zu bieten hat – mitunter gar ein stattlicher Kühlschrank.

Dieses Verkehrsnetz kommt vor allem jenen zugute, die während der Woche in der Hauptstadt Athen oder in einer der anderen großen Städte leben und arbeiten. Zum Wochenende kehren sie auf ihre Dörfer zurück – nicht zur Erholung wohlgemerkt, sondern um hier gemeinsam mit den auf dem Land lebenden Familienangehörigen die Felder und Weinberge zu bewirtschaften.

So ist der griechische Überlandbus denn weit mehr als ein Verkehrsmittel. Neben dem Transport von A nach B fungiert er als eine Art Kommunikationszentrum. Daß sich der Fahrer in aller Regel an den lebhaften Debatten der Fahrgäste – gehe es nun um Fußball oder Politik – mit viel Engagement beteiligt, trägt wohl nicht immer zur Fahrsicherheit bei, gewiß aber zum ‹Fahrkomfort› der Passagiere. Wer Hellas reisend kennenlernen will, sollte auf eine Fahrt im Überlandbus nicht verzichten. Für den Preis eines Mittagessens kann man sich von Athen in zwei-, drei- oder vierstündiger Fahrt auf den Peloponnes, hinauf nach Thessalien oder zur ionischen Küste transportieren lassen. Unvergeßliche Begegnungen mit den Menschen dieses Landes sind im Preis inbegriffen.

Der zügige Ausbau des Straßennetzes während der letzten 15 Jahre hat den Busverkehr naturgemäß begünstigt, wie umgekehrt auch dieses einzig wirklich leistungsfähige Transportmittel des Landes, das den weitaus größten Teil des Personenverkehrs zu bewältigen hat, den Verkehrsplanern und Ingenieuren immer neue Anstrengungen abverlangt. Griechenlands Straßennetz ist heute etwa 37000 Kilometer lang – aber davon sind immerhin fast 13000 unbefestigt, also nicht asphaltiert oder betoniert. Viele dieser Nebenstraßen sind daher während der Wintermonate oft tagelang unpassierbar, weil der Regen die Fahrbahn buchstäblich ins Tal gespült hat.

Seit dem Beitritt zur Europäischen Gemeinschaft am 1. Januar 1981 hat Griechenland nun auch Anteil am Regionalfonds der EG, und die Milliarden aus Brüssel sollen zum guten Teil dem weiteren Ausbau des Straßennetzes dienen. Auch von den Vereinten Nationen erhofft Griechenland Hilfe: Die Autobahn von der jugoslawischen Grenze hinunter nach Thessaloniki und weiter nach Athen, Griechenlands wichtigste Straße, gehört mit zu jenem Netz von Nord-Süd-Verbindungen, das mit Geldern der UN in den kommenden Jahren ausgebaut werden soll.

Und die Eisenbahn? In den Jahren des weltweiten Wirtschaftsbooms nach dem Zweiten Weltkrieg belächelt als anachronistisches Transportmittel aus dem 19. Jahrhundert, defizitär, in vielen Ländern, den USA zum Beispiel, gar eingemottet, erlebte der Schienenverkehr im Zeitalter knapper und teurer Energie eine unerwartete Renaissance: Nicht allein in den Vereinigten Staaten werden stillgelegte Schienenstränge wieder aufgemöbelt, auch in Europa geht man daran, das ‹Fossil› Eisenbahn fit zu machen für die Zukunft.

An Griechenland sind die ersten Kapitel der Eisenbahngeschichte nahezu spurlos vorübergegangen. Als andernorts in Europa dieses Verkehrsmittel seine stürmische Aufwärtsentwicklung nahm, etwa zwischen 1850 und 1910, hatte Griechenland andere Sorgen als den Bau von Eisenbahnlinien und, vor allem, kein Geld für solche technologischen Abenteuer – zumal die Topographie des Landes den Bau von Bahnlinien nicht eben begünstigte. Bis zum Beginn des Ersten Weltkrieges schließlich brachte es Griechenland auf immerhin fast 2500 Kilometer Schienen – dabei ist es bis heute im wesentlichen geblieben. Die wichtigste, gleichwohl immer noch über weite Distanzen nur eingleisig ausgelegte Strecke verbindet Athen und Thessaloniki mit den anderen Ländern Europas. Drei Schnellzüge nach Westeuropa verlassen täglich den Larissa-Bahnhof in Athen. *Akropolis-Expreß, Hellas-Expreß* und *Athen-Expreß* führen Kurswagen nach Belgrad, Wien, Paris, Dortmund und London, nach Rom und Neapel, nach Den Haag und sogar nach Oslo. Doch der Bahnreisende muß Geduld mitbringen: Schon die Fahrt bis nach Thessaloniki, im Auto gut und gern in vier bis fünf Stunden zu bewältigen, dauert per Bahn über acht Stunden, bis zur Ankunft in München vergehen gar 25 Stunden. Da mag manchem Eisenbahnfan das Herz zwar höher schlagen, aber mit Dampfroßromantik hat das nicht viel zu tun. Eine ausgesprochene Strapaze ist diese Fahrt im Liegewagen 2. Klasse, selbst in der 1. Klasse kommt keine Orient-Expreß-Atmosphäre auf, und wer ein Zweibettabteil im Schlafwagen bucht, der muß sich seine Zugleidenschaft (oder Flugangst) fast genausoviel kosten lassen wie das Ticket einer Fluggesellschaft, die ihr mit einem Zehntel des Zeitaufwandes befördert.

Neben der Bahnstrecke von Athen nach Jugoslawien und weiter nach Österreich und Deutschland gibt es Bahnverbindungen nach Sofia und Moskau und eine Linie in das türkische Istanbul. Das innergriechische Netz beschränkt sich auf einige Stichbahnen von Thessaloniki nach Nordgriechenland und eine Schmalspurbahn auf dem Peloponnes. Zum Personen- und Gütertransport innerhalb des Landes tragen diese Bahnen jedoch kaum nennenswert bei, zumal sich Schienen und rollendes Material in beklagenswertem Zustand befinden. Pro Jahr zählen die Fahrkartenkontrolleure kaum mehr als zehn Millionen Fahrgäste, und im Güterverkehr transportieren die griechischen Staatsbahnen etwa 3,5 Millionen Tonnen Fracht pro Jahr – auf den Straßen des Landes wird per Lkw ein Vielfaches dieser Menge befördert. Auch im grenzüberschreitenden Güterverkehr hat die Bahn nur einen marginalen Anteil von weniger als 5 %. Der geplante Ausbau der Bahnlinie Athen – München soll dieses Verkehrsmittel in den kommenden Jahren nun endlich attraktiv machen. Wo immer möglich, will man diese Bahnstrecke zweigleisig ausbauen, und ihre Elektrifizierung soll die Reisezeiten spürbar verkürzen. Auch für die Finanzierung dieses kostspieligen Projektes hofft man in Athen auf Gelder aus der Gemeinschaftskasse in Brüssel.

... und statt langer Wege: das Telefon

Technologischer Hilfe und günstigen Krediten aus dem Ausland verdankt Griechenland auch den bemerkenswerten Umstand, daß es heute über eines der dichtesten, technisch perfektesten Fernsprechnetze in Europa verfügt. Wer die Telefone der Welt mit bundesdeutschen Maßstäben mißt, hat kaum irgendwo viel Grund, beeindruckt zu sein. Das griechische Telefonnetz allerdings kann mit dem deutschen durchaus mithalten und ist dem in Frankreich, Italien oder Großbritannien deutlich überlegen. Das gilt vor allem für die technische Zuverlässigkeit des (von der Firma Siemens aufgebauten) Netzes, aber auch für seine Dichte. 28 Anschlüsse auf 100 Einwohner, mit diesem Wert liegt Griechenland gleichauf mit vielen Industriestaaten. Zum Vergleich: In Italien liegt die Telefondichte bei 27 Anschlüssen pro 100 Einwohner, in Frankreich sind es 29, in der Bundesrepublik 34, in Portugal freilich nur zwölf, in Irland 15 und in der Türkei gar nur zwei.

Auch das kleinste Bergdorf, auch die entlegenste Insel ist inzwischen dem Selbstwählnetz angeschlossen und hat also Verbindung zur Welt. Daß ein griechisches Telefon mehr ist als ein Kommunikationsmittel, daß es vielmehr der Unterhaltung im doppelten Wortsinn dient, diese bittere Erfahrung macht jeder griechische Arbeitgeber: Unzählige griechische Büroanschlüsse sind ständig belegt, weil familiäre Angelegenheiten besprochen werden wollen oder weil Verabredungen für den Feierabend zu treffen sind. Wer ein Geschäft betritt, darf sich nicht wundern, wenn die Verkäuferin in eine schier endlose Konversation am Telefon verwickelt ist – und die Hoffnung, daß der Hörer wenigstens für einige Augenblicke aus der Hand gelegt wird, um den Kunden abzufertigen, erweist sich meist als trügerisch. Die Wartezeit für den Kunden verkürzt sich freilich durch den Umstand, daß er unfreiwilliger, aber gern geduldeter Mitwisser auch intimster Details aus dem Freizeitprogramm der telefonierenden Verkäuferin oder Sekretärin wird. Griechenlands Bürochefs und Geschäftsführer haben sich, sofern sie nicht selbst gerade telefonieren, mit dem Phänomen abzufinden; sie nehmen astronomische Telefonrechnungen ebenso hin wie die unvermeidlichen Verzögerungen bei der Arbeit.

An der griechischen Telefonleidenschaft verdient übrigens nicht allein die staatliche Telefongesellschaft *O. T. E.* – auch die Kioskbesitzer im ganzen Land machen mit dem fernmündlichen Mitteilungsdrang ihrer Landsleute gute Geschäfte: Zu jeder Zeitungsbude gehören ein, oft zwei Telefone. Ein im Innern des Kiosks installierter Gebührenzähler sorgt dafür, daß auch Dauertelefonate mit Australien oder den USA korrekt (und das heißt für die Kioskbesitzer: zum doppelten des amtlichen Tarifs) abgerechnet werden. Der Umstand, daß es Griechen auf der ganzen Welt gibt, schlägt sich in den Kassen der Kioske ebenso nieder wie in den Bilanzen der *O. T. E.*

Land im Meer

Die Inseln: keine wie die andere …

Bei aller Leidenschaft fürs Fernmündliche: Welchem Griechen im Exil würde auf Dauer der Kontakt am Telefon die Verbindung zur Heimat ersetzen! Sie alle kommen irgendwann einmal zurück, und dann trifft man sie: auf der *Elli*, der *Miaoulis*, der *Agapitos* oder wie sie sonst heißen, die Fährschiffe und Postdampfer, die Piräus mit dem Rest der griechischen Welt verbinden – immer noch die einzigen Verkehrsmittel zu jenen Inseln, die bisher von den Segnungen des Luftverkehrs ausgeschlossen (oder verschont) blieben, weil das bergige Terrain keine Piste hergibt oder die Reisenden kein Flugzeug füllen.

Wie lange wird es sie noch geben, diese altersschwachen griechischen Linienschiffe mit ihren holzgetäfelten Speisesälen, charmant-schmuddelig, mit ihren winzigen Kombüsen, die Hühnchen und immer wieder Hühnchen hervorbringen, mal auch lauwarme, weichgekochte Spaghetti produzieren? Das sind fast schon Raritäten, diese gemütlichsten aller Schiffe, die nicht Autos in ihrem Bauch transportieren, sondern Kälber auf dem Deck, diese Schiffe, die statt siebzehn Knoten nur elf schaffen.

Mehr als zwanzig griechische Inseln sind mittlerweile schon mit dem Flugzeug zu erreichen. Doch wer sich ausschließlich auf dieses Verkehrsmittel verläßt, der wird den Zauber der griechischen Inselwelt kaum erleben. Auch hier gilt die Regel: Wo ein Flugplatz ist, sind viele Touristen; wem daran liegt, *seine* Insel, *seinen* einsamen Strand zu finden, der bleibt auf das Schiff angewiesen. Von der Zuverlässigkeit der Fahrpläne sollte man sich keine übertriebenen Vorstellungen machen: Die unzweifelhaft schönste, erlebnisreichste Art, Griechenlands Inselwelt kennenzulernen, das Reisen von einem Eiland zum nächsten, fordert viel Zeit und noch mehr Geduld. Um eine solche Tour nicht zur Strapaze werden zu lassen, sollte man im Frühjahr oder Herbst auf Reisen gehen – während der Monate Juli und August sind die Schiffe meist überfüllt und die Unterkunftsmöglichkeiten auf den Inseln begrenzt. Bis Ende Juni und ab Anfang September kann man getrost ohne vorherige Reservierung auf Inseltour gehen und die Routenplanung ganz dem Zufall überlassen.

Wer die Ägäis an Bord eines Schiffes durchkreuzt, der wird mit eigenen Augen sehen, wie dicht die unzähligen Inseln und Inselchen beieinander liegen. Immer wieder schieben sich neue Kulissen aus dem Dunst, kaum jemals ist kein Land in Sicht. Wie die Gipfel eines im Meer versunkenen Gebirges sehen sie aus, diese steil aus der Ägäis aufragenden Inseln – und genau das sind sie auch. Griechenland liegt an einer jener geologischen Bruchzonen, die sich rund um den Globus ziehen – Gebiete, in denen die Kontinentalplatten oder Teile von ihnen sich aneinander reiben, sich im Zeitlupentempo von wenigen Zentimetern, oft auch nur Millimetern pro Jahr gegeneinander verschieben. Die griechische Erde ist ständig in Bewegung, zehn, fünfzehn Kilometer unter der Oberfläche rumort es. Kleinere und mittlere Erdbeben gehören fast zur Tagesordnung, und immer wieder brechen große Erdbebenkatastrophen über dieses Land herein. Besonders in den fünfziger Jahren unseres Jahrhunderts wurde Griechenland von verheerenden Beben heimgesucht: 1953 zerstörte eine Serie von Erdstößen im Ionischen Meer nahezu alle Gebäude auf den Inseln Ithaka und Kefalonia; zwei Jahre später wurde die Hafenstadt Volos in Westgriechenland von einem Erdbeben heimgesucht, und 1956 ereignete sich ein großes Beben auf Griechenlands geologisch unruhigster Insel, Santorin.

Griechenland: 131990 Quadratkilometer Land, 24796 davon Inseln im Meer – geologisch gesehen ist das nicht mehr als eine Momentaufnahme. In der Erdgeschichte ist dieses Griechenland eine höchst flüchtige Erscheinung: aus dem Meer aufgetaucht, in seiner heutigen geographischen Ausdehnung sehr jung und nun wieder dabei, im Meer zu versinken. Einige hundert Millionen Jahre vor unserer Zeitrechnung war das heutige Griechenland nicht existent – zwischen der heutigen Ionischen See und Kleinasien gab es nichts als Wasser. Vor etwa 140 Millionen Jahren schoben sich erste Landmassen aus diesem Meer empor, und vor rund 35 Millionen Jahren, etwa zur selben Zeit, als der Himalaya, die Alpen und die Pyrenäen entstanden, vergrößerte sich auch Griechenland erheblich. Neue geologische Veränderungen zum Ende der Eiszeit vor etwa 400000 Jahren ließen den Wasserspiegel der Meere um etwa zweihundert Meter fallen. Griechenlands heutige Gestalt formte sich bis zur Mitte des 2. Jahrtausends v. Chr.

Nicht nur in der Mythologie also, auch in der erdgeschichtlichen

Metamorphose dieses Landes begegnet uns das Leitmotiv von Hellas: das Verwobensein von Land und Meer; und wem die Inselketten der Ägäis aus dem Flugzeug oder auf der Landkarte als die Gipfel eines im Meer versunkenen Gebirgszuges erscheinen, der sieht richtig. Das südöstliche Thessalien setzt sich fort in den Inseln Euböa, Andros, Mikonos und Naxos; Samos und Kos, Chios und Rhodos liegen so dicht vor der kleinasiatischen Küste, daß ihre erdgeschichtliche Verwandtschaft nach dort unübersehbar ist; selbst das weit entfernte Kreta scheint, gemeinsam mit Kithira und Antikithira, eine natürliche Fortsetzung des Peloponnes zu bilden.

Die Chancen stehen nicht schlecht, daß der Reisende, der die Inseln der Ägäis oder des Ionischen Meeres per Schiff erobert, auf Anhieb dem Zauber dieser Welt erliegt – ein für allemal. Und anders als manche Gegend sonst, verträgt die griechische Inselwelt einen ‹zweiten Aufguß›, verlangt geradezu nach ihm und belohnt den Besucher, der wiederkommt, mit immer neuen Ausblicken und Einsichten, zieht den Reisenden immer stärker in seinen Bann – ein Kosmos in ständiger Bewegung: Nie ist die Luft die gleiche, das Licht ist immer neu. Inseln sind nicht einfach da, sagt man in Hellas; sie werden geboren; jeden Tag aufs neue; sie schweben auf einem Schleier von Dunst, schieben sich voreinander, treiben auf dem Wasser dahin, versinken im violetten Dunst der heißen Sommerabende.

Die Reiseführer rücken ihnen mit Kategorien zu Leibe, fassen sie zusammen zu handlichen ‹Inselpaketen›. Doch jede Klassifizierung ist eine Vergewaltigung und geht an den Realitäten hoffnungslos vorbei: Die Leute von Tinos werden es nicht hinnehmen, mit den Mikoniaten unter eine Überschrift gebracht zu werden, die Kefaloniaten wehren sich dagegen, im selben Kapitel mit Sakinthos oder Korfu abgehandelt zu werden. Nein, subsummieren lassen sich diese Inseln und Eilande nicht: *die griechischen Inseln* gibt es in der Wirklichkeit ebensowenig wie *die ionischen Inseln* oder *die Kikladen*. Die griechischen Inseln kennt erst, wer sie – ausnahmslos – alle kennt. Das macht die Reise durch die griechische Inselwelt so aufregend, so gewinnbringend, so endlos. Das macht auch jede Aufzählung, jede Beschreibung hoffnungslos unvollständig. Die griechischen Inseln: Jede hätte ein Kapitel, ein ganzes Buch verdient.

Wie viele dieser Inseln gibt es überhaupt? Die Kartographen sind sich da nicht ganz einig – gewiß sind es mehr als dreitausend, alle Felseneilande mitgezählt, wohl über viertausend. Bewohnt sind etwa 250 –

schon mit diesen Zahlen ist dafür gesorgt, daß ‹Inselsammler› nie zur Ruhe kommen.

Wo also anfangen, wo erste Bekanntschaft machen mit dem Land im Meer?

Vor der Haustür Athens:
Ägina, Poros, Hydra, Spetses, Euböa

Jenem Griechenland-Besucher, der – schon eine Sünde wider dieses Land – nicht viel Zeit mitbringt, der vielleicht nur einen knappen Tag erübrigt, weil er geschäftlich in Athen zu tun hat, bietet schon der Saronische Golf vor der Viermillionenstadt die Möglichkeit, Witterung aufzunehmen von der griechischen Inselwelt.

Zu den beliebtesten Ausflugszielen auch für jene Athener, die am Wochenende der heißen Hauptstadt den Rücken kehren möchten, gehört das Inseldreigestirn *Ägina, Poros, Hydra*. Die gleich vor Piräus gelegene Insel *Salamis*, die größte im Saronischen Golf, bietet trotz ihres geschichtsträchtigen Namens wenig Reize für den Besucher – man lasse sie getrost rechts liegen und nehme, an Bord eines der im Sommer stündlich verkehrenden Fährboote, gleich Kurs auf Ägina. Von der Möglichkeit, für einen vergleichsweise geringen Betrag das eigene Auto oder den Mietwagen auf der kleinen Autofähre gleich mit auf die einstündige Seereise zu nehmen, sollte man Gebrauch machen; denn vor allem an den Wochenenden im Sommer ist die Inselhauptstadt selbst überlaufen, das Innere der Insel jedoch ein reizvolles und vergleichsweise ruhiges Revier. Im Frühjahr – und das heißt nach griechischen Maßstäben: ab Ende Februar – oder im Herbst (der bis zum Jahreswechsel dauern kann) hingegen ist der Hafen von Ägina zumindest während der Woche ein liebenswert-verschlafener Platz, während sich das Hinterland in frischem Grün präsentiert. Hoch über der Bucht von Aghia Marina, einem während der letzten Jahre mit immer neuen Hotels nicht eben zu seinem Vorteil gewachsenen Urlaubszentrum, steht die Ruine des Aphaiatempels; die Autostraße hier herauf bietet immer wieder beeindruckende Ausblicke auf den Saronischen Golf, auf Piräus und Athen. Für Ägina gilt, was auch auf die meisten anderen griechischen Inseln zutrifft: Sie, die bekannteren unter ihnen jedenfalls, mögen während der Hochsaison noch so überlaufen sein – wer aber auf eigene Faust loszieht und die touristischen Trampelpfade verläßt, findet sich unversehens in einer unberührten, verträumten Einsamkeit wieder. Oberstes Gebot also für den Inselreisenden, der mehr sehen will als das Kafenion am Hafen und die allgegenwärtigen Touristshops: Man vertraue sich vor allem Nebenstraßen an, jenen Wegen, die zu schmal sind für die Reisebusse, oder man lasse sich von einem Fischer im Kaiki, dem typischen, rundbugigen Boot, zu jenen Buchten tuckern, die auf dem Landweg gar nicht zu erreichen sind.

So nah und doch so anders: *Poros*, Äginas Nachbarinsel dicht vor der Küste des Peloponnes, bietet dem Ankömmling ein unvergleichliches Panorama. Henry Miller hat in seinem Griechenlandbuch *‹Der Koloß von Maroussi›* die Einfahrt in den Hafen von Poros beschrieben: dieses Hineingleiten in die Stadt mit ihren weißgetünchten, ziegelgedeckten Häusern. Poros meint im Griechischen Furt, Passage – und kaum mehr als eine Furt, eine schmale, seichte Rinne ist es, die Poros vom Festland trennt: keine 150 Meter breit, gerade vier Meter tief. Kleine Fährboote pendeln von Poros hinüber nach Galatas auf dem Peloponnes. Die Insel ist seit alters her berühmt für ihre Quellen; eine Rarität schon in diesem Teil der Ägäis, wo die jährlichen Niederschlagsmengen nur etwa vierhundert Millimeter ausmachen. Poros profitiert von seiner Nähe zu den Bergen des Peloponnes: Es bekommt im Herbst, Winter und Frühjahr öfter einen Regenschauer ab als die Nachbarinseln weiter draußen im Meer.

Keine zwanzig Kilometer Luftlinie weiter südlich wieder eine andere Welt: *Hydra*. Ein karger, wasserloser Felsrücken, der – 18 Kilometer lang und bis zu sechshundert Meter hoch – aus dem Meer vor der Küste der Argolis aufsteigt. *Hydreia,* das ist der ursprüngliche Name dieses Felsens, und das bedeutet: die Wasserreiche, die Wohlbewässerte. Wie das? Hydra ist ein anschauliches Beispiel für die katastrophalen Folgen des Kahlschlags: Diese Felswand im Meer bietet den Regenwolken eine wirksame Barriere, ähnlich dem Imettos bei Athen; so ist Hydra keine niederschlagsarme Insel. Doch jahrhundertelang lieferte sie Bau- und Feuerholz. Die einst grünen, bewaldeten Hänge wurden vor allem während des 17. und 18. Jahrhunderts hemmungslos geplündert. Was die Schiffbauer zurückließen, wanderte in die Öfen; und was für die Öfen nicht taugte, wurde von den Ziegenherden kahlgefressen. Seither haben die Regengüsse der Herbst- und Wintermonate die ohnehin dünne Humusschicht längst ins Meer gespült – Hydra ist heute kaum mehr als nackter Fels.

In klassischer Zeit war die Insel so gut wie bedeutungslos, aber während des griechischen Unabhängigkeitskrieges spielte sie eine herausragende Rolle. Etwa vom 16. Jahrhundert an wurde sie zum bevorzugten Refugium für Flüchtlinge vom Festland, die den türkischen Besatzern zu entkommen hofften. Die Handelsschiffahrt – oder vielleicht ist das Wort Piraterie zutreffender – wurde zur Haupteinnahmequelle der Leute von Hydra. Diese Kapitäne und Reeder waren es, die zu Beginn des 19. Jahrhunderts einen wesentlichen Beitrag zur griechischen Revolution leisteten: Zusammen mit den Kapitänen der Nachbarinseln Spetses und Psara stellten die Hydrioten den Großteil der griechischen Kriegsflotte zum Kampf gegen die Ottomanen. Die Namen vieler Helden des griechischen Unabhängigkeitskrieges sind mit Hydra verbunden. Der wohl bedeutendste von allen: Andreas Miaoulis, der die griechische Flotte in der Seeschlacht von Chios 1822 zum Sieg gegen die Türken führte.

Viele der Häuser dieser alten, damals sehr wohlhabenden und hochangesehenen Kaufmanns- und Reederfamilien stehen heute noch und sind zu kleinen Museen hergerichtet. Sie gruppieren sich in das steile Halbrund oberhalb des Hafenbeckens. Der Ort Hydra hat die Form des antiken Theaters. Natürlich gewachsen und nur behutsam modernisiert, gehört er zu den spektakulärsten und harmonischsten Stadtanlagen der griechischen Inselwelt.

Alle drei Inseln, Hydra, Poros und Ägina, verdanken ihr florierendes Fremdenverkehrsgewerbe vor allem dem Umstand, daß sie recht mühelos an einem einzigen Tag von Athen aus zu besuchen sind. Selbst während des Winters gibt es, einigermaßen erträgliches Wetter vorausgesetzt, eine Miniaturkreuzfahrt, die alle drei Inseln anläuft. Auch die blau-gelben Tragflügelboote ‹fliegen› diese Inseln mehrmals täglich an. Alle drei am gleichen Tag zu ‹machen›, das kommt dem gedrängten Terminkalender mancher Urlauber entgegen. Wer, mit Ausgangspunkt Athen, einen Tag lang Seeluft schnuppern möchte und eine erste, flüchtige Bekanntschaft mit der griechischen Inselwelt sucht, für den ist eine solche Blitztour gewiß empfehlenswert – sie wird manchen auf den Geschmack bringen, ihn infizieren mit dem harmlosen, aber hartnäckigen Bazillus der Inselleidenschaft.

Dank der neuesten nautischen Technologien schließlich ist aus dem Dreigestirn der Athen vorgelagerten Inseln mittlerweile ein Viergespann geworden: Die Fahrt nach *Spetses*, ehedem nur in einer rund fünfstündigen Dampferfahrt zu erreichen, verkürzt sich im Tragflügelboot auf etwa zwei Stunden. Und getreu der Regel, daß keine griechische Insel wie die andere ist, bietet Spetses wiederum eine eigene, unverwechselbare Atmosphäre, eine andere, neue Landschaft. Der Kontrast zu der in Sichtweite gelegenen Felseninsel Hydra könnte größer nicht sein: flache, sanfte Hügel, eine üppige Vegetation. Die Pinienwälder sorgen auch im Hochsommer für angenehm frische Luft. Grüner als Spetses noch ist Spetsopoula, ein kleines, vorgelagertes Eiland, Privateigentum der berühmten Reederfamilie Niarchos. Für jenen, dem die Inseln der Ägäis zu sonnenverbrannt, die Ionischen Inseln zu schroff und gebirgig sind, ist Spetses gewiß ein verlockender Kompromiß zwischen ägäischem Licht und ionischer Vegetation – es erinnert an italienische Landschaften. Sein besonderer Reiz liegt wohl auch darin, daß es von hier nur ein Katzensprung hinüber auf den südlichen Peloponnes ist: Nur fünfhundert Meter trennen Insel und Festland, die antiken Stätten von Mikene, Epidavros und Nafplion sind mühelos in einem Tagesausflug zu erreichen.

Und dann ist da noch jener Sonderfall, der schon seiner Größe wegen nicht ausgelassen werden darf, der gleichzeitig allerdings sich nicht so recht einfügt in das Bild dieser Hauptstadt-Inselwelt: *Euböa* – nach Kreta die zweitgrößte Insel der Ägäis, aber eben nur mit Mühe und Not eine Insel: Dem Festland unmittelbar vorgelagert, in der Inselhauptstadt Chalkis gar mit Attika durch eine kaum vierzig Meter lange Brücke verbunden, gilt Euböa im Bewußtsein vieler Griechen gar nicht als Insel im eigentlichen Sinne.

Euböa begeistert durch seine dichtbewaldeten Berge, durch weite Landstriche, die noch immer völlig unerschlossen sind; doch das insuläre Flair fehlt völlig. Das hat nicht allein mit der Größe dieser Insel zu tun – immerhin 3700 Quadratkilometer; selbst auf dem noch größeren Kreta geht kaum jemals das Gefühl verloren, sich auf einer Insel zu befinden. Euböa hingegen ist in vieler Hinsicht, auch geologisch betrachtet, die direkte, nahtlose Fortsetzung des Festlandes. Inselfanatiker werden zudem irritiert sein, daß sich Euböa trockenen Fußes, über eine Brücke, erreichen läßt. Auch in seiner Wirtschaftsstruktur übrigens ist Euböa dem nahen Festland weitgehend angepaßt: eine Mischung aus Landwirtschaft, kleiner und mittelgroßer Industrie und – eine Spezialität dieser Insel seit alters her – Bergbau. War es früher vor allem Erz, das in den Bergen von Euböa gefördert wurde, so sind es heute vornehmlich Braunkohle und Magnesit.

Die Kikladen:
Delos, Mikonos, Paros, Naxos, Tinos, Siros, Ios, Kea, Kithnos, Andros, Serifos, Sifnos, Milos, Folegandros, Sikinos, Anafi

Die Inselwelt der Ägäis ist das Herz Griechenlands. Nicht zufällig ist sie der eigentliche Schauplatz der griechischen Mythologie. Man mag einwenden: Griechenland, das sind auch die Berge von Delfi; die Wälder des Peloponnes; die saftigen Wiesen Makedoniens; die eisigen Höhen des Olymp. Gewiß; all das ist Griechenland, und die griechische Landschaft entzieht sich ebenso wie der Grieche selbst dem Versuch, Kategorien aufzustellen oder gar einen repräsentativen Mittelwert zu finden: *So* ist Griechenland; *so* sind die Griechen.

Dennoch hat die Ägäis, haben zumal die Kikladeninseln etwas Exemplarisches; sie sind ein Destillat des griechischen Kosmos. Hier reduziert sich Hellas auf kahlen Fels, weißen Sand, die Blauschattierungen des Himmels und der See und die Abstraktion der Farbe schlechthin: das Weiß der Häuser. Hier, in den Kikladen, entblößt sich die griechische Landschaft bis auf ihren innersten Kern, hier liegt die Seele Hellas frei.

Diese harte, dissonant scheinende Komposition der ursprünglichsten Elemente provoziert vielerlei Empfindungen: Mal gibt sie sich lieblich, dann wieder zerrt der Meltemi, dieser oft zur Sturmstärke anschwellende Sommerwind an den Nerven; mal versinkt der Horizont im milchigen Dunst der heißen Nachmittage, dann wieder ist die Luft von schneidender Klarheit; mal brennt die Sonne stechend vom Himmel, dann wieder scheint sie milde und wohltuend. Kein Ägäis-Tag ist wie der andere, kein Sonnenuntergang so, wie je einer zuvor war, nie wiederholt das Licht seine Farb- und Schattenspiele auf den Felsen.

In der Ägäis, so sagt die griechische Mythologie, wurde das Licht gebrochen: Auf der unansehnlichsten, unfruchtbarsten, auf der verlassensten dieser Inseln, auf Delos, gebar Leto ihr von Zeus gezeugtes Kind, den Sonnengott Apollon.

Delos, einst eine Stadt mit mehr als 30000 Einwohnern, ist heute unbewohnt. Oder doch fast unbewohnt: Einige staatlich besoldete Museumswächter, eine Handvoll Archäologen, das ist alles. Die ältesten Spuren menschlicher Siedlungen auf Delos stammen aus der Zeit um 2500 v. Chr. Später geriet die Insel unter mikenische Herrschaft.

Und um das Jahr 1000 v. Chr. schließlich, so sagen die Historiker, nahm wohl der Apollonkult auf Delos seinen Anfang.

Es gibt keine exakte Vorstellung von dem, was sich dann, vom 7. Jahrhundert bis etwa um 425 v. Chr., auf Delos ereignet hat. Was die Archäologen ausgegraben haben, was die Historiker aus alten Quellen herauslesen, ist die Vision einer prosperierenden, für damalige Verhältnisse gewaltig großen Stadt; eine Handels- und Kultmetropole mit betriebsamen Häfen, hochentwickelter Architektur, geschäftigen Märkten; das alles auf dreieinhalb Quadratkilometern Fels – heute kaum vorstellbar. Der Phantasie des Besuchers, der heute über die Felsen von Delos wandert, entzieht sich vor allem eines: Wie mag diese Stadt einst ausgesehen haben; wie mag sich das Alltagsleben vollzogen haben – eine mysteriöse, eigentümliche Synthese von Bankgeschäften und Wallfahrt, Zinskalkulation und Götterdienst. Man weiß es nicht so recht: mehr Las Vegas, Lourdes oder Wallstreet? Ungelöst auch das andere Mysterium: Warum war Delos seit 425 v. Chr. die Insel, auf der nicht geboren, nicht gestorben wurde? So strikt nahm man es mit der Katharsis, der Säuberung, daß sogar die Toten umgebettet wurden auf die benachbarte Insel Rhenia. Warum das? Delos, ein anderer Stern, außerhalb der Gesetzmäßigkeiten dieser Welt?

Um 314 v. Chr. kamen die Makedonier nach Delos, befreiten die Insel von der attischen Herrschaft, und ein neues Delos blühte auf – bis zur endgültigen Zerstörung durch die Seeräuberhorden des Königs Mithridates um 70 v. Chr. Seither ist Delos ein baumloses, sonnendurchglühtes, gespenstisches Ruinenfeld. Ein geplündertes Ruinenfeld auch: Während der Jahrhunderte seither kehrte ein großer Teil des delischen Marmors dorthin zurück, wo ihn einst die alten Baumeister hatten brechen lassen: Nach Naxos und Paros; auch auf dem benachbarten Mikonos ist manches Fundament mit Bruchstücken der Prachtbauten von Delos gelegt.

Delos, dieses Skelett einer einst üppigen Zivilisation, ist gewiß nicht jedermanns Sache. Was für Griechenlands Inseln gilt, gilt auch für Griechenlands antike Heiligtümer: Sie sind, jedes für sich, eine eigene Welt, unvergleichlich eines dem anderen. Sie wollen, wie die Inselwelten, aufgespürt, sinnlich erfaßt werden. Es mag Delosliebhaber geben, aber gewiß sind sie nicht so zahlreich wie die Delfifreunde; wieder andere empfinden auf Delos wie in Delfi Bedrückung. Das finstere, blutgetränkte Mikene begeistert manchen, der im sanften

Olympia nichts empfindet. So muß ein jeder die Begegnung mit Delos wie mit all den anderen Plätzen selbst suchen – eine, so oder so, aufregende Erfahrung.

Wer nach Delos will, muß in aller Regel den Umweg über *Mikonos* machen – heute so ungefähr das, was einst Delos gewesen sein mag: für manchen der Wallfahrtsort schlechthin und für die Mikoniaten eine Goldgrube, wie es sie in der Ägäis wohl kein zweites Mal gibt. Mikonos, diese historisch so völlig bedeutungslose, in der Gegenwart und auch wohl künftig ertragreichste Touristeninsel der Ägäis, ist seit Jahren ein beliebtes Streitobjekt: «Seit 1975 ist es unerträglich!» stöhnen manche, die 1974 das erste Mal hier waren. «Es ist im Grunde immer noch so wie eh und je», versichern andere, die seit 1935 immer wieder kommen. Nicht wenige jener, die Mikonos seit jeher nichts abgewinnen konnten, es als Zwangs-Zwischenstation auf dem Weg zum benachbarten Delos griesgrämig hinnahmen, entrüsten sich heute gern über Nacktbadestrände und Libertinage (oder das, was sie dafür halten), wittern in jedem Schlafsack Haschisch und beklagen, daß die Discomusik die Sirtakiweisen übertönt. Mikonos ist mehr als eine Insel – Mikonos ist eine Mode, und keine ganz taufrische mehr. So ist denn mittlerweile alles eine Spur zu laut, alles etwas überdreht. Eine Allerweltsweisheit: Mikonos ist nicht mehr das, was es einmal war.

Doch der Charakter der Insel – und alle Kikladen sind sozusagen ‹charakterfest› – hat sich bisher behauptet gegen die Touristenflut; seinen Charme hat Mikonos nicht eingebüßt, auch nicht sein großartiges Hafenpanorama, eines der schönsten der griechischen Inselwelt. «Wie steigert man den Begriff *weiß getüncht*?» fragt der britische Griechenland-Gourmet Ernle Bradford; «Mikonos», so fährt er fort, «ist jedenfalls die *weißestgetünchte* oder *weißgetünchteste* aller Inselstädte ...» Nein, weißer geht es wohl wirklich nicht. Nicht nur Hauswände, Treppenstufen und Gartenmauern strahlen in blendendem Weiß, selbst die mit Natursteinen ausgelegten, in den letzten Jahren auch häufig einfach zementierten winzigen Gassen werden alle zwei, drei Tage mit Kalkfarbe angemalt. Zweckmäßigkeitsüberlegungen (und nicht ästhetische Erwägungen) waren es ursprünglich, die der Insel diese Orgie in Weiß bescherten: Kalkfarbe war und ist nicht nur billig, überdies desinfiziert sie und reflektiert das Sonnenlicht, hält die Mauern also kühl. Einzig die Kuppeln der Kirchen und Kirchlein, angeblich insgesamt 365, ragen blau oder rot aus dem weißen Wirrwarr der kubischen Inselhäuser, auch die buntlackierten Holzgeländer der Balkone und

Treppen, die an der Außenwand zum ersten Stock hinaufführen, sorgen zusammen mit den in allen Rot-, Orange- und Violett-Tönen leuchtenden Geranien und Bougainvileen für Farbtupfer.

Mikonos wächst scheinbar unaufhörlich: An den felsigen Berghängen über dem Halbrund des Hafens, das des Nachts wie eine Mondsichel leuchtet, entstehen Jahr für Jahr neue Sommerhäuser und kleine Pensionen, doch glücklicherweise hat sich dadurch das ursprüngliche Bild nicht wesentlich gewandelt. Zwar bauen auch die Mikoniaten heute mit Beton und roten Ziegeln, doch die modernen Baumaterialien verschwinden gleich nach der Fertigstellung des Rohbaues unter einer dicken Schicht weißer Tünche. Und weil die mikoniatische Architektur, dieser wohnliche Würfel mit ein oder zwei Stockwerken, von einer zeitlosen Modernität und Zweckmäßigkeit ist, droht dem Stadtbild wohl auch künftig kaum Gefahr. Neben der schlichten und in ihrer Einfachheit formvollendeten Alltagsarchitektur leistet sich Mikonos dann sozusagen noch ein Meisterstück der Kikladenbaukunst, eine virtuose Kür: Am westlichen Ende des Hafens, hinter dem Rathaus mit seinen großen Arkaden, steht die Kirche ‹Paraportiani› – eigentlich nicht *eine* Kirche, sondern deren fünf, ineinander verschachtelt, ein kleines Labyrinth, das von einer diesmal nicht farbigen, sondern gleichfalls weißen Kuppel gekrönt wird. Die ‹Paraportiani› ist einer der Höhepunkte der Kikladenarchitektur; ein Meisterwerk, das durch Improvisation und nicht auf dem Zeichentisch zustande kam: Während des 17. und 18. Jahrhunderts haben sich immer wieder neue Baumeister an ihr zu schaffen gemacht, haben Mauern, Treppen und Gewölbe hinzugefügt.

Für Freunde altgriechischer Ruinen freilich bleibt Mikonos ein unergiebiges Revier. Dafür kommt, wem der Sinn allein nach Sonne, Sandstrand und abendlichem Vergnügen steht, voll auf seine Kosten: Die Insel hat einige der schönsten Badestrände der Kikladen und ein für griechische Verhältnisse geradezu mondänes Nachtleben, das mittlerweile allerdings von jenen, die an ihm teilhaben wollen, eine relativ gut gefüllte Brieftasche verlangt. Gleiches gilt übrigens auch für die Unterkunft: Getreu dem ehernen Gesetz von Angebot und Nachfrage kassieren die Pensionswirte und privaten Zimmervermieter hier inzwischen weit höhere Preise als auf irgendeiner anderen griechischen Insel.

Während Mikonos schon seit einigen Jahren über einen eigenen Flugplatz verfügt und seit kurzem sogar mit modernen Jets von Athen aus angeflogen wird, ist, wer nach *Paros* reist, nach wie vor aufs Schiff angewiesen. Die Fahrt von Piräus dauert, je nach Zahl der Zwischenstopps, sechs bis sieben Stunden. Noch vor wenigen Jahren lag Paros weit abseits der Touristenströme, doch dann kam die Insel, vor allem bei ‹Rucksacktouristen›, in Mode. Das Publikum rekrutiert sich auch heute noch weitgehend aus jungen Leuten mit schmalem Budget, und die Preise sind entsprechend moderat. Wo Mikonos hart, steinig und staubig ist, da ist Paros sanft, lieblich und grün – so grün jedenfalls, wie eine Kikladeninsel sein kann. Immerhin gedeihen hier einige der berühmtesten griechischen Weine (vorwiegend schwere Südweine), und an vielen Stellen der Insel reichen Bodenqualität und Grundwasser aus, um eine relativ reichhaltige Gemüseernte zustande zu bringen. Was Paros in der Antike berühmt machte, war vor allem sein blendendweißer, fast transparenter Marmor. Diesem Bodenschatz verdankte die Insel seinerzeit erheblichen Reichtum, inzwischen allerdings sind die Marmorbrüche von Paros nahezu erschöpft. Das künftige Kapital dieser Insel ist der Fremdenverkehr. Auch Paros hat eine Reihe noch kaum bevölkerter Sandstrände zu bieten, und wie in Mikonos, so drücken auch hier die Dorfgendarmen meist ein Auge zu, wenn die Fremden hüllenlos ins klare Wasser steigen. Im Zweifelsfall allerdings gilt auch für Paros, was für alle anderen griechischen Gestade Grundregel sein sollte: Weil Nacktbaden immer noch als «Erregen öffentlichen Ärgernisses» gilt, sollte man es tunlichst dort vermeiden, wo die «Öffentlichkeit», sprich die Einheimischen, ihr Sonnenbad nehmen. Je nachdem, wie streng die Moralvorstellungen des Dorfpolizisten, des örtlichen Popen und des möglicherweise in Aktion tretenden Schnellrichters sind, droht den Freunden nahtloser Bräune eine mehrwöchige Gefängnisstrafe (die freilich auch in bar abgegolten werden kann) und die Abschiebung aus der Republik Griechenland. Man erkundige sich also, bevor alle Hüllen fallen, nach den örtlichen Gepflogenheiten.

Von Paros hinüber nach *Naxos* ist es nur ein Katzensprung. Naxos ist die größte Insel der Kikladengruppe und die wasser- und vegetationsreichste. Wenn die Autofähre nach Piräus am Kai festmacht, dann stehen die Lastwagen in langer Reihe; sie transportieren Tomaten, Trauben, Kartoffeln und Zitrusfrüchte aufs Festland – Naxos ist die «Gemüseinsel». Die Architektur der Hauptstadt verrät demjenigen, der mit dem Schiff in den Hafen einfährt, auf den ersten Blick ein wichtiges Kapitel in der Geschichte dieser Insel: die Jahre unter venezianischer Herrschaft, die sich heute in zahllosen aus jener Epoche stammenden Baudenkmälern widerspiegelt. Anfang des 13. Jahrhunderts machte der Venezianer Marco Sanudo Naxos zum Zentrum eines Inselreiches, dem die meisten Kikladeninseln zugehörten. Bis 1566 blieb dieses Herzogtum unabhängig, doch auch nachdem die Osmanen die Herrschaft im ägäischen Raum übernommen hatten, blieben Naxos und einige andere ägäische Inseln unter venezianischem Einfluß, denn die Türken setzten vielerorts die lateinischen Fürsten zu Statthaltern ein.

Noch spielt der Fremdenverkehr auf Naxos eine eher unbedeutende Rolle, und gerade das kann einen Besuch lohnend machen – Naxos gehört zu jenen Inseln, deren Infrastruktur noch weitgehend intakt ist: Das Wirtschaftsleben beschränkt sich nicht ausschließlich auf das Vermieten von Schlafstätten, den Verkauf von Sonnenöl und den Ausschank eisgekühlter Longdrinks. Schiffsreisende brauchen sich auf Naxos keine Sorgen zu machen: keine andere Ägäisinsel, Siros ausgenommen, verfügt über so gute und zahlreiche Fährverbindungen nach Piräus – ein Umstand, den die Insel ihren Gemüse- und Fruchtexporten verdankt.

Zweimal im Jahr allerdings tut der Tourist gut daran, seine Schiffsreise in der Ägäis zu verschieben: um den 25. März und den 15. August. Dann nämlich herrscht beängstigende Enge auf und unter Deck, vergessen die Reeder jede Zurückhaltung beim Verkauf von Tickets auch für solche Passagen, die längst ausgebucht sind, und eine Armada überfüllter, ächzender Schiffe steuert die Insel *Tinos* an. Zweimal im Jahr erlebt die sonst eher verschlafene Insel den Ansturm jener Zigtausender, die der Lokalheiligen, der Tiniotissa, die Reverenz erweisen. Tinos ist das Lourdes des modernen Griechenland, ist der heiligste Wallfahrtsort der griechischen Orthodoxie. Die Gläubigen erhoffen sich Linderung körperlicher Gebrechen und Hilfe aus anderen Nöten. Als König Paul von Griechenland im Sterben lag, brachte man jene Ikone, vor der zweimal im Jahr das Heer der Pilger niederkniet, an sein Krankenbett im Athener Schloß. Daß das erhoffte Wunder ausblieb, erklären strenge Gläubige mit dem Hinweis, der Monarch habe zum Heiligenbild gebracht werden müssen und nicht umgekehrt.

Der Heiligenkult auf Tinos begann just um die Zeit der Befreiung von den Türken, in den zwanziger Jahren des 19. Jahrhunderts. Daß Tinos damals, infolge langer venezianischer Besetzung, eine katholische Insel war, spielte gewiß eine Rolle für die Entstehung dieser Wallfahrtsstätte: Ein befreites Griechenland schien nur vorstellbar als ein orthodoxes Griechenland – und so war denn wohl Anlaß gegeben, die

Überlegenheit der orthodoxen Staatsreligion gerade hier, auf dem katholischen Tinos, unter Beweis zu stellen. Die Legende von der wunderwirkenden Ikone, die einst in der Erde von Tinos von einer Nonne gefunden worden war, schien diesen Zweck zu erfüllen.

Schauplatz der Wallfahrt ist das Kloster Evangelistria. 1923 wurde es dort gebaut, wo, der Legende zufolge, das Heiligenbild in der Erde verborgen gelegen hatte. Wie in vielen Klöstern auf den Inseln rund um Delos, so entdeckt man übrigens auch hier Baumaterialien, die von der Insel des Apollon stammen. Nicht nur Pilger vom Festland und den griechischen Inseln kommen zweimal im Jahr nach Tinos, selbst Zigeunerfamilien vom Balkan und aus Westeuropa begeben sich auf die Wallfahrt zur Jungfrau von Tinos – in manchen Jahren zählt man weit über 30000 Gläubige. Sie säumen jene Straße, die vom Hafen bergauf geradewegs auf das Kloster zuläuft. Auch auf Tinos mischen sich Anbetung und Kommerz: Die Andenkenverkäufer machen vorzügliche Geschäfte.

Etwa jeder dritte Bewohner von Tinos bekennt sich auch heute noch zum römisch-katholischen Glauben. Die andere bedeutende Bastion des Katholizismus im heutigen Griechenland liegt in Sichtweite: die Insel *Siros*. Doch das ist nicht die einzige Besonderheit dieser geschichtsträchtigen, in vieler Hinsicht heute in Vergessenheit geratenen Insel.

Fast immer führt die Schiffsreise in die Kikladenwelt über Siros. Die Insel ist Zwischenstation der meisten Fährschiffe nach Mikonos, Paros oder Naxos; auch die Schiffe nach Santorin pflegen hier anzulegen. Wie alle griechischen Inselhäfen, so hat auch Ermoupolis, die «Stadt des Hermes», ihre eigene, unverwechselbare ‹Skyline›: Vom Hafenbecken aus wächst die Stadt zwei kegelförmige, einander gegenüberliegende Hügel hinauf, auf deren Gipfel jeweils eine Kirche steht – den rechten krönt eine griechisch-orthodoxe, den linken eine römisch-katholische. Vom Anfang des 13. Jahrhunderts an gehörte die in der Antike nie sonderlich in Erscheinung getretene Insel zum Herzogtum Naxos, und die meisten ihrer Bewohner konvertierten zum Katholizismus. Nach dem Ende des griechischen Befreiungskrieges begann die Blütezeit der Inselhauptstadt Ermoupolis: Ihre geographische Lage an den Haupthandelswegen im östlichen Mittelmeer machte die Stadt zum bedeutendsten Hafen Griechenlands – größer und betriebsamer als Piräus, wichtiger auch als Nafplion oder Patras. Es gab gar Pläne, Ermoupolis zur Hauptstadt des modernen Griechenland zu machen –

die venezianischen Prachtbauten schienen, wenigstens in den zwanziger Jahren des 19. Jahrhunderts, eine weit eindrucksvollere Kulisse für die Machtentfaltung des jungen Königreichs abzugeben als die in so jämmerlichem Zustand befindliche Ruine der Akropolis.

Auch wenn Ermoupolis nicht zur Hauptstadt des neuen Staates erkoren wurde, so entwickelte es sich doch zu einer Metropole, zu einem Wirtschaftszentrum ersten Ranges und zu einer der damals ‹zivilisiertesten› Städte Griechenlands – zum wohl wichtigsten kulturellen und ökonomischen Zentrum des Landes. Mehr als 150 Zeitungen wurden während des 19. Jahrhunderts hier verlegt – mehr als irgendwo sonst in Griechenland. Während die feine Athener Gesellschaft noch mit ungepflasterten Wegen vorliebnehmen mußte, flanierte man in Ermoupolis bereits auf breiten, marmorplattierten Boulevards zum Opernhaus – einer Nachbildung der Scala di Milano.

Doch das Wirtschaftswunder auf Siros währte nur wenige Jahrzehnte. Mit der Eröffnung des Kanals von Korinth 1893 verlagerte sich das Zentrum der Schiffahrt im östlichen Mittelmeer fast schlagartig nach Piräus. Ein Streifzug durch die Straßen von Ermoupolis ist eine aufregende Reise in die große Vergangenheit der Insel Siros. Die Spuren des vergangenen Glanzes sind zahlreich, wenn auch oft halb verwischt: verfallene Palazzi, verwilderte Gartenanlagen, von den Wänden fällt der Putz. Immer noch zählt Siros zu den größeren Inselhäfen, verfügt sogar über eine ausgewachsene Schiffswerft. Doch von der einstigen Größe des Handelszentrums ist nicht viel geblieben. Wer sich freilich für die Geschichte Griechenlands im 19. Jahrhundert interessiert, der kann hier eines ihrer interessantesten Kapitel studieren.

Eine Inselgruppe sind sie, die Kikladen – aber damit ist nicht mehr gesagt, als daß sie geographisch beieinander liegen. Wie allerorten in der griechischen Inselwelt, so überwiegen auch hier die Kontraste bei weitem die Gemeinsamkeiten. Man darf es also eigentlich nicht bei einer Auswahl bewenden lassen – und muß es doch tun. Aber genannt werden sollen sie wenigstens, jene anderen Eilande, die mit Fug und Recht ebensoviel Aufmerksamkeit beanspruchen können:

Als touristischer Geheimtip galt während der letzten Jahre *Ios*, eine der südlichen Kikladeninseln – mit dem Ergebnis, daß dieses einst nahezu unberührte Stück Land inzwischen einen florierenden Fremdenverkehr vorzuweisen hat; dennoch gehört Ios immer noch zu den wohltuend beschaulichen, stillen Gegenden der Ägäis. Auch das Inselpaar *Kea* und *Kithnos*, das gewissermaßen das Tor zur Ägäis bildet, weil zwischen ihnen der Hauptschiffahrtsweg in die südöstliche Ägäis verläuft, auch Kea und Kithnos also gehören zu den bisher kaum vom Tourismus berührten Inseln. Man mag versucht sein zu sagen: Vom Tourismus seien sie verschont geblieben, diese Inseln; doch für viele Eilande in der Ägäis, die einst blühende Wirtschaftszentren waren, ist heute allein der Fremdenverkehr eine Garantie fürs Überleben; allein das Geld, das die Touristen bringen, verhindert den ökonomischen Niedergang, die Abwanderung der jungen Generation, das Sterben der Insel. Meist sind es die Touristen selbst, die über den Tourismus die Nase rümpfen; auf vielen Inseln, die bisher vom Tourismus ‹verschont› blieben, wünschen die Menschen nichts sehnlicher, als wenigstens etwas Anteil an diesem einträglichen Gewerbe zu haben. Der Sommer mag hart sein und nicht immer leicht zu ertragen, denn die Urlauberflut walzt so manches nieder. Doch von dem Elektrizitätswerk, das die Regierung der Touristen wegen bauen läßt, profitieren die Insulaner auch im Winter; das neue Wasserleitungsnetz nützt ihnen auch nach der Saison; der neue Linienbus fährt auch, wenn die Fremden im Herbst abgereist sind.

Zu den unentdeckten Paradiesen, die gleichwohl auf Touristenzulauf kaum angewiesen sind, gehört schließlich *Andros,* die nach Naxos zweitgrößte Kikladeninsel. Am nördlichen Rand der Inselgruppe gelegen, ist sie mittlerweile schneller als von Piräus von dem kleinen Hafen Rafina an der Ostküste Attikas zu erreichen. Viele Athener wissen die Qualitäten dieser weitläufigen und verhältnismäßig dünn besiedelten Insel zu schätzen und haben sich dort Sommerhäuser gebaut.

Wer diesen Teil der Ägäis mit dem Flugzeug überfliegt, etwa auf der Route nach Chios oder Istanbul, der wird feststellen, daß Andros zu jenem im Meer versunkenen Gebirgsrücken gehört, dessen andere aus der Ägäis ragende Gipfel Tinos und Mikonos sind; und der Blick in die andere Richtung, nach Nordwesten, zeigt, daß auch die langgestreckte Insel Euböa zu diesem Gebirge gehört. Auch das Inselpaar Kea und Kithnos gehört zu einem solchen, dem genannten seitlich versetzt, fast parallel verlaufenden Gebirge, dessen andere Gipfel, sprich Inseln, *Serifos* und *Sifnos* heißen. *Milos* schließlich, geologisch gleichfalls ein Teil dieser Inselkette, ist der südwestliche Außenposten der Kikladen. Und dann gibt es da noch jene kleinen, zum Teil nur ein- oder zweimal pro Woche vom Postdampfer angelaufenen Eilande der Kikladengruppe. Für jenen, der womöglich gar auf eigenen (oder gecharterten) Decksplanken die Ägäis durchkreuzt, sind sie die wahren, exklusiven Paradiese: das mit dem größeren Ios verwandte Inselpärchen *Folegandros* und *Sikinos* und die weit abseits der gängigen Schiffahrtsrouten gelegene Insel *Anafi*.

Und dann ist da schließlich jene Insel, die sich wie keine zweite im griechischen Inselmeer heraushebt und sich der Zuordnung, dem Vergleich entzieht:

Santorin: Atlantis?

Santorin oder – so der alte Name – Thira ist, so wie es sich heute präsentiert, das Ergebnis einer Naturkatastrophe unvorstellbaren Ausmaßes. Diese Insel, die heute die Form einer Mondsichel hat, war einst ein kegelförmiger, steil aus dem Ägäischen Meer aufragender Berg – ein Vulkan; das ist Santorin auch heute noch, und wenn nichts, was die Kartographen je irgendwo auf der Welt vermessen und aufzeichnen, endgültige Formen hat, so gilt diese Regel zumal für Santorin.

Um 1500 v. Chr., so haben die Geologen errechnet, muß sich die Katastrophe auf Santorin ereignet haben: Aus den Tiefen der Erdkruste drängte das flüssige Gestein nach oben, sprengte schließlich mit unvorstellbarer Gewalt den Vulkankegel in die Luft und hinterließ dort, wo vordem die Insel gewesen war, einen dreihundert Meter tiefen Krater, der sich mit Meerwasser füllte. Allein ein Teil des Kraterrandes ragt heute aus dem Meer. Der Vulkanausbruch von Santorin, so glauben die Wissenschaftler, ist die gewaltigste bisher bekannte Katastrophe dieser Art gewesen. Der Explosionsknall muß selbst in einer Entfernung von mehr als 7000 Kilometern noch als Donnergrollen vernehmbar gewesen sein – also von Nordamerika bis nach Südostasien. Der Einsturz der Insel muß gewaltige Flutwellen verursacht haben, die im gesamten Mittelmeerraum große Zerstörungen angerichtet haben können.

Der Ausbruch des Vulkans Krakatau zwischen Sumatra und Java im Jahre 1883 gilt den Experten als ein Modellfall für solche Katastrophen, als Maßstab, an dem sich die wahrscheinlichen Auswirkungen früherer Ereignisse dieser Art bestimmen lassen. Die bekannten Daten des Krakatauausbruchs lassen den Schluß zu, daß die Vulkankatastrophe von Santorin von etwa viermal größerer Intensität gewesen sein muß.

Die verheerendsten Auswirkungen müssen jene Flutwellen gehabt haben, die durch den Einsturz des Vulkans ausgelöst wurden. Die Experten sind sich nicht ganz einig, welche Höhen diese Wellen tatsächlich erreicht haben könnten. Auf dem offenen Meer darf man sie sich ohnehin nicht, wie in einschlägigen Katastrophenfilmen dargestellt, als wandernde Wasserwand vorstellen – auf See sind diese ringförmig sich ausbreitenden Flutwellen kaum wahrnehmbar: Nicht mehr als einen oder zwei Meter hoch und bis zu zweihundert Meter lang, rasen diese «sanften» Wölbungen mit einer Geschwindigkeit von bis zu sechshundert Kilometern pro Stunde über die See. Wer etwa in einem Schiff unterwegs wäre, würde nichts wahrnehmen als eine leichte, lange Woge. Ihre ganze Gewalt aber entfalten diese Flutwellen, wenn sie auf ein Hindernis, also das Ufer, treffen – hier türmen sich diese Wassermassen dann tatsächlich zu Bergen auf. Eine von den meisten Fachleuten akzeptierte Schätzung besagt, daß die Flutwelle der Santorin-Katastrophe beim Auftreffen auf das griechische Festland und die kleinasiatische Küste eine Höhe von etwa hundert Metern erreicht haben muß; das würde bedeuten, daß sie nicht nur das gesamte Gebiet des heutigen Athen mit Ausnahme des Akropolis-Gipfels und des Likavitos überrollte, sondern generell alle Küstenregionen, die nicht mindestens hundert Meter über dem Meeresspiegel liegen. Noch verheerender muß die Wirkung dieser Flut natürlich auf den Santorin näher gelegenen Inseln gewesen sein – hier könnten die Wassermassen sich zu einer Höhe von 150 oder gar zweihundert Metern aufgetürmt haben.

Die Frage drängt sich auf, was diese Katastrophe für die damalige Welt des östlichen Mittelmeeres bedeutet haben muß. Durch Ausgrabungen ist bewiesen, daß Santorin in der Zeit vor 1500 v. Chr. zum minoischen Seereich gehört hat. Kreta aber, das mutmaßliche Zentrum dieser auf rätselhafte Weise untergegangenen Zivilisation, liegt vergleichsweise nahe bei Santorin – keine einhundert Kilometer südlich. Sollte die Katastrophe von Santorin die Zerstörung der minoischen Welt ausgelöst haben? Waren es die Flutwellen nach dem Vulkanausbruch, waren es die Aschenregen, die das Reich des sagenhaften Königs Minos haben untergehen lassen? Und war am Ende gar Santorin, das versunkene Santorin, jenes mystische Atlantis, von dem Plato berichtet?

Während der letzten Jahre hat das Thema Atlantis eine unerwartete Renaissance erlebt; zahllose wissenschaftliche und populärwissenschaftliche Veröffentlichungen beschäftigen sich mit dem verschwundenen Sagenkontinent. Viele ernst zu nehmende Wissenschaftler glauben nachweisen zu können, daß jener Kraterrand, der heute den Namen Santorin trägt, dieses Relikt einer der größten Katastrophen der

Erdgeschichte, tatsächlich ein Überbleibsel des alten Atlantis ist; andere vermuten Atlantis auf Kreta, setzen es gleich mit dem Reich des Königs Minos, das unterging – und zwar, als es von den Flutwellen der Santorin-Katastrophe überschwemmt und von den Aschenregen des Vulkanausbruchs erstickt wurde.

Daß auf Santorin einst, vor der Katastrophe, eine hochentwickelte Zivilisation existiert hat, unterliegt keinem Zweifel. Unter einer an manchen Stellen mehr als zehn Meter hohen Ascheschicht fand der griechische Archäologe Spiridon Marinatos die Reste einer minoischen Stadt. Dieses Ausgrabungsgebiet, heute ein einzigartiges Freiluftmuseum, ist wohl nach wie vor die größte archäologische Sensation im östlichen Mittelmeer. Es birgt einige der aufregendsten, farbenfrohesten Fresken der minoischen Epoche. Und unschätzbare Funde warten unter der Vulkanasche wohl noch darauf, gehoben zu werden.

Auch Santorin hat sein Mysterium: In den teilweise von Erdbeben zerstörten, teilweise auch völlig intakt vom Aschenregen zugedeckten Gebäuden fand man keine Skelette; was auch immer zum Vorschein kam, es scheint sich um eine verlassene, aufgegebene Stadt gehandelt zu haben. Wurden die Bewohner der Insel etwa durch eine Serie kleinerer Beben, durch ein Rumoren in der Tiefe vor der drohenden Katastrophe gewarnt? Blieb ihnen das Schicksal der Menschen von Pompeji deshalb erspart, weil sie früh genug die Flucht übers Meer ergreifen konnten? Und wenn das so war: Wohin führte sie ihre Flucht?

Bis heute gibt es auf all diese Fragen keine klaren Antworten.

Der Dodekanes: Rhodos, Kastelorizo, Patmos, Kos, Kalimnos

Rhodos ist das wirtschaftliche Zentrum, ist die größte, die bekannteste Insel dieser Gruppe. Die schönste dieser Inseln ist Rhodos gewiß nicht, aber man hat es verstanden, hier nahezu alle Möglichkeiten zu nutzen, den Fremdenverkehr in Schwung zu bringen. Knapp 150000 Menschen bevölkern heute den Dodekanes (der, anders als der Name ‹Zwölfinseln› es vermuten läßt, weit mehr als nur zwölf Inseln umfaßt), und rund die Hälfte von ihnen lebt auf Rhodos.

Wieder war es die geographische Lage, die diese Insel schon in alter Zeit zu einem blühenden Zentrum der Seefahrt und des Handels werden ließ. Wenn zu den Reizen von Rhodos heute diese eigentümliche, farbige Mischung orientalischer und lateinisch-westlicher Elemente gehört, so ist das vor allem hierauf zurückzuführen. Byzantinische Mauern, venezianische Paläste, eine Moschee, ein antikes Amphitheater, Ruinen aus mikenischer Zeit – auf Rhodos sind, wie in einem gigantischen Freilichtmuseum, dreieinhalb Jahrtausende Weltgeschichte ausgestellt. Das vorherrschende Element ist, zur Überraschung vieler Besucher, das mittelalterliche. Nach der Eroberung der Insel durch die Türken 1523 verfielen zahllose mittelalterliche Bauten, unter ihnen einige der schönsten gotischen Baudenkmäler, die es in Europa gab. Den Italienern, die seit 1912 über den Dodekanes herrschten, ist es zu verdanken, daß viele der Ruinen wieder aufgebaut und sorgsam restauriert wurden. Die Inselhauptstadt gehört mit ihren 65 000 Einwohnern zu den größten Städten Griechenlands überhaupt – und demzufolge darf der Besucher hier nicht allzuviel Beschauliches erwarten. Der Ort ist längst nicht mehr jene mondäne ‹Sommerfrische›, die er einst, vor dem Krieg, gewesen ist, als Rhodos – wie der gesamte Dodekanes – noch zu Italien gehörte. Die Insel bietet den Pauschaltouristen – und auf deren Erwartungshaltung ist sie in erster Linie zugeschnitten – eine Vielzahl preiswerter, gut funktionierender Hotels und Unterhaltungsmöglichkeiten. Doch auch für jene, die im Urlaub gern das Geld mit vollen Händen ausgeben, ist gesorgt: Auf Rhodos gibt es einige vorzügliche Luxushotels und ein Spielcasino.

Ruhiger geht es in Lindos zu, dem zweiten Fremdenverkehrszentrum der Insel: Hier, in diesem malerischen Hafen, herrscht noch echte Inselatmosphäre. Die hoch über dem Meer thronende Akropolis von Lindos übrigens genießt unter vielen Freunden der Archäologie den Ruf, zu den bemerkenswertesten, harmonischsten Baudenkmälern der Antike zu gehören.

Rhodos ist in keiner Hinsicht typisch für die Inselgruppe, deren wirtschaftliches Zentrum es bildet. Der Dodekanes ist wenig fruchtbar, seine Inseln haben am wirtschaftlichen Aufschwung Griechenlands während der vergangenen Jahrzehnte nur geringen Anteil gehabt und sind daher von der Emigration besonders stark betroffen.

Ein Eiland wie *Kastelorizo,* im vergangenen Jahrhundert noch ein bedeutendes Schiffahrtszentrum mit nahezu 20000 Einwohnern, zählt heute weniger als dreihundert Menschen. Zahllose Gebäude stehen leer, verfallen nach und nach zu Ruinen. Abgesehen von Meeresfrüchten sind die Menschen auf Kastelorizo fast vollständig von der Versorgung mit frischen Lebensmitteln aus Rhodos abhängig – und dieses Rhodos, die nächstgelegene Insel, ist immerhin sieben Stunden Seereise entfernt! So abseits liegt Kastelorizo, daß es auf den meisten griechischen Landkarten gar nicht verzeichnet ist. Während der dreißiger Jahre erlebte die Insel noch einmal eine unverhoffte Blüte. Ihr Hafen wurde zum Flughafen – so kurios das klingen mag: Hier machten auf dem Weg in den mittleren Osten die großen Wasserflugzeuge der internationalen Fluggesellschaften Station; die Insel war in jenen Jahren mit anderen Ländern enger verbunden als jeder andere Ort in Griechenland. Auf alten Fotografien, die heute im kleinen Museum von Kastelorizo ausgestellt sind, sieht man die emsige Betriebsamkeit jener Tage um den oft mit fünf, sechs Wasserflugzeugen gefüllten Hafen. Doch mit dem Ende der Ära dieser Verkehrsmittel war auch die Renaissance dieser kleinen Insel vorbei.

Ähnlich erging es den meisten anderen Inseln des Dodekanes: Wo nach dem Ende des Zweiten Weltkrieges nicht der Tourismus in Gang kam, blieb die Zeit stehen. Über nennenswerten Fremdenverkehr verfügen bis heute allein *Patmos* und *Kos*. Vielen Griechenlandreisenden gilt Patmos als die schönste Insel überhaupt; einigen wir uns darauf, daß sie gewiß in die engere Wahl kommt, wenn man sich auf die Suche nach diesem Superlativ begibt; eine Suche, die – wenn sie denn unvermeidlich ist – ein jeder für sich selbst anstellen sollte und, bitte, ganz ohne missionarische Ambitionen! Der Inselliebhaber muß sich nämlich nicht nur darauf gefaßt machen, daß andere seiner Wahl energisch widersprechen und ein jeder die Vorzüge ‹seiner› schönsten Insel aufzuzählen weiß – auch sollte er bedenken, daß jede neu entdeckte Insel das Zeug dazu hat, die alten Werturteile aufzuheben. Man tut also gut daran, sich seiner Lieblingsinsel nicht allzu sklavisch zu verschreiben, sondern sie gelegentlich dem Wettbewerb mit anderen, noch unbekannten Eilanden auszusetzen.

Patmos, soviel ist sicher, bietet einige jener Ingredienzien, die zum Superlativ ‹schönste Insel› wohl unverzichtbar dazugehören, in reinster Form: eine Landschaft von großer Natürlichkeit und Milde, klares Wasser, berauschende Ausblicke über Land und Meer, eine bezaubernde mittelalterliche Stadt – und vieles mehr.

Die Insel ist heute ein bedeutendes Zentrum der griechischen Orthodoxie. Hier hat, so sagt die Überlieferung, der Apostel Johannes das Buch der Apokalypse niedergeschrieben; das größte Kloster der Insel trägt seinen Namen. Um ein Haar übrigens hätte Patmos das gleiche Schicksal erlebt wie der Berg Athos auf der nordgriechischen Halbinsel Chalkidiki: In den vergangenen Jahrhunderten gab es mehrfach starke

Bestrebungen, diese Insel – wie Athos – zu einer Mönchsrepublik, einem halbautonomen Kirchenstaat zu machen. Daraus wurde nichts. Patmos ist – glücklicherweise – auch der weiblichen Welt erhalten geblieben, die ja bis heute keinen Fuß auf die ‹heiligen› Felsen des Athos setzen darf. Überdies herrscht auf Patmos eine Atmosphäre, die gänzlich der auf dem Athos entgegengesetzt ist: dort Weltabgewandtheit, Askese, düstere Jenseitsbeschwörung; hier hingegen Weltoffenheit, Natürlichkeit, Toleranz – durch das in einer mittelalterlichen Burg untergebrachte Kloster weht gewissermaßen ein frischer Wind. Wer sich mit der Rolle der Orthodoxie im heutigen Griechenland auseinandersetzen will, mit jenen unendlichen Schwierigkeiten dieser Kirche, ihren Weg in der modernen Welt zu finden, der sollte Patmos nicht auslassen; er wird hier manches sehen und hören, was das Bild einer weltfeindlichen, ganz aufs Jenseits konzentrierten und irdischen Realität entrückten Kirche korrigieren kann.

Kos, eine der mit seinen fast 17000 Einwohnern meistbevölkerten Inseln des Dodekanes, ist mit dem Namen und dem Erbe des Hippokrates verbunden – jenes Arztes der Antike, der den Medizinern von heute (unter anderem) ihr Berufsgelöbnis hinterließ. Wenn es nach Christiaan Barnard geht, einem anderen zeitgenössischen Medizinpionier, dann wird Kos in den achtziger Jahren einen gewaltigen Aufschwung nehmen: Die auch heute schon von den Segnungen des Fremdenverkehrs recht kräftig profitierende Insel soll zum Standort eines großen medizinischen Zentrums werden. Der südafrikanische Herzspezialist will hier eine Klinik einrichten, will Sanatorien und ein Kongreßzentrum bauen. Mit ihren reichen, natürlichen Ressourcen und ihrer reizvollen Landschaft bietet die Insel wohl alle Voraussetzungen, zu einer Hochburg des Fremdenverkehrs, vielleicht auch des von Barnard anvisierten ‹Gesundheitstourismus› zu werden. Kos gehört zu den fruchtbarsten Inseln dieser Region; auf seinen Böden gedeihen Orangenbäume ebenso wie Melonen, Trauben, Tabak und Tomaten, dazu die ganze Palette des griechischen Gemüsesortiments.

Einer Meeresfrucht ganz besonderer Art verdankt die Insel *Kalimnos* einige Berühmtheit: Sie ist die traditionelle Heimat der Schwammtaucher; womit nicht gesagt sein soll, daß allein die Männer von Kalimnos in den vergangenen Jahrhunderten diesen gefährlichen Broterwerb betrieben haben: Auch Limnos und Leros, Kos und Simi, sogar Ägina, Poros und Hydra waren früher Zentren der Schwammfischerei. Mittlerweile sind die Erträge in den heimischen Gewässern so weit zurückgegangen, daß die Taucher bis vor die nordafrikanischen Küsten fahren müssen. Meist sind es drei, vier oder fünf Männer, die gemeinsam auf ihrem Boot hinausfahren. An der alten Technik des Handwerks hat sich kaum etwas geändert: Der Schwamm will gepflückt werden – ein trotz moderner Tauchhilfen immer noch hochgefährliches Geschäft.

Auf nahezu allen griechischen Inseln, selbst im Stadtzentrum von Athen gibt es die fliegenden Händler mit ihren Naturschwammkollektionen. Touristen rümpfen gelegentlich die Nase angesichts der hohen Preise, die für dieses Meeresgewächs verlangt werden, das in punkto Ebenmäßigkeit mit den Synthetikschwämmen nicht mithalten kann. Doch Schaumgummi macht eben noch keinen Schwamm, und auch ein noch so hoher Preis steht in kaum einem Verhältnis zu den Risiken, die mit dem Schwammtauchen verbunden sind.

Wie seit Jahrhunderten, so finden auch heute noch auf Kalimnos zweimal im Jahr die traditionellen Feste der Schwammtaucher statt: eines im Frühjahr, wenn sie ausfahren, das andere im Herbst, nach ihrer Rückkehr. Für die Wirtschaft der Insel spielt das Schwammtauchen freilich längst nicht mehr jene Rolle wie früher. Seit den fünfziger Jahren sind hier die Erträge, wie überall in der Ägäis, deutlich zurückgegangen. Mit der Verbreitung des Kunstschwammes ist das Naturprodukt fast gänzlich zum Souvenir degradiert worden.

Die östliche Ägäis: Lesbos, Chios, Samos

Der Blick auf die Landkarte läßt keine Zweifel zu: diese drei Inseln gehören geologisch zu Kleinasien, sind Ausläufer der anatolischen Gebirge. Dieser unbestreitbare Umstand birgt eine Menge politischen Zündstoffes: Den Türken ist seit jeher nicht wohl bei dem Gedanken, so unmittelbar vor ihrer Küste gleich drei große, dichtbesiedelte griechische Brückenköpfe zu wissen. Im Vertrag von Lausanne wurde 1923 bestimmt, daß diese drei Inseln demilitarisiert bleiben müssen – seither beobachten die Türken voller Argwohn, ob sich die Griechen auch an die Buchstaben des Vertrages halten. Die ihrerseits sehen diese drei Außenposten in ständiger Gefahr. Insbesondere seit der türkischen Zypern-Invasion von 1974 gibt es in Griechenland neue Ängste: Die Türkei, so fürchtet man, könnte im Falle eines neuen Konfliktes nun auch Landeoperationen auf diesen Inseln unternehmen. So gänzlich absurd sind diese Sorgen wohl nicht: Während der letzten Jahre gab es aus dem Munde einiger radikaler türkischer Politiker Äußerungen, die darauf hinauslaufen, eigentlich sei es doch ein Unding, daß die Einfahrt zum türkischen Kriegshafen Izmir von griechischen Inseln flankiert sei.

Doch seit der Rückkehr Griechenlands in die militärische Integration der NATO hat sich das Verhältnis zwischen beiden Ländern deutlich entspannt, und dies nehmen die Menschen aus Lesbos, Chios und Samos mit Erleichterung zur Kenntnis.

Die Nähe zum kleinasiatischen Festland schlägt sich auf diesen drei Inseln in vielfältigen Formen nieder – zunächst einmal ganz wörtlich: als Regen nämlich. Die Niederschlagsmengen liegen hier deutlich über jenen der restlichen Ägäis, und das Naß verhilft diesem Inseldreigestirn zu einer vergleichsweise üppigen Vegetation. Aber es gibt natürlich auch eine Vielzahl architektonischer und folkloristischer Einflüsse vom nahen Festland. Die Baumeister der ostägäischen Inseln verwenden vielfach typisch orientalische Muster. In der Volkskunst lassen sich mühelos türkische, ja sogar persische Elemente aufspüren. Gleiches gilt für das Brauchtum. Jene literarische Tradition übrigens, die im 6. Jahrhundert v. Chr. auf Lesbos mit der Sappho begann, ist bis heute ungebrochen – zur modernen griechischen Literatur trägt gerade Lesbos in besonderem Maße bei. Hier schließlich ist auch die Heimat des griechischen Lyrikers Odysseas Elytis, der 1979 mit dem Literatur-Nobelpreis geehrt wurde.

Mitilini, die Inselhauptstadt, liegt an der Ostküste – dem türkischen Festland gegenüber. Damit ist auf den ersten Blick klar, wohin sich diese Insel – wie auch ihre Nachbarn, wie schließlich auch Rhodos – in den vergangenen Jahrtausenden orientierte. Ihre ersten Siedler waren Angehörige jener Volksgruppe, die das antike Troja gründeten. Lesbos war immer der kleinasiatischen Küste zugewandt, und so traf die Vertreibung der Griechen aus Kleinasien im Jahre 1922 diese Insel besonders hart – mit der ‹kleinasiatischen Katastrophe› verlor sie schlagartig ihr Hinterland.

Von der einstigen wirtschaftlichen Bedeutung und der politischen Größe der Insel ist nicht viel geblieben. Ihrem klangvollen Namen verdankt sie einigen Fremdenverkehr, aber eine ausgesprochene Touristeninsel ist Lesbos dennoch nicht geworden.

Ist *Chios* wirklich die Insel des Homer? Die Chioten sind sich dessen seit jeher sicher. Doch den Fremden muß verwirren, daß gleich sechs andere Städte, nämlich Smirna, Kolofon, Salamis, Rhodos, Argos und

Athen, diesen Ruhm für sich in Anspruch nehmen. Fest steht, daß auch Chios, wie das benachbarte Lesbos, in der Antike eine bedeutende Lyrikertradition hatte. Wie alle der kleinasiatischen Küste vorgelagerten Inseln entwickelte sich auch Chios in enger Verbindung mit dem alten Ionien. Und heute profitiert die Insel, mehr noch als ihre Nachbarn, von den meteorologischen Konsequenzen ihrer geographischen Lage: Chios ist ein einziger, duftender Blumengarten. Doch ihren Reichtum bezieht die Insel heute, wie in alter Zeit, aus der Seefahrt. Chios ist die Heimat unzähliger der großen Reederfamilien; und wenn auch die meisten Tycoons längst ausgewandert sind und ihre Flotten aus den Büros in New York, London oder Singapur dirigieren, so hat doch die auf Chios zurückgebliebene Verwandtschaft immer noch reichen Anteil an den Millionengewinnen. Das übrigens gilt nicht allein für diese Insel: Wenn immer es darum geht, eine neue Kanalisationsleitung zu legen, die Straßenbeleuchtung zu verbessern oder das örtliche Krankenhaus mit moderner Technik zu versorgen, lassen sich die ‹reichen Onkel› im Ausland selten lumpen. Auf so mancher griechischen Insel haben sich reiche Emigranten uneigennützig Denkmäler gesetzt, indem sie ihrem Heimatort zu einer Bibliothek, der Dorfkirche zu einer Renovierung oder der Hauptstraße zu neuen Neonlampen verhalfen.

Chios liegt acht Kilometer vor der kleinasiatischen Küste. Im Befreiungskrieg gegen die türkischen Besatzer Anfang des 19. Jahrhunderts zahlten die Chioten einen bitteren Tribut: Mehr als 25000 von ihnen wurden von den osmanischen Soldaten ermordet, 50000 Frauen und Kinder verschleppt. Delacroix hat das Massaker von Chios in seinem berühmten Gemälde festgehalten; eine Kopie des Bildes hängt übrigens heute im Museum von Chios. Diese drastische Darstellung des Massenmordes von Chios lenkte die Aufmerksamkeit vieler Westeuropäer erstmals auf die Geschehnisse während der griechischen Revolution und löste eine breite Welle der Sympathie und Anteilnahme aus.

Wo Chios sich – nicht ganz unumstritten freilich – rühmen darf, einen Homer hervorgebracht zu haben, da wartet der Nachbar *Samos* gleich mit zwei unzweifelhaft hier geborenen Berühmtheiten auf: dem Mathematiker Pythagoras und dem Astronom Aristarch, jenem Mann, der schon im 4. vorchristlichen Jahrhundert die Sonne zum Zentrum des Kosmos erklärte.

Wie kaum eine andere griechische Insel hat sich Samos gegen die türkischen Eroberer zur Wehr gesetzt. Während die meisten übrigen

Ägäisinseln bis 1912 unter türkischer Herrschaft blieben, gestand der Sultan den Samioten schon 1832 völlige Autonomie zu. Unter dem Regiment des (von Friedrich Schiller später literarisch verewigten) Polykrates entstanden auf Samos in den Jahren zwischen 530 und 520 v. Chr. drei der technisch beeindruckendsten Bauten der Antike: jene große Hafenmole, die von lesbiotischen Sklaven errichtet wurde, der Heratempel, ein unter Polykrates begonnener, allerdings nie fertiggestellter gigantischer Bau, und schließlich der Tunnel durch den Astipaläahügel. Dieses Bauwerk sollte die Inselhauptstadt nicht nur mit Wasser aus den Bergen versorgen – es sollte ihren Bewohnern im Falle einer feindlichen Belagerung auch als Fluchtweg zur Verfügung stehen. Wie die ausgegrabenen Reste der Hafenmole und die Ruine des Heratempels, so ist auch dieser Tunnel heute noch zu besichtigen. Zwei Meter im Durchmesser und insgesamt einen Kilometer lang, wurde mit seinem Bau von beiden Seiten des felsigen Hügels gleichzeitig begonnen. Mit solcher Präzision gingen die Baumeister der Antike zu Werke, daß die Bautrupps auf halbem Wege, tief unten im Fels, nahezu exakt aufeinandertrafen – die Differenz betrug kaum drei Meter; ein für die damalige Zeit unerhört präzises Unternehmen.

Mit einiger Sicherheit birgt die Erde von Samos auch heute noch eine ganze Reihe unentdeckter Sensationen aus klassischer Zeit; den Palast des Polykrates haben die Archäologen bisher nicht gefunden; auch das riesige Gelände des Hera-Heiligtums ist noch längst nicht in seiner ganzen Ausdehnung freigelegt, obwohl hier seit nun mehr als siebzig Jahren systematisch gegraben wird – unter maßgeblicher Beteiligung des Deutschen Archäologischen Instituts in Athen übrigens.

Weinberge, Kiefernwälder und endlose Olivenhaine machen Samos zu einem kleinen, grünen Paradies. Manche Botaniker behaupten, keine andere griechische Insel, auch nicht das üppige Korfu, habe eine solche Fülle verschiedenster Pflanzenarten zu bieten. Schon die Römer übrigens gewannen dem fruchtbaren Samos viel ab. Marc Anton hat hier, gemeinsam mit seiner Kleopatra, eine Reihe opulenter Feste veranstaltet; auch sein Gegenspieler Octavian, der spätere Kaiser Augustus, bevorzugte Samos als Urlaubsort.

Nordägäische Inseln: Limnos, Samothraki, Thassos

Limnos ist eine Insel zum Faulenzen: Die weiten Sandstrände laden ein zum Schwimmen und Sonnenbaden, und glücklicherweise gibt es recht wenige Sehenswürdigkeiten aus antiker Zeit, deren Besichtigung der Reiseführer nahelegen könnte; so ist dafür gesorgt, daß Müßiggang auf Limnos guten Gewissens betrieben wird. Der Besucher erfüllt sein Bildungssoll vollauf, wenn er in den einschlägigen Büchern die bewegte mythologische Vergangenheit dieser Insel nachliest – eine Lektüre, die kurzweilig und amüsant ist.

Die Nähe zu den nordgriechischen Zentren Thessaloniki und Kavala macht Limnos zu einem beliebten Ferienziel für griechische Familien aus jener Region. Auch bei ausländischen Besuchern steht die Insel mittlerweile recht hoch im Kurs, ohne jedoch bislang überfüllt zu sein. Mirina, die Inselhauptstadt, von Athen während des Sommers mehrmals täglich per Flugzeug zu erreichen, zeigt zwar schon Erosionserscheinungen infolge des Touristenstroms, doch die anderen Orte auf Limnos sind weitgehend das geblieben, was sie immer waren: liebenswert verschlafene Nester, in denen der Urlauber nicht ständig fürchten muß, auf seinesgleichen zu treffen.

Samothraki ist, anders als das benachbarte Limnos, ein Paradies für die Archäologen. Jene Statue der Siegesgöttin Nike, die heute am Eingang des Pariser Louvre zu bewundern ist, stammt von hier; 1860, damals war Samothraki noch unter türkischer Herrschaft, brachten französische Archäologen die Statue mit Genehmigung des Sultans außer Landes; einer jener zahllosen Fälle, in denen die türkische Besatzungsmacht mit dem Ausverkauf des klassischen hellenischen Erbes gutes Geld verdiente.

Seit dem 7. vorchristlichen Jahrhundert war Samothraki der Schauplatz bedeutender Kulthandlungen zu Ehren der thrakischen Erd- und Fruchtbarkeitsgottheiten; im Ausgrabungsgebiet nahe der Stadt Paläopolis finden sich zahllose Funde aus jener Epoche.

In jüngster Vergangenheit gehörte Samothraki zu jenen Inseln, auf denen während der siebenjährigen Obristendiktatur politische Häftlinge festgehalten wurden. Wie auf der ostägäischen Insel Leros und der berüchtigten Haftinsel Jaros, so wurde auch hier auf Samothraki ein Gefängnis eingerichtet, für das sich das Wort ‹Konzentrationslager› wohl nur deshalb verbietet, weil dieser Terminus den sich jedem Vergleich entziehenden Vernichtungslagern der Nationalsozialisten vorbehalten bleiben sollte.

Reich an Funden aus alter Zeit ist auch *Thassos,* die der nordgriechischen Küste am nächsten vorgelagerte Insel; mit dem Fährschiff sind es von hier kaum eineinhalb Stunden Fahrt zur Hafenstadt Kavala. Doch während sich Samothraki bescheiden, fast ärmlich gibt, präsentiert sich Thassos reichlich mondän. Das eigentliche ‹Markenzeichen› dieser Insel sind ihre üppigen Kiefernwälder; Thassos ist eine fruchtbare Insel: fruchtbarer als das ihr gegenüberliegende Festland und die Nachbareilande. Ihren Reichtum während der klassischen Epoche verdankte sie vor allem den Bodenschätzen: Auf Thassos wurden Gold und Silber abgebaut. Heute hoffen einige Einwohner von Thassos auf eine Neuauflage des damaligen Goldrausches: Nicht weit vor der Küste ihrer Insel wird seit einigen Jahren nach Erdöl gesucht. Inzwischen wurden die Experten fündig: Seit Anfang 1981 sprudelt aus dem Prinosfeld vor Thassos das erste griechische Rohöl. Noch sind es kaum 10% des griechischen Jahresbedarfs, die hier gewonnen werden, doch auch an anderen Stellen in der nördlichen Ägäis vermutet man Ölvorräte. Auf der Insel selbst hat sich das Ölgeschäft allerdings bisher kaum bemerkbar gemacht – die Suche und Förderung wird vorwiegend von Kavala aus betrieben und hat dort für neue Betriebsamkeit gesorgt. Thassos dürfte das zweifelhafte Schicksal eines Öl-Dorados auf absehbare Zeit erspart bleiben.

Die nördlichen Sporaden: Skiathos, Skopelos, Skiros

Seine Sandstrände sind es, die *Skiathos* zu einem Ferienparadies gemacht haben. Es gibt deren, rund um diese nur 48 Quadratkilometer große Insel, nach Zählungen intimer Kenner immerhin 67; die meisten von ihnen sind allein mit dem Boot vom Wasser her zu erreichen, und der berühmteste – in der Bucht von Koukounariès – ist längst nicht der schönste. Seit einigen Jahren schon ist Koukounariès mit der etwa 15 Kilometer entfernten Inselhauptstadt durch eine gut ausgebaute Autostraße verbunden – die einzige auf der Insel. Seither haben sich in der malerischen Bucht gleich zwei große Hotels niedergelassen, und während der Sommermonate ist dieser langgezogene, sichelförmige Strand, der unmittelbar in einen dichten Pinienwald übergeht, gut gefüllt. Doch die Betriebsamkeit konzentriert sich ganz auf die Hotelstrände längs dieser Autostraße und den Hauptort selbst. Nahezu menschenleer hingegen sind die Strände im Norden und Westen der Insel. Um sie zu erreichen, ist allerdings ein eigenes oder gemietetes Boot erforderlich.

Wem der Sinn nach Sonne, Sand und See steht, der ist auf Skiathos gut aufgehoben. Während es in den Monaten Juli und August auf Skiathos relativ eng zugeht, darf der Reisende im Frühjahr und Herbst darauf hoffen, von den unerfreulichen Seiten des Massentourismus weitgehend verschont zu bleiben.

An Sandstränden nicht viel ärmer, aber eher noch fruchtbarer als das ohnehin schon über und über grüne Skiathos ist die größere Nachbarinsel *Skopelos*. Während Skiathos schon vor vielen Jahren zum bevorzugten Refugium insbesondere britischer Griechenlandfreunde wurde, wartet die Schwesterinsel Skopelos noch auf den großen Ansturm. Folglich sind die Pensionen einstweilen einfach und preiswert, und während in den Gassen von Skiathos längst überwiegend mit Andenken, Antiquitäten und französischer Haute Couture gehandelt wird, sind auf Skopelos die Schuhmacher, Schneider und Krämer noch an ihrem angestammten Platz. Was dem Besucher, der vom acht Kilometer entfernten Skiathos herüberkommt, gleich auffällt: Anders als dort, wo die Dächer mit roten Tonziegeln gedeckt sind, verwendet man hier grauen Schiefer. So ist dafür gesorgt, daß auch hier, wie überall in der griechischen Inselwelt, Verwechslungen ausgeschlossen sind.

Das gilt zumal für *Skiros*, diese felsige, karge Ausnahme im fruchtbaren Kreis der Sporaden. Meteorologisch gehört Skiros eigentlich zu den Kikladen; wie diese bekommt die Insel recht wenig Regen ab, und wie dort, so sind auch hier die Felsen von den Winden kahlgefegt. So folgt denn auch die Architektur auf Skiros dem Kikladenmuster: Statt, wie auf den anderen Sporadeninseln, ihre Häuser mit Giebeldächern vor dem kräftigen Winterregen zu schützen, sammeln die Baumeister auf Skiros die spärlichen Niederschläge nach Kikladenart auf den als Zisternen dienenden Flachdächern ihrer Würfelhäuser.

Die Ionischen Inseln: Korfu, Kefalonia, Ithaka, Sakinthos

Zum Kosmos der griechischen Inselwelt gehören sie dazu, die Ionischen Inseln. Und doch sind sie eine Welt für sich. Wie breit die Palette des kulturellen Erbes im heutigen Griechenland ist, wie vielfältig seine

Wurzeln, das offenbart sich jedem, der etwa Korfu mit Kreta, Ithaka mit Ios oder Lefkas mit Limnos vergleicht.

Über mehr als fünf Jahrhunderte gehörten die Inseln im Ionischen Meer zu Venedig; sie waren der Welt verbunden zu einer Zeit, da das griechische Festland und die Inseln der Ägäis von nahezu allen geistigen und politischen Einflüssen von außerhalb des ganz auf sich selbst konzentrierten osmanischen Reiches abgekapselt waren. Hier, auf den Ionischen Inseln, erlebte die griechische Dichtkunst, die Literatur ihre Renaissance, als andernorts in Hellas kaum jemand des Lesens kundig war.

Als die Ionischen Inseln 1864 endlich von den Briten geräumt und dem Königreich Griechenland einverleibt wurden, repräsentierten sie den damals entwickeltsten Teil des neuen Staates: Verkehrswege, Bildungswesen und Wirtschaft der Ionischen Inseln waren dem griechischen Festland um einiges voraus.

Korfu war bis zum Zweiten Weltkrieg für die meisten Griechenlandreisenden aus Europa die erste Station in Hellas: Die Dampfer aus Bari oder Brindisi, Ancona oder Venedig pflegten die Meerenge zwischen der Insel und dem albanischen Festland zu durchfahren, um in Korfu und Igoumenitsa anzulegen, von wo die Reise weiterging über Patras nach Piräus. Schon in der Antike übrigens war Korfu Ausgangs- und Endpunkt für Schiffsreisen zwischen Hellas und Italien – von hier aus hatten die alten Seefahrer nur noch etwa hundert Kilometer offenes Meer bis zur italienischen Küste zu überqueren. Die traditionellen Handelsverbindungen zum italienischen Festland und ein halbes Jahrtausend venezianischer Herrschaft haben Korfu geprägt. Ganz und gar ungriechisch ist die Architektur dieser Insel: Sie folgt italienischen Baumustern, da und dort begegnet man auch Bauten aus der Zeit der britischen Besatzung. Auch französische Elemente sind unübersehbar: Sie stammen aus den kurzen Jahren der Franzosenherrschaft während der napoleonischen Kriege. Was von der Baukunst jener Epochen – der venezianischen, französischen und britischen – heute noch steht, ist beeindruckend genug und doch wohl nur ein Abglanz dessen, was auf Korfu noch vor dem Zweiten Weltkrieg zu bewundern war; denn insbesondere die Altstadt der Inselhauptstadt litt schwer unter den Bomben und Granaten der deutschen Eroberer.

In seiner Vegetation entspricht Korfu nicht gerade dem gängigen Bild der sonnenverbrannten griechischen Insel: Es ist ein einziger duftender Garten aus Blumen, Fruchtbäumen und dichten Wäldern. Wasser, auf den meisten griechischen Inseln ein kostbares Gut, hat Korfu im Überfluß. Die nahen Gebirge des griechischen und albanischen Festlandes und auch die fast tausend Meter hohen Gipfel der Insel selbst sorgen dafür, daß der Regen reichlich fällt – Korfu ist die niederschlagsreichste Insel Griechenlands. Aber auch die politische Vergangenheit Korfus hat, so kurios das klingen mag, zur reichen Flora der Insel beigetragen: Dank der venezianischen Besatzung blieb Korfu die Türkenherrschaft erspart – und also auch jener Raubbau, unter dem die Wälder im restlichen Griechenland so arg zu leiden hatten.

Das einstige britische Protektorat (1815 bis 1864) entwickelte sich insbesondere während der Jahre zwischen den Weltkriegen zu einem bevorzugten Urlaubsparadies der englischen Gesellschaft. Diese Tradition ist bis heute ungebrochen: Korfu zieht mehr britische Urlauber an als jede andere griechische Insel. Zwei von drei Feriengästen, die in Korfu aus dem Flugzeug steigen, kommen aus dem Vereinigten Königreich; andernorts in Griechenland stellen die Briten hingegen ‹nur› 15 bis 20% der Touristen – was sie jedoch immerhin zur Urlaubernation Nummer eins in Hellas macht.

Obwohl Korfu heute übers Jahr nahezu die zehnfache Zahl seiner Einwohner als Sommergäste beherbergt, findet, wer die Hauptstraßen verläßt, im Landesinnern zahlreiche vom Fremdenverkehr noch nicht vereinnahmte, ruhige Gegenden. Der große Rummel konzentriert sich ganz auf die Orte an der Ostküste, die mit der Hauptstadt durch eine gut ausgebaute Autostraße verbunden sind. Doch selbst die Stadt Korfu hat von ihrem ursprünglichen Charakter trotz der alljährlichen Touristeninvasion recht wenig eingebüßt – dies unterscheidet Korfu wohltuend von Griechenlands betriebsamster Ferieninsel Rhodos. Wie die Blumeninsel im Dodekanes übrigens bietet auch Korfu seinen Gästen Gelegenheit, Geld auf andere als nur die übliche Art loszuwerden (oder zu verdienen): Auch hier gibt es ein Spielcasino.

Der Fremdenverkehr ist heute die Haupteinnahmequelle der Korfioten, doch ihren traditionellen Broterwerb haben sie deshalb nicht aufgegeben. Korfu ist die Oliveninsel. Mit ihren 592 Quadratkilometern beansprucht die Insel rund 0,4% des griechischen Bodens – doch verfügt sie immerhin über 3% des nationalen Bestandes an Olivenbäumen: etwa drei Millionen von insgesamt hundert Millionen. Oder ein anderes Zahlenspiel: Während statistisch gesehen auf jeden Griechen elf Olivenbäume ‹entfallen›, hat es der Korfiote gleich mit dreißig dieser Gewächse zu tun. Manche Ölbauern aus anderen Winkeln Griechenlands allerdings rümpfen über ihre korfiotischen Kollegen gern die Nase: Auf Korfu, so sagen sie, fließe das Öl zwar in Strömen, doch sei die Qualität – vor allem wegen des zu feuchten Klimas – höchst bescheiden. (Dem Fremden sei bei dieser Gelegenheit geraten, sich in solche Händel nicht einzumischen – er tut gut daran, jeweils das Öl jener Region zu loben, in der er sich gerade befindet.)

Was den Oliven offenbar nicht bekommt, ist für einen anderen Zweig der Landwirtschaft auf Korfu von Vorteil: Dank reichhaltiger Niederschläge und saftiger Wiesen haben die Korfioten beizeiten mit der Viehhaltung begonnen. So steuert die Insel heute zur Fleischerzeugung Griechenlands einen überproportionalen Anteil bei und liefert auch eine ganze Reihe von Milchprodukten, die im übrigen Griechenland eher Mangelware sind.

Die Spuren der venezianischen Vergangenheit finden sich auch auf *Kefalonia,* der größten der Ionischen Inseln; doch sie sind hier weit weniger zahlreich als auf Korfu. Das große Erdbeben, das im Jahre 1953 die Insel völlig verwüstete, hat nahezu alle alten venezianischen Bauten zum Einsturz gebracht. Allein in dem kleinen Hafenort Fiskardon im Norden der Insel gibt es noch einige gut erhaltene Häuser aus venezianischer Zeit. In der Inselhauptstadt Argostoli hingegen finden sich, längs der Hauptstraße, nur noch drei, vier wiederhergerichtete Wohnhäuser aus jener Epoche; sie geben immerhin einen Eindruck davon, wie prachtvoll diese Stadt vor dem Beben ausgesehen hat. Das heutige Argostoli ist eine wenig reizvolle Sammlung moderner Zweckbauten undefinierbaren Stils. Gleiches gilt für Sami, jenen Hafen an der Ostküste, den das Fährschiff von Patras aus nach knapp vierstündiger Überfahrt anläuft. Kefalonia ist die Reederinsel im Ionischen Meer – diesem Umstand verdankt sie einigen Wohlstand und den Vorzug, auf das Geschäft mit dem Tourismus nicht angewiesen zu sein. Es dürfte kaum eine griechische Insel geben, deren Bewohner sich so hartnäckig weigern, Land an reiche Rentiers aus dem Ausland oder internationale Hotelkonzerne zu verkaufen. So hat sich trotz berauschend schöner Strände, bewaldeter Berge und üppiger Blütenpracht der Fremdenverkehr auf der größten der Ionischen Inseln bisher kaum entwickelt. Die wenigen Hotels und eine Handvoll Pensionen bieten gerade knapp zweitausend Betten feil – auf dem nur zwei Drittel so großen Korfu sind es immerhin zehnmal so viele.

Das soll nun nicht bedeuten, daß Fremde auf Kefalonia nicht gern gesehen wären – das Gegenteil ist richtig. Jenen wenigen, die kommen, begegnen die Kefaloniten mit großer Herzlichkeit und grenzenloser Hilfsbereitschaft; der Urlauber darf hier sicher sein, daß ihm individuelle Betreuung und nicht Massenabfertigung zuteil wird. Doch dabei soll es auch bleiben. Mit einiger Skepsis beobachten die meisten Kefaloniten die Pläne der Athener Fremdenverkehrsmanager: Die nämlich möchten die Insel zu einem Touristenparadies machen und haben zwecks dessen bereits einen gigantischen neuen Flughafen anlegen lassen. Dennoch: Für die nächsten Jahre dürfte Kefalonia das bleiben, was es ist: ein grünes Gebirge, das aus dem Ionischen Meer aufsteigt; eine Insel, auf der Postkarten noch nicht zum Sortiment der Krämer gehören.

Bekanntschaft sollte man machen mit den Weinen Kefalonias: Die Insel produziert einen der besten trockenen Weißen des ganzen Landes, aber auch die Roten sind von unaufdringlicher Eleganz. Etwas Vorsicht ist hingegen bei den Roséweinen geboten – sie sind gelegentlich recht süß.

Wie Kefalonia, so hat auch die Nachbarinsel *Sakinthos* unter dem Erdbeben von 1953 schwer gelitten, doch sind hier noch zahlreiche Bauten venezianischen Ursprungs erhalten geblieben. Vom großen Kuchen des Griechenland-Tourismus bekommt Sakinthos ein deutlich üppigeres Stück ab als Kefalonia – die Insel fehlt heute in kaum einem Reiseprospekt. Stärker als Kefalonia öffnete sich die Insel auch den geistigen Einflüssen Venedigs. Sie war nicht nur die Heimat des italienischen Dichters Ugo Foscolo – auch die berühmten griechischen Schriftsteller Dionysios Solomos und Andreas Kalvos stammen aus Sakinthos.

Heinrich Schliemann war es, der im Juli 1868 in *Ithaka* an Land ging und sicher war, die Insel des Odysseus gefunden zu haben; andere freilich widersprachen ihm – so Wilhelm Dörpfeld, der das benachbarte *Lefkas* als Heimat des homerischen Helden nannte. Vom Glanz des großen Namens hat Ithaka wenig abbekommen. Der Fremdenverkehr spielt hier so gut wie keine Rolle. In die Schlagzeilen geriet Ithaka in Deutschland vor einiger Zeit, als eine Gruppe deutscher Aussiedler besonderer Art sich an den Gestaden dieser Insel niederließ; Männer, Frauen und Familien aus der Bundesrepublik, die hier den Zwängen des Alltags in der Heimat, dem Stress und dem Karrierestreben zu entkommen hofften. Gemeinsam kauften sie auf Ithaka ein Stück Land und begaben sich (von den meisten Einheimischen mit verständnislosem Kopfschütteln beobachtet) daran, ein alternatives Leben auszuprobieren. Wie viele solcher Expeditionen in eine Welt jenseits der Sachzwänge ist auch das Experiment Ithaka inzwischen gescheitert.

Der Kontinent: Kreta

Kreta fällt in jeder Hinsicht aus dem Rahmen. Die größte griechische Insel ist zugleich auch jene mit dem bedeutsamsten historischen Erbe. Seit Sir Arthur Evans den Palast von Knossos entdeckte, wissen wir, daß hier vor rund viereinhalbtausend Jahren eine einzigartige Hochkultur existiert haben muß, die nicht allein Kunstwerke von Vollendung hervorgebracht hat, sondern offenbar auch über eine äußerst effiziente, ‹moderne› Organisation verfügte.

Doch vielleicht wird man dem Kreta unserer Tage am ehesten gerecht, wenn man seine grandiose Vergangenheit einen Augenblick außer acht läßt. Kreta heute, das ist für die meisten der jährlich rund 300000 Besucher vor allem jene Perlenschnur moderner Hotelburgen, die sich längs der Küstenstraße von Iraklion aus nach Ost und West ausgebreitet hat. Viele Urlauber geben sich damit zufrieden; ihre vermeintliche Bildungspflicht erfüllen sie mit einer Bustour zum nahegelegenen Knossos, manche dringen gar bis zu den Ruinen von Festos vor. Jene, die ihren Urlaub so verbringen, machen freilich kaum Bekanntschaft mit dieser Insel und ihren Menschen. Iraklion zum Beispiel, die größte Stadt und das touristische Zentrum der Insel, bietet kaum kretische Atmosphäre; auch die Küste beiderseits der Stadt ist wenig reizvoll – verglichen mit dem, was andere griechische Inseln und was Kreta selbst andernorts vorzuweisen haben. Nein, für einen Badeurlaub lohnt es sich kaum hierherzukommen.

Das wahre Kreta liegt hoch oben in den Bergen und an der südlichen Küste. Es ist schier aussichtslos, diese Insel ohne eigenes Fahrzeug wirklich kennenzulernen, es sei denn, man verläßt sich ganz auf die zum Teil nur einmal täglich verkehrenden Linienbusse. Die Flucht aus den Touristikzentren – neben der unmittelbaren Umgebung Iraklions gehören dazu vor allem die Orte Rethimnon und Chania im Westen sowie Aghios Nikolaos und Sitia im Osten – empfiehlt sich schon deshalb, weil diese Regionen während der Hauptreisezeit arg überfüllt sein können. Die Südküste der Insel hingegen liegt einstweilen abseits der großen Touristenströme; dies vor allem deshalb, weil sie verkehrstechnisch noch nicht von einer durchgehenden Küstenstraße erschlossen ist.

Einmal auf Kreta, sollte man nicht versäumen, Orte wie Paleochora, Sfakia und die nahegelegene venezianische Burg Frangokastello zu besuchen (Kreta war von 1204 bis 1669 unter venezianischer Herrschaft). Sehenswert, aber natürlich auch gut besucht, sind die berühmte Lassithihochebene mit ihren vielen hundert Windmühlen, die das Wasser aus der Tiefe auf die Felder pumpen, und der Palmenstrand von Vai, ganz im Osten der Insel. Die echten Kreta-Fans kommen übrigens im Winter – dann erwartet die Besucher nicht nur ein überraschend mildes Klima, sondern vor allem Einsamkeit, wo sich in der Hauptsaison die Fremden auf die Füße treten.

Ob Winter oder Sommer: Auf Kreta gibt es eigentlich kein ‹Pflichtprogramm›. Für diesen Inselkontinent gilt: Jede Straße, je schmaler, desto besser, birgt Überraschungen und Begegnungen, immerzu wird man auf Neues, Unerwartetes stoßen. Das Kreta des Alexis Sorbas gibt es noch – es beginnt oft wenige Kilometer abseits der modernen Schnellstraßen. So ist dieses Kreta vor allem eine Insel der schroffen Gegensätze; dies nicht allein in seiner landschaftlichen Gestalt, dieser einzigartigen Komposition aus selbst im Mai noch schneebedeckten Bergen und goldenen Sandstränden, fruchtbaren Ebenen und felsigen Gebirgswüsten. Gegensätze erwarten den Besucher auch, wenn er von seinem Luxushotel nur wenige Kilometer hinauf in die Berge fährt und Dörfer entdeckt, in denen sich seit den fünfziger Jahren nichts ereignet zu haben scheint. Viele der kretischen Bergsiedlungen sind auch heute noch nur auf Eselspfaden zu erreichen. Wer das einsame, das ursprüngliche Kreta sucht, wird es also ohne etwas Mühe, ohne ein Minimum an Initiative nicht unbedingt finden – man mache sich frei von den Ratschlägen der Reiseführer und fahre einfach los, dann wird es schon glücken.

Rund um die Akropolis

Smog über dem Parthenon

Es gibt sie noch, die klaren Tage im Dezember. Die ersten Strahlen der Morgensonne geben dem Parthenon Kontur. Vom Likavitos scheint die Akropolis zum Greifen nah. Weiter hinten: die Frachter und Tanker auf der Reede von Piräus. Die Insel Ägina, eine knappe Stunde Überfahrt entfernt, präsentiert das weiße Band ihrer Strände. Links, das ist Poros. Und dahinter die Berge des westlichen Peloponnes. Hydra schließlich, achtzig Kilometer entfernt, taucht aus dem Dunst des Morgens auf. Athen wie im Reiseführer.

Der Hellasreisende, der an einem Morgen im Juni, Juli oder August den Likavitos über die Serpentinen oder, bequemer, mit der Bergbahn erklimmt, bekommt derlei kaum noch zu sehen. Wer den Fußmarsch wagt, fühlt schon auf halber Höhe den Smog in den Bronchien: Die Luft ist knapp. Auf dem Gipfel angekommen, kann er Athens Problem Nummer eins eindrucksvoll betrachten: Eine dichte graubraune Wolke liegt über der Stadt, hüllt die Akropolis in diffuses Zwielicht; mit einiger Mühe sind die Fabrikschlote von Piräus auszumachen; und dahinter muß irgendwo das Meer sein. Griff in die Tasche: zehn Drachmen für das Münzfernrohr. Aber auch das hilft nicht viel weiter – Athen hat sich wieder einmal eingenebelt.

Athen – der Name steht für hehre Ideale, vor allem aber für blauen Himmel und weißen Marmor. Ende der dreißiger Jahre schrieb Henry Miller über diese Stadt: «... im Sonnenlicht glitzert sie wie ein Diamant!» Die Zeiten haben sich geändert. Der Himmel ist, wenn auch meist unbewölkt, längst nicht mehr postkartenblau; und der Marmor auf der Akropolis zeigt Spuren einer zweifelhaften Zivilisation: Er zerfällt in der abgasgeschwängerten Luft buchstäblich zu Staub. Die Experten haben schon vor einigen Jahren das Übel wissenschaftlich exakt erfaßt und festgestellt: Die Luft über dem Parthenon ist je nach Wetterlage und Windrichtung schmutziger als im berüchtigten Los Angeles. 200000 Tonnen Schwefeldioxyd verseuchen Jahr für Jahr die Atemluft, und wenn nicht ein kräftiger Wind weht, staut sich das giftige Gemisch unweigerlich im Athener Talkessel. Etwa eine Million Autos gibt es in Griechenland, und weit mehr als die Hälfte davon quält sich durch die Straßen Athens. Viertausend Omnibusse verpesten mit ihren Abgasen die staubige Luft in den Häuserschluchten, und im Sommer heizt die Abluft der Klimaanlagen dieses sauerstoffarme Gemisch auf kaum noch erträgliche 35 oder 40 Grad Celsius auf. Ob Fußgänger oder Autofahrer: In Athen braucht man Geduld und im wahrsten Sinne des Wortes einen langen Atem. Der Verkehr bricht viermal am Tag vollständig zusammen. Während die Straßenbauer erst jetzt zögernd beginnen, neue Ausfall- und Ringstraßen, Über- und Unterführungen anzulegen, läßt die Verkehrspolizei nichts unversucht, das Blechgewirr zu entflechten. Tag für Tag ziehen zwei Hundertschaften los, die – bewaffnet mit Schraubenzieher und Kombizange – dem Parkproblem zu Leibe rücken: Falschparkern werden kurzerhand die Nummernschilder abmontiert und erst nach zwanzig Tagen gegen ein saftiges Bußgeld wieder ausgehändigt. Ein solches Fahrverbot trifft ins Herz des griechischen Autofahrers, der den Entzug seiner vier Räder als Amputation, schlimmer noch, als Demütigung empfindet. Daß die Demontagetrupps dennoch nach wie vor reiche Beute machen (jeden Tag rund achthundert Nummernschilder), deutet darauf hin, daß es in der griechischen Hauptstadt in der Tat an legalem Parkraum mangelt.

Um das Athener Verkehrschaos wenigstens etwas zu entwirren, erließ die Regierung 1982 Verkehrsbeschränkungen für die Innenstadt. Werktags von sechs Uhr früh bis vier Uhr nachmittags darf, im täglichen Wechsel, nur jeweils die Hälfte aller Autofahrer ins Stadtzentrum – wer gerade an der Reihe ist, richtet sich nach den Endziffern auf dem Nummernschild. Eine dauerhafte Lösung des Athener Verkehrsproblems steht aber immer noch aus, und es ist zweifelhaft, ob sie je gefunden werden kann. Mehr Wirkung als alle Fahrverbote und Strafexpeditionen der Verkehrspolizei zeigt nach wie vor die Liveübertragung eines Fußballspiels – dann sind die Straßen leer.

Die lauteste Stadt der Welt?

Griechenlands Autofahrer, allen voran die Chauffeure der rund 13 500 Hauptstadttaxis, nehmen die Misere keineswegs gleichgültig hin – obwohl sich seit Jahren nichts geändert hat (außer zum Schlechteren) und Besserung auch nicht in Aussicht ist. Sie kämpfen um jede Handbreit

Straße, und die wichtigste Waffe in diesen Straßenkämpfen ist die Hupe. Rücklichter und Blinker, Scheibenwischer und Rückspiegel sind unwichtig – Hauptsache: Die Hupe funktioniert. Besonderer Beliebtheit erfreuen sich naturgemäß jene kostspieligen Fanfaren, die auf Knopfdruck gleich eine komplette Melodie abspielen – der einschlägige Zubehörhandel hält sie in reicher Auswahl bereit. Auch ein durchgerosteter Auspuff, so wissen die griechischen Autofahrer, leistet beim Fortkommen im Verkehrsgewühl gute Dienste – Geräusch verschafft Respekt. Was die Athener längst ahnten, hat jetzt die Weltgesundheitsorganisation offiziell herausgefunden: Athen, so heißt es, ist die lauteste Stadt der Welt. Das ist eigentlich nicht weiter verwunderlich, wo doch das Volk der Griechen generell eine Passion für Krach hat. Diese zweifelhafte Tradition mag mit dem Redner Demosthenes begonnen haben, der bekanntlich – Kieselsteine im Mund – gegen die Meeresbrandung anschrie, um seine Stimme zu schulen. Andere Zeiten, andere Techniken: Der Erfindung des Transistorradios verdanken auch jene entlegenen Ortschaften den phonmäßigen Anschluß an die Neuzeit, die bisher von den Segnungen des Lärms ausgeschlossen schienen: Batteriegetrieben, sorgte es auch dort für Lärm, wo mangels elektrischen Stroms bis dato die Möglichkeiten begrenzt waren. Kein Zufall auch, daß die Umgebung des Athener Flughafens Ellinikon, wo auch des Nachts die Jets im Minutenabstand landen, zu den bevorzugten Wohngegenden der Hauptstadt zu gehören scheint. Zu besten Hoffnungen für eine laute Zukunft berechtigt übrigens auch die männliche Athener Jugend: Sie scheint ihr Herz an das Motorrad verloren zu haben – ein Fortbewegungsmittel, dessen Lärmpegel manchen Autofahrer vor Neid blaß werden läßt.

Ein Dorf wird Hauptstadt

Daß die Wirklichkeit Athens sich gehörig vom strahlenden Image unterscheidet, ist keine neue Erkenntnis. Als in der ersten Hälfte des vorigen Jahrhunderts namhafte europäische Historiker, Archäologen und Philhellenen aufbrachen, um dem nach vierhundertjähriger türkischer Okkupation nun souveränen Griechenland die Aufwartung zu machen, fanden viele die Stätte ihrer Träume und Sehnsüchte ganz anders vor, als die Geschichtsbücher und Kupferstiche des 18. Jahrhunderts es vermuten ließen. Der österreichische Schriftsteller und Historiker Freiherr von Prokesch-Osten fällte über das Athen des frühen 19. Jahrhunderts das vernichtende Urteil: «... nichts als ein Haufen schmutziger Trümmer!» Der deutsche Archäologe Ludwig Roß, der später daranging, die Propyläen vom Schutt der Jahrhunderte zu befreien, erklärte betroffen: «Man hat Mühe zu glauben, daß man in Athen ist.» Und schon ein rundes Jahrhundert zuvor hatte Richard Chandler, ‹Doktor der Gottesgelehrtheit, Mitglied des Magdalenenkollegium zu Oxford und der Gesellschaft der Alterthümer zu London›, bei einem Besuch in Athen notiert: «Die Häuser sind meistens schlecht und stehen einzeln; die Straßen sind sehr unregelmäßig und waren auch vor alters weder schön noch gleichförmig. Mit Bedauern sieht der Zuschauer die marmornen Ruinen mit armseligen flachdachigen Hütten untermischt und zwischen Steinhaufen hervorragend, traurige Andenken eines edlen Volks!»

Das ‹edle Volk› hatten wohl auch jene vor Augen, die 1833 Athen als die Hauptstadt des neuen griechischen Königreichs propagierten. Der erste König der Hellenen, der aus Bayern importierte Wittelsbacher Otto, war zunächst in der Hafenstadt Nafplion auf dem Peloponnes an Land gegangen und hielt dort provisorisch Hof. Die damals rund fünftausend Einwohner Athens freilich mochten sich mit dieser Lösung nicht abfinden – Athen und nur Athen, so meinten sie, könne die Hauptstadt des neuen Staates sein. Ihr Wunsch traf bei den Philhellenen auf offene Ohren. Zwar gab einer der Berater des neuen Griechenkönigs zu bedenken, ob man nicht lieber Piräus, die Hafenstadt, zur Residenz machen solle – von dort habe die königliche Familie im Falle einer Revolte die besseren Fluchtmöglichkeiten (kein ganz abwegiger Gesichtspunkt, wie sich später zeigen sollte). Aber Otto, gedrängt auch von seinem graecophilen Vater Ludwig I. von Bayern, entschied sich schließlich für Athen.

Die Architekten des Griechenkönigs, wie er Bayern von Geburt, im Herzen aber glühende Philhellenen, begaben sich nun daran, aus der Kleinstadt Athen eine präsentable Hauptstadt zu machen. Als Otto I. am 11. September 1834 in Athen einzog, konnte man ihm immerhin schon eine vom gröbsten Schutt befreite Akropolis bieten – «ich wünschte, mein Vater könnte dies mit eigenen Augen sehen!», soll der junge König voller Rührung gesagt haben. Stiche und Aquarelle aus der ersten Hälfte des 19. Jahrhunderts, von denen einige heute im Benakimuseum an der Vassilissis-Sofias-Avenue zu sehen sind, geben ein anschauliches Bild vom Athen jener Tage: Um den Fuß der Akropolis gruppieren sich die kleinen, ziegelgedeckten Häuser der Altstadt, keines höher als zwei Stockwerke, die meisten kaum mehr als Hütten; die Ruine des gewaltigen Zeustempels, heute Wahrzeichen der hoffnungslosesten Straßenkreuzung in ganz Athen, steht allein auf freiem Feld; der Likavitoshügel, nach heutigen Maßstäben mitten im Zentrum der Vier-Millionen-Stadt, liegt weit außerhalb der letzten bebauten Gebiete. Wer das beispiellose Wachstum der griechischen Hauptstadt während der vergangenen 150 Jahre sinnlich erfassen möchte, sollte auf den Likavitos hinaufwandern, die Altstadthäuser rings um den Akropolishügel ins Auge fassen – und sich den Rest ringsum wegdenken. Wo sich heute die Beton- und Steinwüste der Riesenstadt ausbreitet, weideten damals allenfalls einige Ziegen unter den Olivenbäumen.

Die Baumeister des neuen Königs waren von dieser Idylle, die eher ärmlich gewirkt haben muß, nicht gerade begeistert. Die Staatsidee des 19. Jahrhunderts verlangte nach Machtentfaltung auch im Architektonischen – mit anderen Worten: Ein Palast mußte her. Ganz knapp kamen die Athener und die Athen-Liebhaber seinerzeit an einer Katastrophe vorbei: Friedrich von Schinkel, jener dem Klassizismus verschriebene Baumeister, der unter anderem das alte Berliner Schauspielhaus entworfen hat, brachte einen kühnen Plan aufs Reißbrett; ihm schwebte vor, den frischgebackenen Griechenkönig sozusagen im topographischen und geistigen Zentrum des philhellenischen Universums einzuquartieren – auf der Akropolis. Schinkels Entwurf sah vor, die restaurierten Monumente aus der Epoche des Perikles mit neuen Bauten im Stil des Münchner Klassizismus zu kombinieren und so die gesamte Akropolis in einen Königspalast umzufunktionieren. Ludwig I. von Bayern, Erziehungsberechtigter des noch nicht volljährigen Königs und Financier des neuen Palastes, war zwar dem Klassizismus durchaus zugetan, wie sich noch heute in München besichtigen läßt; gleichzeitig aber erfüllten ihn ‹echte› Säulen wie die des Parthenon mit genügend Ehrfurcht, um die monumentalen Pläne Schinkels als vulgär zu empfinden, und so wurde aus dem Schloß auf der Akropolis nichts. Statt dessen entwarf der Architekt Friedrich von Gärtner 1835 eine Residenz, die nun wiederum ein Extrem in der anderen Richtung zu sein schien: ein geräumiger, aber schmuckloser Zweckbau. Das Königsschloß muß dem Hausherrn so vorgekommen sein, wie dem deutschen Bundeskanzler seinerzeit das neue Bonner Kanzleramt: «Sparkasse!» sagte dieser. «Kaserne!» urteilte Otto.

Bis Anfang des 20. Jahrhunderts residierten Griechenlands Könige hier, dann zogen sie um in ein neues Schloß an der Herodes-Atticus-

Straße. Der alte Palast diente in den zwanziger Jahren als provisorische Unterkunft für Flüchtlinge aus Kleinasien, und nach dem Zweiten Weltkrieg schließlich zog das griechische Parlament hier ein.

Griechenlands erste Königin, Amalia, eine gebürtige Herzogin von Oldenburg, die Otto 1839 zur Gemahlin genommen hatte, gilt bis auf den heutigen Tag als Wohltäterin – jedenfalls was die Fauna der Hauptstadt betrifft. Jene 15 000 Palmen, Platanen, Eichen und Fichten, die sie seinerzeit aus Brindisi nach Piräus verschiffen ließ, um sie in der kargen Landschaft hinter dem Palast anzupflanzen, erwiesen sich als kluge Investition in die Zukunft der jungen Hauptstadt. Amalia verwandte während ihrer Jahre in Athen geradezu fanatische Hingabe auf ihren Park, dessen Bewässerung die Athener Steuerzahler eine Menge Geld kostete. Mit größter Pendanterie wurden allwöchentlich Büsche beschnitten, wurden Rasenkanten rasiert und Kieswege frühmorgens geharkt. 140 Jahre nach Amalia ist der von ihr gepflanzte und großgezogene Park, der Nationalgarten, eine wohltuende, schattenspendende und – zum Glück auch – charmant-verwilderte und natürliche grüne Oase im Athener Häusermeer.

Wachstum ohne Ende?

Die Baumeister des Königs Otto planten zu jener Zeit eine Hauptstadt für 30000, vielleicht auch 40000 Einwohner; aber schon drei Jahrzehnte später waren alle Entwürfe von den Realitäten zunichte gemacht. 1870 hatte Athen 50000 Einwohner; dreißig Jahre später waren es bereits 120000 und 1914, beim Ausbruch des Ersten Weltkrieges, 200000. Spätestens von da an gerieten die Planer hoffnungslos ins Hintertreffen: 1920 zählte man 300000 Einwohner, zwei Jahre später strömten nach der ‹kleinasiatischen Katastrophe› weitere 120000 Flüchtlinge in die Hauptstadt. Die Grenzen zwischen dem alten Athen und seinen Vorstädten, die größte von ihnen Piräus, begannen zu verschwinden. 1951 hatte Athen 1,2 Millionen Einwohner, 1961 waren es 1,8 Millionen, 1971 2,5 Millionen. Heute leben in dem Konglomerat von 58 administrativ selbständigen, tatsächlich aber längst zusammengewachsenen Gemeinden knapp vier Millionen Menschen. Und Athen wächst weiter: 350 neue Bürger melden sich Tag für Tag bei den Einwohnermeldeämtern – 120000 im Jahr. Die Infrastruktur hält längst nicht mehr Schritt. In den Vororten wurde gebaut, auch wenn Kanalisation, Wasser und Elektrizität fehlten. Erst seit dem Bankrott der

Obristen 1974 machte die Verwaltung ernsthafte Anstrengungen, den Wildwuchs einzudämmen. So verabschiedeten die Sozialisten 1983 ein neues Städtebaugesetz, das erstmals Bebauungsrichtlinien auch für die griechische Provinz verbindlich festlegte. Drei Monate gab der Bau- und Umweltminister Antonis Tritsis seinen Landsleuten Zeit, im Rahmen einer Art Amnestie illegal errichtete Häuser nachträglich bei den Behörden zu melden und zu legalisieren – immerhin mehr als 100000 Hausbesitzer machten von dieser Möglichkeit Gebrauch. Wer dennoch ohne amtliche Baugenehmigung an seinem Wochenendhaus weiterwerkelte, dem drohte der sofortige Abriß. Im Sommer 1983 setzte der Bauminister im ganzen Land Dutzende von Planierraupen und Bagger in Marsch und ließ illegale Rohbauten kurzerhand einreißen. Aber die Fakten sind vielerorts längst geschaffen. Es stimmt: Anders als in Rom oder Rio, Kalkutta oder Kairo gibt es in Athen keine ausgesprochenen Slums. Doch diesen Vorzug erkauft sich die Stadt um den Preis hoffnungslos verbauter Vororte, unfertig auf unabsehbare Zeit und wahrscheinlich für immer einer Sanierung entzogen. Die Lokalpatrioten unter den Athener Taxifahrern biegen, wenn sie Touristen vom Flughafen in die Stadt bringen, gleich links ab – nehmen die Küstenstraße und dann die Syngrou-Avenue, Athens neueste, achtspurige Prachtstraße. Der reguläre Flughafenzubringer, die Vouliagmenis-Straße, ist in der Tat nicht das, was man von einer Weltstadt erwartet: eine Aufreihung von Autowerkstätten und halbfertigen Büro- und Geschäftshäusern, vor denen seit Menschengedenken der Bauschutt liegt.

Die Regierung müht sich, das Wachstum der Hauptstadt zu bremsen. Neue Industriebetriebe dürfen sich nicht mehr ansiedeln, und Zuwanderer vom Land, die in Athen auf gutes Geld und schnelle Karriere hoffen, sollen mit Steuervergünstigungen und Darlehen zur Existenzgründung in andere, noch nicht übervölkerte Regionen des Landes umgeleitet werden. Bis zum Jahre 2000 soll Athen nur noch so viel wachsen, wie es der natürlichen Zunahme durch den Geburtenüberschuß entspricht – von den heutigen Zahlen aus hochgerechnet, wären das zur Jahrtausendwende 4,3 Millionen Einwohner. Ob dieses Ziel realistisch ist, muß man bezweifeln. Heute beherbergt Athen fast 40 % der Gesamtbevölkerung Griechenlands; hier werden 50 % aller Investitionen getätigt, 55 % des Sozialprodukts erwirtschaftet und 72 % der öffentlichen Einnahmen kassiert; von den hundert größten Unternehmen des Landes haben 92 ihren Sitz in Athen. Einmal zu solcher Größe aufgestiegen, hat die griechische Hauptstadt längst eine Eigendynamik entwickelt – eine eigene Gesetzmäßigkeit des Wachstums, wonach, was groß ist, immer nur noch größer wird.

Athen ist für jene, die auf den Inseln der Ägäis oder in den Dörfern Makedoniens und des Peloponnes keine Chance zum Fortkommen sehen, immer noch das Traumziel. Die Metropole verspricht Reichtum, Ansehen, Karriere, bessere Bildungsmöglichkeiten und attraktivere Freizeitgestaltung; für junge Leute bedeutet sie überdies dank der Anonymität deutlich freizügigere Moralkodizes als das heimatliche Dorf. Heute sind zwei Drittel der Athener Zugereiste. Daß diese Stadt ihre Bürger dennoch nicht vollends assimiliert hat, gehört zu den Besonderheiten Athens. Noch heute gibt es etwa zwei Dutzend weitgehend abgeschlossene Kommunen – Stadtviertel, in denen sich das gesellschaftliche und kommerzielle Leben nicht nach den Mustern der Großstadt, sondern nach denen der dörflichen Gemeinschaft vollzieht. Hier sind die Großfamilien noch weitgehend intakt, geheiratet wird in aller Regel innerhalb des Viertels. In einigen Fällen verraten die Namen dieser Stadtviertel die Herkunft ihrer Bewohner: Neu-Ionien, Neu-Smirna, Neu-Philadelphia, Neu-Ephesus. Erst mit dem Bau der großen Wohnblocks während der letzten zehn, fünfzehn Jahre und dem Zuzug von Neubürgern ganz unterschiedlicher Herkunft beginnen sich diese traditionellen ‹Gettos› allmählich aufzulösen.

Retten, was zu retten ist

In den letzten Jahren gibt es energische Versuche, das Athener Stadtbild aufzupolieren. Gärtnerkolonnen zogen los, schlugen mit Preßlufthammer und Spitzhacke Löcher in die betonierten Gehsteige, karrten Mutterboden heran und pflanzten Zigtausende von Stecklingen. Der Erfolg solcher Bemühungen ist augenfällig: Ehedem trostlos versteinerte Straßen zeigen nun frisches Grün rechts und links der Fahrbahn; das städtische Gartenamt schickt Tankwagen los, um die noch zarten Bäumchen regelmäßig zu bewässern; und die Athener nehmen an diesem Versuch, ihre Stadt vom Image der ‹Steinwüste› zu befreien, regen Anteil: Sie wässern das noch junge Grün auf eigene Rechnung mit dem Gartenschlauch und garnieren die Gehwege mit Blumenkübeln. Längst nicht alle Bäumchen überleben, obwohl eingezäunt mit schützendem Maschendraht, in der mit Auspuffgasen angereicherten Luft. Aber immerhin: Inzwischen können die Athener vielerorts, wo früher allenfalls Markisen Schatten warfen, unter Pappeln und Orangenbäumen flanieren. Auch auf den kargen, vom Winterregen ausgewaschenen Hängen des Imettos und des Pendeli bemüht man sich, Bäume und Sträucher anzupflanzen. Über 25 Millionen Mark hat dieser ‹Grüne Plan› bisher verschlungen.

Doch nicht nur die Flora der griechischen Hauptstadt leidet schwer unter Bauboom und Luftverschmutzung. Auch die klassischen Monumente nehmen Schaden. In den letzten zwei Jahrzehnten hat die Akropolis mehr gelitten als in den zwei Jahrtausenden zuvor. Was der Zahn der Zeit nicht schaffte, vermag nun der Großstadtsmog. Die Zerstörungen, die durch die Industrie- und Autoabgase angerichtet werden, kommen in ihrem Ergebnis jener spektakulären Katastrophe gleich, die im Jahre 1687 über den Parthenon hereinbrach. Die türkischen Besatzer hatten damals den noch weitgehend unversehrten Tempel der Athena in ein Pulvermagazin umfunktioniert; solche Zweckentfremdung übrigens war unter den Osmanen an der Tagesordnung: Sie errichteten nicht nur auf der Akropolis ein moslemisches Minarett – sie nutzten auch das Erechteion, jenen Tempel, dessen Vorhalle von Statuen (sogenannten Koren) getragen wird, als Harem. Das Unheil brach am 26. September 1687 über die Akropolis herein: Der venezianische Feldherr Francesco Morosini, der in den Monaten zuvor weite Teile des Peloponnes und Mittelgriechenlands von den Türken erobert hatte, nahm an jenem Tag den Parthenon unter Beschuß. Eine Granate traf das Munitionslager, das mit einem gewaltigen Knall in die Luft flog. Seither klafft in der Südseite des Tempels ein großes Loch.

Sorge bereitet den Denkmalpflegern nicht nur, daß der Marmor auf der Akropolis in der giftigen Luft allmählich zerbröselt. Auch die Restaurierungsbemühungen früherer Generationen erweisen sich als zweifelhaft: Um die Jahrhundertwende zum Beispiel versuchte man, die labile Statik des Bauwerkes durch das Einfügen von Metallklammern zu sichern. Aber anders als das von den Baumeistern des Perikles zu einem ähnlichen Zweck verwandte Blei korrodierte das Eisen nach und nach, dehnte sich aus und sprengt nun allmählich, aber unaufhaltsam den Marmor auseinander.

Schon seit vielen Jahren ist der Luftraum über der Akropolis für Flugzeuge gesperrt – die Jets machen einen weiten Bogen um die Monumente: Ihre Schallwellen, so fürchtet man, könnten den Verfall beschleunigen. Nun überlegt man gar, den Autoverkehr von den umliegenden Straßen zu verbannen; die Touristen sollen schon auf abgelegenen Parkplätzen aus dem Bus oder dem Taxi steigen, dafür dann aber die Akropolis in reiner Luft bewundern können. Doch solche Bemühungen sind letztlich nur ein Tropfen auf den heißen Stein, denn es sind wahrlich nicht allein die Autos, die Athens Luft so ungenießbar machen – sie steuern nur etwa 10% der Giftstoffe bei. Der Löwenanteil stammt aus den Industriebetrieben der Hauptstadt.

Die Rettung der Akropolis ist ein Wettlauf gegen die Zeit; eine kostspielige Aktion; überdies ein Unternehmen, das heftige Kontroversen ausgelöst hat. Da gab es zum Beispiel den abenteuerlichen Plan, den ganzen Akropolisfelsen mit einer künstlich klimatisierten, transparenten Traglufthalle zu umgeben. Glücklicherweise scheiterte dieses Vorhaben zum Bau eines monströsen ‹Sauerstoffzeltes› an den astronomischen Kosten und am erbitterten Widerstand der Athener Stadtväter. Bislang haben die Denkmalschützer kein patentes Mittel gefunden, den Marmor wirksam vor den schädlichen Umwelteinflüssen zu bewahren; und also muß man das tun, was manchen Philhellenen gewiß zutiefst zuwider ist: Die Originale wandern ins Museum und werden durch wetterfeste Freiluftkopien ersetzt. Ende der siebziger Jahre begann diese Austauschaktion am Erechteion: Die Korenhalle, deren Dach schon seit der Jahrhundertwende den Marmorstatuen zu schwer geworden war und deshalb mit nicht eben stilechten Stahlrohren zusätzlich abgestützt werden mußte, wurde Stück für Stück restauriert. Bandagiert wie Mumien, sorgsam eingepackt in Gipskorsetts und Holzgerüste, transportierte man die zweieinhalbtausend Jahre alten Jungfrauen hinüber zum Akropolismuseum. Die Kopien aus Kunststein, so versichern die Restauratoren, sind unempfindlich gegen Blei- und Schwefeldünste.

Wer sich über solche Kopien erregt, der vergißt allzuleicht, daß schon seit vielen Jahrzehnten auf der Akropolis Altes durch Neues ersetzt wird. Ohne diese Art der Rekonstruktion sähe das Wahrzeichen Athens sehr viel anders, sehr viel ärmlicher aus. Die Puristen müssen sich klarmachen, daß es nur eine Alternative gibt: totalen Verfall. Immerhin gehen die Restauratoren mit viel Pietät zu Werk: Sie brechen den Marmor für ihre Nachschöpfungen dort, wo ihn schon die Baumeister der Antike fanden: in den Pendelibergen, dreißig Kilometer nordöstlich vom Akropolisfelsen.

Mehr als vier Millionen Mark wird dieses Rettungsprogramm in der ersten Phase kosten, aber damit ist dann nur das Nötigste geflickt. Für eine dauerhafte Sanierung der Akropolis ist Griechenland auf die finanzielle Hilfe des Auslandes angewiesen. Und schnelle Hilfe tut not: Der

Parthenon wird die nächsten zwei Jahrzehnte kaum überleben, wenn nicht rasch gehandelt wird.

Ein vorzügliches Beispiel behutsamer und gleichzeitig funktioneller Restauration findet sich heute am Fuß der Akropolis: das Amphitheater des Herodes Atticus. Der Originalbau, der im Jahre 160 n. Chr. entstand, galt als eines der schönsten Theater im römischen Griechenland, obwohl es für damalige Verhältnisse recht klein war. Nach dem Zweiten Weltkrieg begann man, den Zuschauerraum des Theaters freizulegen und wiederherzurichten. Die Ruine des hohen römischen Bühnenhauses jedoch blieb im Urzustand, und auch das Holzdach des Originalbaues wurde nicht rekonstruiert. Wer heute im Herodes-Atticus-Theater in einer Sommernacht eine antike Tragödie, ein Symphoniekonzert oder einen Ballettabend erlebt, kann ein einzigartiges Schauspiel genießen: Über dem fünftausend Besucher fassenden steilen Halbrund der weißen Marmorbänke wölbt sich der Sternenhimmel des Mittelmeeres; der Westgiebel des Parthenon ragt über den obersten Sitzreihen empor; und durch die romanischen Bögen des Bühnenhauses wirft der Vollmond sein Licht auf die Bühne.

Das Herodes-Atticus-Theater ist, neben dem weit gewaltigeren, 15000 Zuschauer fassenden Theater von Epidavros auf dem Peloponnes, Hauptschauplatz der Athener Festspiele, die seit 1954 alljährlich in den Monaten Juni bis September von der griechischen Fremdenverkehrsorganisation veranstaltet werden. Im Herodeion-Atticus feierten Karajan und Callas, Nurejev und Béjart wahre Triumphe – und Gastspiele unter dem Athener Sternenhimmel sind, so hört man, auch für die Interpreten ein einzigartiges Erlebnis. Ermutigt durch die gelungene Wiederherstellung dieses Theaters will man nun darangehen, auch das keine zweihundert Meter entfernte Dionysos-Theater wiederherzurichten. Wenn diese Pläne Wirklichkeit werden, dann hat Athen eine weitere Attraktion zu bieten – denn mit 17000 Sitzplätzen wäre dies das größte antike Theater in Griechenland.

An den Nordhang des Akropolisfelsen schmiegen sich die kleinen, ziegelgedeckten Häuser der Athener Altstadt – der Plaka. Ein buntes Labyrinth! Man tut der Plaka gewiß nicht Unrecht, wenn man feststellt, daß sie, von oben betrachtet – vom Akropolisfelsen aus –, einen ungleich schöneren Anblick bietet als zu ebener Erde. Die Plaka ist eine Touristenfalle, ein Amüsierviertel, und dies ist ihr nicht gut bekommen. Während der letzten zehn, fünfzehn Jahre wurden kleine Werkstätten zu Imbißstuben und gemütliche Tavernen zu lauten Diskotheken umfunktioniert. Viele Häuser aus dem 19. Jahrhundert wurden niedergerissen und durch Neubauten ersetzt, und die wenigen erhaltenen klassizistischen Fassaden wurden mit häßlichen Neonreklamen und Plastikmarkisen verunstaltet. Seit einiger Zeit nun hat sich allerdings unter den Athener Stadtvätern die Erkenntnis durchgesetzt, daß die Plaka einer Radikalkur bedarf, wenn sie ihren Charakter nicht vollends verlieren soll. Mit für griechische Verhältnisse geradezu erstaunlicher Courage setzen sich die Kommunalpolitiker nun gegen die Kommerzinteressen der Vergnügungsunternehmer durch. Die Mehrzahl der Altstadthäuser wurde inzwischen unter Denkmalschutz gestellt, viele Fassaden sind bereits renoviert, andere völlig rekonstruiert, und der Autoverkehr wurde aus den viel zu engen Gassen endlich verbannt. Während die Barbesitzer und Diskothekenwirte mürrisch ihre Leuchtreklamen auf die nun gesetzlich vorgeschriebenen Höchstmaße herunterstutzen und die blökenden Lautsprecher leiser drehen, verpassen die Arbeiter des städtischen Tiefbauamtes nach und nach der Athener Altstadt ein neues Kanalisationsnetz, neue Wasser- und Telefonleitungen und Kabelfernsehen: Die zahllosen Fernsehantennen auf den Ziegeldächern versperren nun nicht länger den Blick auf die Akropolis. Jene Athener, die trotz Diskorummel und Autolärm bis heute in der Plaka ausgehalten haben, weil sie ihre Altstadtwohnungen um keinen Preis aufgeben mochten, werden nun für ihre Geduld belohnt. Athens Altstadt wird wieder wohnlich, sie gewinnt ihren alten Charme Stück für Stück zurück.

Lebensqualität

Die Misere, in der die griechische Hauptstadt trotz aller Begrünungsaktionen und Sanierungsanstrengungen nach wie vor steckt, hat Schlagzeilen gemacht. Mit ziemlicher Regelmäßigkeit stoßen die lesefreudigen Athener in ausländischen Zeitungen und Magazinen auf Abträgliches über ihre Stadt. Die jeweilige griechische Regierung – höchst empfindlich, gleich welcher Couleur – reagiert stets pikiert, und ein Teil der griechischen Presse zetert, weil man die Verbreitung solcher Hiobsbotschaften als unbotmäßige Einmischung und als Kränkung empfindet. Auf Kritik aus anderer Herren Länder reagiert mancher Grieche ohnehin gereizt – eine Folge der zahllosen ausländischen Interventionen, die dieses Land während der 150 Jahre seiner Unabhängigkeit hat über sich ergehen lassen müssen. Was Athen angeht:

Die Athener verfluchen es, entfliehen ihm, wann immer sich die Gelegenheit bietet; sie stöhnen über Schmutz und Staub, sehnen die ‹gute alte Zeit› herbei – aber sie lieben es. Athen will, wie alles in Griechenland, mit eigenen, nicht mit fremden Maßstäben gemessen werden. Athen will sinnlich erfaßt, will erlebt werden. Dem flüchtigen Besucher, dem Stadtrundfahrer erschließt es sich nicht. Kritiker sagen, die Stadt sei mittlerweile unbewohnbar – das ist nun gewiß nicht richtig: Trotz Smog und Staub, trotz Verkehrschaos und Wildwuchs ist Athen eine ungewöhnlich vitale, lebendige, urbane Stadt.

Urbanität: in Athen sind das 45 Theater und 220 Freiluftkinos auf Hausdächern und in Hinterhöfen; Urbanität: das sind die dreitausend Caféstühle unter den blauen Markisen am Sintagmaplatz; die Schuhputzer und Pistazienverkäufer am Kolonakiplatz; der Flohmarkt in Monastiraki und die Losverkäufer am Omoniaplatz; Urbanität: das sind die schicken Boutiquen, die Wochenmärkte und die Zeitungskioske; die Alleen von Kifissia – und der Wind vom Meer.

Athen ist nicht zufällig so. In ihrer Unvollkommenheit und ihrem harten Charme, ihrer Lebenskraft und ihrer Unbekümmertheit, in ihren zahllosen Widersprüchlichkeiten und Gegensätzen spiegelt die griechische Hauptstadt jenes Grundmotiv der griechischen Seele wieder, das ein Schlüssel ist zum Verständnis so vieler Eigenarten dieses Volkes und seiner Geschichte: leben in der Gegenwart – spontan, hier und jetzt.

«Was ich mir wünsche», sagte der Athener Perikles seinen Landsleuten, «ist dies: daß ihr euch jeden Tag in diese Stadt verliebt!» Zugegeben: Das Athen der achtziger Jahre unseres Jahrhunderts ist keine Schönheitskönigin mehr; für ein Lifting scheint es zu spät – die Falten sind nicht mehr zu beheben, und mit den Marotten dieser Dame muß man leben. Wahre Liebe sieht von Äußerlichkeiten ab.

Wovon man lebt

Ein Grieche aus Smirna

Jener Junge, der am 15. Januar 1906 im griechischen Viertel der kleinasiatischen Hafenstadt Smirna zur Welt kam, wurde – wie das in griechischen Familien Tradition ist – auf den Namen seines Großvaters getauft: Sokrates. Und wohl um keinen Zweifel aufkommen zu lassen, daß dieses im türkisch verwalteten Smirna geborene Kind kein Türkenkind war, gaben ihm seine Eltern gleich noch einen zweiten, nicht weniger griechischen Vornamen: Aristoteles. An griechischen Spielkameraden wird es dem kleinen Aristoteles Sokrates kaum gefehlt haben: Im Smirna jener Tage lebten rund 160 000 Griechen und nur 85 000 Türken – Smirna war eine griechische Stadt auf türkischem Territorium. Von diesem Umstand profitierten die türkischen Steuereintreiber gehörig: Denn den Griechen und ihrem Geschäftssinn war es zu verdanken, daß Smirna zu einer blühenden Handelsmetropole geworden war, die ein gutes Stück des kleinasiatischen Hinterlandes mit relativem Wohlstand versorgte.

Der Vater des kleinen Aristoteles Sokrates gehörte, so berichteten Zeitgenossen, zu den erfolgreichsten, wohlhabendsten Leuten in Smirna – er war Bankier. Doch der Sohn, sein einziger, schien sich nicht als hoffnungsvoller Sproß zu erweisen: Aristoteles Sokrates soll ein ungezogenes und eigensinniges Kind gewesen sein, das wegen seiner Eskapaden aus unzähligen Schulen hinausgeworfen wurde.

Im Jahre 1919 – Aristoteles Sokrates war gerade 14 Jahre alt geworden und hatte bereits seine Französischlehrerin von seinen Qualitäten als Liebhaber überzeugt – fiel Smirna an Griechenland: Die Alliierten hatten die Hafenstadt besetzt, und 1920 wurde im Friedensvertrag von Sèvres ein erheblicher Teil der anatolischen Küste und des Hinterlandes dem Königreich Griechenland zugesprochen. Die Türkei ging mittlerweile daran, sich von den überlebten Traditionen und Machtstrukturen des zerbrochenen osmanischen Reiches zu befreien: Mustafa Kemal ‹Atatürk› stürzte den Sultan und leitete die Hinwendung seines Landes zum Westen ein. Und jener Atatürk war es, der keine zwei Jahre später als Oberkommandierender der türkischen Streitkräfte das besiegelte, was als «kleinasiatische Katastrophe» in die Geschichte eingegangen ist: die Ermordung von mehr als 120000 Griechen und Armeniern allein in der Stadt Smirna und die Vertreibung der Überlebenden vom kleinasiatischen Festland über die Ägäis nach Griechenland.

An Bord eines amerikanischen Kriegsschiffes gelingt dem jungen Aristoteles Sokrates die Flucht auf die Insel Lesbos, von dort reist er weiter nach Piräus. Doch Griechenland, seine Heimat, deren Boden er nun zum erstenmal betritt, ist nur Durchgangsstation. Am 21. September 1923 trifft Aristoteles an Bord der *Tomaso di Savoya* in Buenos Aires ein. Er ist 17 Jahre alt, und sein Besitz besteht aus einem Koffer und einigen hundert Dollar.

In Buenos Aires beginnt für den jungen Griechen aus Smirna eine Bilderbuchkarriere – einige ihrer Stationen: Hilfsarbeiter auf dem Bau, Tellerwäscher, Schiffsjunge, Elektriker bei einer Telefongesellschaft, Telefonist in der örtlichen *Harrods*-Filiale; dann schließlich, schon mit größerem wirtschaftlichen Erfolg, beginnt der junge Mann mit dem Import griechischer Tabake nach Argentinien – sein Vater hilft mit den entsprechenden Kontakten. Von der ersten Lieferung im Wert von 10000 Dollar kassiert Aristoteles branchenübliche 5 % Provision; diese fünfhundert Dollar, so sagt er später, «waren die Grundlage meines Vermögens». Aus dem Telefonisten, der mehr nebenbei Tabakimporte arrangierte, war bald ein Zigarettenfabrikant geworden, der griechische Tabake zu argentinischen Luxuszigaretten verarbeitete. Wenige Jahre später wurde aus dem Fabrikanten ein Reeder: der 7000-Tonner *Maria Protopapas*, um die Jahrhundertwende gebaut und schon reichlich altersschwach, war das erste Schiff eines Mannes, der nach dem Zweiten Weltkrieg zur schillerndsten Figur im internationalen Schifffahrtsgewerbe werden sollte – zum Prototyp des Tycoons schlechthin: Aristoteles Sokrates Onassis.

Das erste Schiff war ein Reinfall. Kaum vom gröbsten Rost befreit und vermeintlich in seetüchtigem Zustand, sank die *Maria Protopapas* während eines Sturms im Hafen von Montevideo. Trotz dieses Mißgeschicks schien für ‹Ari› Onassis klar: Die Zukunft lag auf dem Wasser. Er verdiente in den folgenden Jahren seine ersten Dollarmillionen zwar an Land mit Devisengeschäften, ging 1932 aber nach London, um von hier aus die zunächst kläglich gescheiterte Reederkarriere erneut in Angriff zu nehmen.

Es heißt, in jenen Tagen habe an einer der Türen zum Versicherungsbüro *Lloyd's* unübersehbar ein Emailleschild gehangen: NO GREEKS! Das mag ein Märchen sein, aber eines mit realem Hintergrund: In den Jahren vor dem Zweiten Weltkrieg hatten sich Griechenlands Reeder den zweifelhaften Ruf erworben, die ältesten, gebrechlichsten Schiffe auf den Weltmeeren zu befehligen. Die griechische Handelsflotte wuchs zwar so schnell wie keine andere zu jener Zeit, aber für die Versicherungsunternehmen war das dennoch kein gutes Geschäft: «Alles Schrott!» bekräftigte damals ein anonymer Lloyd's-Makler. Doch allem Spott, allen Anfeindungen zum Trotz bewiesen die griechischen Reeder in jenen Jahren, daß sie es verstanden, sich den wirtschaftlichen Verhältnissen – den heimischen wie den globalen – flexibel anzupassen. Während der weltweiten Wirtschaftsdepression der ersten Nachkriegsjahre waren gebrauchte Schiffe spottbillig. Ein alter, aber noch seetüchtiger 10000-Tonner kostete kaum mehr als ein neuer Rolls-Royce; weil mit einem Uralt-Schiff zwar weniger Eindruck zu machen ist als mit einem neuen Rolls, aber deutlich mehr Geld, entschieden sich zahlreiche griechische Reeder in diesen Jahren gegen die Anschaffung eines Nobelautos. Die Kalkulation war recht einfach: Selbst wenn es nicht gelingen sollte, binnen zwei, drei Jahren mit einigen hochkarätigen Trampfrachten den Kaufpreis für das Schiff wieder zu erlösen, blieb immer noch der Wiederverkauf zum Schrottpreis; und da man zuvor zu Schrottpreisen eingekauft hatte, war das ein sicheres Geschäft.

Aristoteles Onassis war mit dabei, und zwar von Anfang an nicht als kleiner Fisch. Seinen Einstand machte er mit gleich sechs Schiffen, die er zum Stückpreis von 20000 Dollar einer kanadischen Reederei abkaufte. Onassis bezahlte in bar, was die Abwicklung des Geschäftes beschleunigte, und erwarb für den Gegenwert von fünf Luxuslimousinen ein halbes Dutzend Frachtschiffe, keines älter als 15 Jahre. Binnen weniger Tage gebot der Neuling über mehr als 50000 Bruttoregistertonnen. *Canadian Spinner* und *Canadian Miller* hießen die ersten beiden Schiffe, die Aristoteles Onassis übernahm. Bevor sie für ihn auf große Fahrt gingen, bekamen sie neue Lettern an Bug und Heck: *Onassis Socrates* hieß fortan das eine, *Onassis Penelope* das andere – die Namen seiner Eltern.

Die weitere Karriere des Aristoteles Onassis gleicht der vieler griechischer Reeder, was Strategie und Taktik angeht – nur: Bei Onassis ist alles eine Nummer größer, eine Nummer teurer und entsprechend profitabler. Er ordert den ersten Supertanker, und seine Supertanker

Schade natürlich . . .

... daß nicht jede 10000 Dollar, die man gut anlegt, automatisch zu einem Milliardenvermögen anwachsen.

Aber immerhin, das Grundmuster ist jedesmal das gleiche: ein kleines Kapital, eine sichere Anlage, ein guter Zinssatz und ein bißchen Geduld...

sind selbstverständlich mit Swimmingpools ausgestattet; wenn andere viel wagen, wagt Onassis mehr. Nach dem Ende des Zweiten Weltkrieges, als der Grieche aus Smirna mit argentinischem Paß nach Griechenland auswandert, legt er, wiederum mit den längst als profitabel erkannten Methoden, den Grundstein für ein Milliarden-Dollar-Imperium: Erneut kauft Onassis Frachter-Tonnage zu Schrottpreisen, investiert nicht eigentlich, sondern spekuliert mit schwimmfähigem Stahl, reagiert vorausschauend auf jede sich abzeichnende Bewegung der internationalen Transportmärkte.

Onassis wurde zum Prototyp des griechischen Reeders; ein Mann, der seine Geschäftserfolge nicht in erster Linie patenten Rezepten verdankte, die als Blaupause hätten dienen können. Der Schlüssel zum Erfolg des Aristoteles Sokrates Onassis war seine Persönlichkeit; sein Mut zu wagen, wo andere zauderten; seine Fähigkeit auch, Beziehungen zu knüpfen, zu nutzen, auszunutzen. Viele waren von der Idee besessen, ihm nachzueifern – sind es heute noch. Stavros Niarchos, so höhnte Onassis, habe versucht, ihn nachzuäffen. Es war Aristoteles Onassis, der diese (erfundene) Geschichte in die Welt setzte:

Onassis reist nach Südafrika, um sich von Dr. Barnard ein neues Herz einpflanzen zu lassen. Die Operation verläuft erfolgreich, Dr. Barnard kassiert eine Million Dollar, und Onassis kehrt mit neuem Herzen nach Griechenland zurück. Sein Reeder-Konkurrent Niarchos hört von der Operation, besteigt postwendend das nächste Flugzeug nach Kapstadt und läßt sich gleichfalls ein neues Herz einpflanzen. «Na, wie war's?» fragt Onassis den Kontrahenten nach dessen Rückkehr. «Ausgezeichnet!» sagt Niarchos. «Und um es dir offen zu sagen, Ari, mir hat er nur eine halbe Million berechnet!» Onassis darauf: «Das will ich auch hoffen – schließlich hat er dir mein altes Herz eingepflanzt!»

Leute wie Onassis, Niarchos, Lemos, Carras und Livanos waren es, die Griechenland seit dem Ende des Zweiten Weltkrieges zur größten Handelsflotte der Welt verhalfen. Gegen Ende der vierziger Jahre bestand die griechische Flotte aus kaum mehr als zweihundert Frachtern und etwa zwanzig Passagierdampfern; alles in allem rund 450000 Bruttoregistertonnen. 1962 war diese Flotte bereits auf zwölf Millionen Tonnen angewachsen, und 1982 war die Fünfzig-Millionen-Tonnen-Grenze überschritten.

Die Nachfahren des Odysseus

Aristoteles Onassis hat den atemberaubenden Aufstieg der griechischen Handelsmarine einmal so erklärt: Geben Sie einem Griechen einen alten, rostigen Hafenschlepper – wenn er ein richtiger Grieche ist, wird er es nach ein paar Jahren vom Schlepperkapitän zum Tankerkönig gebracht haben! Das ist natürlich etwas übertrieben. Der Aufstieg dauert gewöhnlich etwas länger (es sei denn, man heißt Onassis) – ein Jahrzehnt mindestens, oft auch deren zwei oder drei. Aber soviel stimmt an der Antwort des Aristoteles Onassis: Angefangen haben viele von ihnen ganz unten. Wer Glück hatte, übernahm vom Vater bereits ein blühendes, aufstrebendes Unternehmen. Aber auch unter den ganz Großen von heute gibt es jene, die noch 1950 als Kapitän in den Diensten eines anderen zur See fuhren.

Griechenlands Reeder – gegenwärtig etwa tausend an der Zahl – haben ihre geschäftlichen Talente überzeugend unter Beweis gestellt. Denn der Aufstieg Griechenlands zur weltgrößten Schiffahrtsnation ist um so erstaunlicher, wenn man bedenkt, daß dieses Land weder ein Kolonialstaat mit weltweiten Handelsbeziehungen noch jemals zur Ausfuhr eigener Produkte auf eine solch gewaltige Flotte angewiesen war. Die Frage, ob da immer alles mit rechten, mit sauberen Dingen zugeht, kann man den griechischen Reedern mit der gleichen Berechtigung stellen wie den Chefs der Industriemultis in Europa oder den USA – schwarze Schafe gibt es überall da, wo viel Geld zu verdienen ist.

«Nein», empört sich denn auch der Großreeder Anthony Chandris, «Piraten sind wir nicht!» Gleichwohl macht sich auch Chandris, lange Jahre Präsident des griechischen Reederverbandes und selbst Herr über eine stattliche Flotte und mehrere Hotels, Sorgen um das Image seiner Branche. Denn das ist angekratzt: Immer mal wieder machen die Nachfahren des Odysseus wenig schmeichelhafte Schlagzeilen. Wo immer auf den sieben Weltmeeren ein Schiff versinkt, ein Tanker explodiert oder ein Frachter samt Ladung ganz einfach verschwindet – die Chancen stehen nicht schlecht, daß Reeder und Kapitäne von Piräus in den Fall verwickelt sind. Dunkle Schatten auf das ehedem strahlende Bild der griechischen Schiffseigner haben während der letzten Jahre einige spektakuläre Betrügereien geworfen: Da wird ein Schiff samt Ladung vom Reeder als gesunken gemeldet, die Versicherung zahlt den Verlust, und das Schiff taucht, unter neuem Namen, in irgendeiner Ecke der Welt wieder auf; die Ladung hat unterdessen auf dem schwarzen Markt ihren Besitzer gewechselt. Solche Betrügereien, versichern die Reeder in Piräus, gehen allemal auf das Konto einiger schwarzer Schafe in der Branche. Und daß griechische Schiffe häufiger in Unglücksfälle verwickelt sind als die anderer Seefahrtsnationen erklären die Reeder damit, daß es ja schließlich auch besonders viele griechische Schiffe auf den Weltmeeren gebe.

Lloyd's of London, weltgrößter Spezialversicherer für die Seeschifffahrt, hat nachgerechnet und festgestellt, daß griechische Schiffe tatsächlich überdurchschnittlich häufig sinken und in Havarien verwikkelt sind. Von 21 Totalverlusten im Jahre 1978 zum Beispiel gingen immerhin elf auf das Konto der griechischen Flotte. Die Versicherer beklagen, daß die Griechenschiffe oft überdurchschnittlich alt und nicht immer einwandfrei gewartet seien; auch die nautischen Qualitäten mancher Kapitäne und Mannschaften seien nicht über jeden Zweifel erhaben. *Lloyd's* kassiert mittlerweile für griechische Schiffe, die älter sind als 15 Jahre – und das sind etwa 30% der unter griechischer Flagge fahrenden Flotte –, Risikozuschläge. In Piräus empfindet man dies natürlich als tiefe Demütigung – denn solche Malusprämien verlangten die Versicherer bislang nur von obskuren Billigflaggenländern wie Liberia, Panama oder Libanon. Doch seit die erste Erregung über diesen Angriff auf die griechische Reederehre abgeebbt ist, räumt man mindestens in den Direktionsetagen der alteingesessenen, seriösen Unternehmen ein, daß diese Risikozuschläge durchaus dazu beitragen können, das Ansehen der Branche zu heben. Diese renommierten Schiffahrtsunternehmen, etwa 150 an der Zahl, die auch im Reederverband das Sagen haben, heuerten kürzlich gar einen Spezialisten von *Lloyd's* an, der den unsauberen Geschäftemachern in den eigenen Reihen auf die Spur kommen und für reinen Tisch sorgen soll.

Seit Jahren schon bemüht sich die Athener Regierung, griechische Schiffe unter griechischer Flagge fahren zu lassen. Noch während der sechziger Jahre zogen es viele Reeder vor, ihre Tanker und Frachter in Panama, Liberia oder Singapur registrieren zu lassen; auf diese Weise sparten sie nicht nur Steuern, sondern auch Heuern: Die Mannschaften mußten mit Minimallöhnen vorlieb nehmen und konnten keine umfangreichen Sozialleistungen erwarten. Doch seit Anfang der siebziger Jahre hissen immer mehr Schiffseigner am Heck die weiß-blaue Griechenflagge – die Athener Regierung erleichterte die Rückkehr nach Hellas mit großzügigen Steuervergünstigungen. 1974 fuhren 24 Millionen Tonnen unter griechischer Flagge, sechs Jahre später waren bereits Schiffe mit einer Gesamttonnage von 41 000 Tonnen, also nahezu 80 % aller in griechischem Besitz befindlichen Schiffe, wieder in Griechenland registriert. Noch 1955 war das Zahlenverhältnis genau umgekehrt: Damals fuhren 80 % der Flotte unter fremder Flagge.

Die griechischen Finanzämter allerdings haben davon keinen sonderlichen Gewinn gehabt: Sie kassieren von den Reedern gegenwärtig rund fünfzig bis sechzig Millionen Dollar im Jahr – eine höchst bescheidene Summe. Die meisten Reeder haben neben dem griechischen auch einen britischen, amerikanischen oder panamesischen Paß – so entgehen sie der Besteuerung in Hellas. Auch ein großer Teil der Umsätze ihrer Unternehmen läuft über Konten in England, den USA oder der Schweiz. So ist es kein Wunder, daß in der alljährlich vom Finanzminister veröffentlichten Liste der hundert fleißigsten Steuerzahler des Landes Reeder so gut wie nie auftauchen. Doch das Gewerbe leistet dennoch einen unschätzbaren Beitrag zum Wohlergehen der Staatsfinanzen: Es ernährt nicht allein die 120000 griechischen Seeleute und deren Familien – zusammen immerhin rund 400000 Menschen –, sondern auch all jene, die in den Büros der Reedereien und in der Werftindustrie ihr Geld verdienen; alles in allem dürften etwa 700000 Griechen von der Seeschiffahrt leben. Und weil die Reeder ihre Erlöse fast ausschließlich in Devisen erzielen, vornehmlich in US-Dollar, sind sie heute neben dem Fremdenverkehr der wichtigste Devisenbringer des Landes. Die Touristen brachten 1981 über zwei Milliarden Dollar ins Land, die griechische Handelsflotte fuhr fast ebensoviel ein.

Vor Flauten im internationalen Transportgeschäft hatten Griechenlands Reeder keine große Angst. Dieser Zweig der griechischen Wirtschaft hat bisher alle Krisen und Rezessionen glänzend überstanden. Während der Ölkrise 1973/74, die vor allem die Tankschiffahrt empfindlich traf, deckten sich griechische Reeder zum Beispiel mit Tankern mittlerer Größenklassen ein – die gab es zu Schleuderpreisen zu kaufen. Wenige Jahre später machten sie mit diesen Schiffen das ganz große Geschäft. Doch seit der weltweiten Rezession, die Anfang dieses Jahrzehnts einsetzte, hat sich das Bild gründlich gewandelt: die griechische Handelsschiffahrt geriet in die tiefste Krise ihrer Geschichte. Anfang 1984 lagen über 30 Prozent der griechischen Gesamttonnage unbeschäftigt auf der Reede. Nicht allein in der Bucht von Eleusis, dem größten schwimmenden Gebrauchtschiffsmarkt der Welt, lagen die Tanker und Frachter, zu handlichen Vierer- und Sechserpaketen ver-

oben: Marina Zea (Zeushafen) in Piräus. Griechenlands größter Jachthafen.
Quelle: Kontos-Mairogenis

unten: An der Küstenstraße von Athen nach Kap Sunion: Lagonissi.
Quelle: Ministerium für Presse und Information, Athen

«Periptero» in Hellas. Zeitungen und Zigaretten – Dropse und Dosenbier – Schokolade und Champagner: Supermarkt auf 3qm. Quelle: Gerd Höhler

oben: Gotik in Hellas: Rhodos.
Quelle: Ministerium für Presse und Information, Athen

unten: Delphinmosaik im «Haus der Delphine»: Delos.
Quelle: Ministerium für Presse und Information, Athen

Die engste Stelle zwischen griechischem Festland und Peloponnes: der Kanal von Korinth. Quelle: Gerd Höhler

oben links: ... direkt vom Meer zum Markt. Fischmarkt in Rafina (Attika). Quelle: Sabine Bottke

oben rechts: ... wie in alten Zeiten wird in Margaritas (Kreta) noch heute getöpfert. Quelle: Sabine Bottke

unten: ... kaum ein Artikel fehlt hier. Markt auf Korfu. Quelle: Gerd Höhler

oben links: Typische Blütenpracht, hier vor einem Bauernhaus auf Kreta. Quelle: Gerd Höhler
oben rechts: Kretischer Bauer in seiner traditionellen Tracht. Quelle: H.–I. Georges

unten links: Vom Kreuzfahrtschiff aufs Eselstaxi (Hydra). Quelle: Gerd Höhler
unten rechts: Abendstimmung auf einer Kikladeninsel. Quelle: Gerd Höhler

oben: Rund um den Hafen bis hoch zum Begkamm erstreckt sich der Ort: Hydra. Quelle: Gerd Höhler

unten: Kikladenarchitektur: weißgetünchte Würfelhäuser auf Mikonos. Quelle: Gerd Höhler

oben: Virtuose Kirchenarchitektur: Paraportiani-Kirche auf Mikonos.
Quelle: Gerd Höhler

unten links: Weltabgewandt: Meteora-Kloster in Nordgriechenland.
Quelle: Gerd Höhler

unten rechts: ... noch völlig unberührt vom Tourismus: Sandstrand in Kefalonia (Ionische Inseln). Quelle: Gerd Höhler

täut, dicht an dicht; nahezu überall an den griechischen Gestaden, wo sich geeignete Ankerplätze boten, drängelten sich die eingemotteten Schiffe, von denen viele kaum jemals wieder auf große Fahrt gehen sollten.

Doch kaum ein griechischer Reeder mochte sich geschlagen geben. Zahlreiche Unternehmen gerieten zwar hart an den Rand der Pleite, doch die meisten der großen, weltbekannten Familienunternehmen der griechischen Handelsschiffahrt hatten in den Jahrzehnten zuvor offenbar so reichlich verdient, daß ihnen auch tiefrote Bilanzen in den Jahren der Krise nicht viel anhaben konnten. Sie nutzten, wie schon 1973/74, die erneut in den Keller gerutschten Preise auf dem Gebrauchtschiffsmarkt und deckten sich mit neuer Kapazität ein – die Gelegenheit, die Flotte zu Tiefstpreisen zu verjüngen, mochten sich viele nicht entgehen lassen. Günstige Gelegenheiten wahrzunehmen, billig einzukaufen, das entspricht eher der griechischen Mentalität als langfristige Planung mit großem Kapitaleinsatz, der sich möglicherweise erst nach vielen Jahren rentiert. Mit ‹schnellen› Geschäften haben die griechischen Reeder ihre Millionen gemacht. Sie riskieren da ihren Einsatz, wo etwa vornehme hanseatische Herrschaften nicht mitspielen würden. Sie machen ihr Geld im risiko- aber auch gewinnträchtigen Trampgeschäft – dem Frachttransport ohne festen Fahrplan, ohne feste Tarife. Sie suchen sich ihre Ladung dort, wo sie gerade zu finden ist, bedienen jene Routen, die von den großen britischen, amerikanischen oder japanischen Reedereien nicht befahren werden.

Dem Beitritt Griechenlands zur Europäischen Gemeinschaft sah man in den Glaspalästen von Piräus mit Hoffnung, aber auch mit Skepsis entgegen; Hoffnung weckte die Aussicht, künftig einen größeren Teil am Transportgeschäft der Gemeinschaft zu ergattern – die EG-Staaten wickeln immerhin mehr als ein Drittel des Welthandels ab. Gleichzeitig aber gab es die Sorge, daß in den Jahren nach dem Beitritt die derzeit noch gewährten Steuervergünstigungen von der EG-Kommission zusammengestrichen werden könnten. Schützenhilfe von ihren neuen Freunden in der Europäischen Gemeinschaft hingegen versprechen sich die Reeder bei der Abwehr einer ernsten Gefahr: Die Entwicklungsländer Afrikas und Asiens schicken sich nämlich an, das Transportmonopol der traditionellen Seefahrtsnationen zu brechen; sie drängen auf internationale Vereinbarungen, mit denen sie ihre eigenen Flotten stärker ins Geschäft zu bringen hoffen. Mit Hilfe der EG, so hoffen die griechischen Reeder, könnte es gelingen, solch finstere Pläne abzuwehren. Diese EG übrigens stellt seit dem griechischen Beitritt den größten Schiffahrtsblock der Welt – ihr Anteil an der Welthandelsflotte, früher nicht einmal 20 %, beträgt nun deutlich über 30 %.

Sorgenvoll blicken jene griechischen Reeder in die Zukunft, die ihr Geld im Kreuzfahrtgeschäft verdienen. Bisher haben die Griechen diesen Markt durch protektionistische Maßnahmen weitgehend für sich selbst reserviert. Doch seit einigen Jahren machen sie die Erfahrung, daß ihnen die immer häufiger auch im Mittelmeer aufkreuzenden Musikdampfer der staatlichen Sowjetreedereien mit Dumpingpreisen die Kundschaft wegschnappen; noch ist Griechenlands Kreuzfahrtflotte die größte der Welt, aber die Sowjets holen kräftig auf. Zudem sind seit 1979 die Passagierzahlen rückläufig: Die stark angestiegenen Treibstoffkosten machen Kreuzfahrten für viele Urlauber immer unerschwinglicher. Nachdem im Sommer 1980 die Zahl der US-Touristen – sie stellen den «harten Kern» der Kreuzfahrtkundschaft im Mittelmeer – wegen der Dollarschwäche um mehr als 50 Prozent zurückgegangen war, strömten zwar im Jahre 1983 die Amerikaner dank eines nun wieder erstarkten Dollar und günstiger Nordatlantik-Flugtarife in bislang unerreichter Zahl nach Griechenland. Dennoch stieß so mancher Kreuzfahrtdampfer halbleer von Piräus aus in die blaue See: drastisch gestiegene Preise vertrieben vor allem die einheimische und die europäische Klientel. Immerhin hat die griechische Regierung den Kreuzfahrtreedern inzwischen einen langgehegten Wunsch erfüllt: Sie dürfen Spielcasinos an Bord ihrer Musikdampfer einrichten. Mit Poker und Roulette, so hoffen sie, könnte es gelingen, neue Kundschaft an Bord zu locken und der «roten Flotte» Paroli zu bieten, wo sich die Gäste zwar an spottbilligem Kaviar und Krimsekt laben, ansonsten aber mit eher spartanischem Service vorliebnehmen müssen. Und wenn nun die devisenhungrigen Staatsreedereien in Odessa und Leningrad auf die Idee verfallen sollten, es den Griechen gleichzutun und gleichfalls Casinos an Bord einzurichten? George Potamianos, Griechenlands größter Kreuzfahrtreeder, winkt ab und kalauert: «Wer spielt schon russisches Roulett!»

Trumans Milliarden

«Sie sind Spieler!» – das ist die vorherrschende Kaffeehausansicht, wenn man in Griechenland nach dem Erfolgsrezept der Reeder fragt. Das gleiche Geschäftsprinzip freilich begegnet uns auch in anderen Bereichen der griechischen Wirtschaft – dort allerdings mit nicht immer ebenso glänzenden Erfolgsbilanzen. Improvisation statt Planung, Intuition statt Analyse – das mag im Transportgeschäft auf See ein patentes Erfolgsrezept sein; aber ein Industriebetrieb, der Kühlschränke herstellt oder Schokolade, Suppenwürfel oder Plastiktüten, will offenbar nach anderen Kriterien geführt werden als eine Trampschiffreederei.

Griechenlands Industrie hat in den Jahren nach dem Bürgerkrieg, vor allem aber seit Anfang der sechziger Jahre einen steilen Aufstieg genommen: Aus dem einstigen Agrarland ist inzwischen ein Staat geworden, der seine Exporterlöse hauptsächlich mit Industriegütern erzielt. Diese stürmische Entwicklung verdankt das Land zu einem Teil den Dollarmilliarden, die während der Nachkriegsjahre nach Griechenland flossen. Jene programmatische Rede, die der damalige amerikanische Präsident Harry S. Truman am 12. März 1947 vor dem amerikanischen Kongreß hielt, entschied über das politische, gesellschaftliche und wirtschaftliche Schicksal eines vom Bürgerkrieg zerrissenen Griechenland. Der Kern dieser ‹Truman-Doktrin›: wirtschaftliche und militärische Hilfe für jene Staaten, die nicht zum unmittelbaren Einflußbereich der Sowjets nach dem Ende des Zweiten Weltkrieges gehörten, die aber gleichwohl dem sowjetischen Expansionsstreben ausgeliefert waren – sei es durch ihre exponierte geographische Lage, sei es durch innenpolitische, tendenziell revolutionäre Entwicklungen. Neben der Türkei war Griechenland das Hauptziel jener Dollarmilliarden, mit der die USA in den Jahren nach 1947 erfolgreich versuchten, den Einfluß des Sowjetkommunismus einzudämmen. In den Nachkriegsjahren floß Tag für Tag eine Million Dollar nach Griechenland; allein für Aufrüstung und Ausbildung der griechischen Streitkräfte gaben die USA in jenen Jahren drei Milliarden Dollar aus – eine selbst nach heutigen Maßstäben gewaltige Summe. Die amerikanische Wirtschaftshilfe kam in den Jahren 1947 und 1948 vor allem der Infrastruktur des Landes zugute; mit amerikanischem Geld wurden Brücken wieder hergerichtet und Straßen asphaltiert, wurden Elektrizitäts- und Wasserversorgung verbessert. Damit schuf man die ersten Voraussetzungen für den Aufbau der griechischen Industrie. Für die wirtschaftliche und politische Entwicklung Griechenlands war die Truman-Doktrin und das mit ihr verbundene Programm materieller und administrativer Hilfe von außerordentlicher Bedeutung; die Folgen dieses von Harry

S. Truman in Gang gesetzten Programms wirken in der politischen und wirtschaftlichen Struktur des Landes bis heute nach – im Positiven wie im Negativen.

Daß die USA in jenen Jahren nicht zögerten, sehr massiven Einfluß auf die innenpolitische Entwicklung Griechenlands zu nehmen, daß sie die Fortsetzung von Militär- und Wirtschaftshilfe mehr als einmal von innenpolitischen Entscheidungen der griechischen Regierung abhängig machten (so zum Beispiel einer Änderung des Wahlrechts), dies hatte nun freilich zur Folge, daß sich die politischen Strukturen in Griechenland nicht wirklich frei entwickeln konnten. Eines der folgenschweren Mißverständnisse jener Nachkriegsjahre mag die Überzeugung der Amerikaner gewesen sein, die politische und wirtschaftliche Entwicklung des Landes müsse, um erfolgreich zu sein, in gleichen Bahnen verlaufen wie in anderen westlichen Staaten – namentlich den USA, England oder Deutschland. Doch was zum Beispiel im Nachkriegsdeutschland glänzend funktionierte, mußte in Griechenland noch lange kein Patentrezept sein. Bei dem Versuch, das gesellschaftliche und ökonomische System Griechenlands nach dem Vorbild des amerikanischen *New Deal* zu formen, erlitten die Amerikaner vor allem deswegen Schiffbruch, weil sie die Eigenarten dieser Nation und ihrer Geschichte nicht mit in Betracht zogen. Griechenland ist nicht das einzige Beispiel für das amerikanische Mißverständnis, politische, gesellschaftliche und ökonomische Prinzipien seien von einer Nation auf die andere übertragbar wie ein Abziehbild.

Es war die erklärte Ansicht der USA, daß Dollarinjektionen in die griechische Infrastruktur und Blaupausen für die Reform des Staatsapparates ausreichen müßten, um die Wirtschaft des Landes zu voller Entfaltung zu bringen. Doch so einfach war das nicht. Als Mitte 1948 die Marshallplanhilfe für Griechenland anlief, befand sich das Land im Bürgerkrieg; die Regierung hatte demzufolge andere Sorgen als die Entwicklung langfristiger, zukunftsorientierter Entwicklungspläne, die das amerikanische Geld in die richtigen Kanäle hätten leiten können; die Administration des Landes entzog sich beharrlich allen Versuchen der Amerikaner, für mehr Effizienz zu sorgen; und schließlich: Ein großer Teil jener Gelder, die damals nach Griechenland flossen, wurde für die unmittelbare Versorgung der Bevölkerung gebraucht – was übrigblieb, reichte aus für die notwendigsten Reparaturen der Infrastrukturschäden, nicht aber für den von den Amerikanern anvisierten großzügigen Ausbau.

Amerikanische Hoffnungen, Griechenland werde binnen weniger Jahre den Sprung vom unterentwickelten Agrarland zum Industriestaat schaffen, erwiesen sich als unrealistisch. Die US-Hilfsprogramme schufen zwar wichtige Voraussetzungen für die spätere Entwicklung des Landes, und die Truman-Doktrin sorgte für ein politisches Klima, das amerikanische Unternehmer in den folgenden Jahren ermutigte, in Griechenland zu investieren; aber diese Investoren hatten naturgemäß ihre eigenen Gewinne mehr im Blick als die allgemeine wirtschaftliche Entwicklung des Landes – und die verlief dann auch zunächst entsprechend holprig und unausgeglichen. Innenpolitische Stabilität wollte sich nicht einstellen, die diversen Programme der verschiedenen Regierungen zur Industrialisierung des Landes blieben letztlich ohne die große Perspektive. 1952 lief die Marshallplanhilfe in Griechenland aus – aber amerikanische Dollars standen auch weiterhin nahezu unbegrenzt zur Verfügung. Dies mag dazu beigetragen haben, daß sich die Planungsbemühungen der griechischen Politiker und die Unternehmungslust der griechischen Industrie in Grenzen hielten. Eigene Initiative, so mußte es manchem scheinen, war nicht vonnöten – Griechenland erlag in jenen Jahren mehr als einmal der Versuchung, sich als Kostgänger der reichen Amerikaner zu betrachten. So ist es kaum verwunderlich, daß die Strukturen der griechischen Wirtschaft sich in den fünfziger Jahren nur unwesentlich änderten: Griechenland blieb im wesentlichen ein Agrarland. Der Anteil der Industrie an der Gesamtproduktion der Volkswirtschaft erhöhte sich bis 1960 nur um etwa 3 %, und an den Exporten hatte die Landwirtschaft nach wie vor den Löwenanteil.

Das griechische Wirtschaftswunder

Die Wende kam in den sechziger Jahren. Griechenlands Assoziierung an die Europäische Wirtschaftsgemeinschaft, von den linksgerichteten Parteien des Landes erbittert bekämpft als Weg in die endgültige Abhängigkeit von den internationalen Großkonzernen, erwies sich als nachhaltiges Stimulans für seine Wirtschaftsentwicklung. Zwischen 1960 und 1970 entstanden in Hellas nicht weniger als zweihundert neue Industrieunternehmen – vor allem in den Branchen Mineralölverarbeitung, Eisen und Stahl, Metallverarbeitung und Chemie. Nickel- und Aluminiumexporte, noch 1960 völlig unbedeutend, machten zehn Jahre später schon 12 % aller griechischen Ausfuhren aus. Gleichzeitig nahm die Produktivität deutlich zu: Die Zahl der Beschäftigten wuchs zwischen 1961 und 1966 um 25 %, die Produktion hingegen erhöhte sich im gleichen Zeitraum um 50 %. Griechenland, lange Jahre im Dornröschenschlaf und scheinbar nur mit innenpolitischen Machtkämpfen und Intrigen beschäftigt, stieg unvermittelt vom Entwicklungsland zum Industriestaat auf. 1961 hatte das statistische Pro-Kopf-Einkommen noch bei mageren 418 Dollar gelegen – 1974 war es bereits auf 2140 Dollar geklettert, und 1983 erreichte es bereits gut fünftausend Dollar. Während die jährlichen Wachstumsraten in der Europäischen Gemeinschaft bei rund 4 % lagen, erzielte Griechenland Zuwächse von 6 bis 7 % im Jahr. Auf dem direkten Weg über neue Arbeitsplätze und steigende Löhne, indirekt über steigende Steuereinnahmen des Staates hatten nahezu alle Griechen Anteil an dieser Entwicklung: 1962 gab es in Griechenland gerade 6 Autos auf 1000 Einwohner – 1984 waren es bereits über 100; die Zahl der Fernsprechanschlüsse stieg von 36 pro 1000 Einwohner im Jahre 1962 auf knapp 300 pro 1000 im Jahre 1984.

Das stürmische Wachstum jener Jahre war verbunden mit deutlichen Veränderungen in der Wirtschaftsstruktur des Landes. Noch 1961 lieferte die Landwirtschaft 26,3 % des Sozialprodukts; 1980 hatte sich ihr Anteil auf ziemlich genau die Hälfte dieses Wertes reduziert.

Schon während der fünfziger Jahre hatte sich Griechenland um ausländische Investitionen bemüht; Steuervergünstigungen und vielfältige Möglichkeiten des legalen Gewinntransfers sollten Unternehmen aus Europa und den USA bewegen, in Griechenland zu produzieren. Doch deutliche Erfolge hatte dieses Werben um fremdes Kapital erst nach der EWG-Assoziierung. Zwischen 1953 und 1961 flossen kaum mehr als zweihundert Millionen Dollar Investitionskapital nach Hellas; aber während der sechziger Jahre investierten ausländische Anleger bereits über achthundert Millionen Dollar in Griechenland. Den Löwenanteil jener Jahre stellten dabei zwei Großprojekte: die Aluminiumfabrik der französischen *Péchiney*-Gruppe und das (1983 verstaatlichte) petrochemische Unternehmen der US-Firma *ESSO-PAPPAS*. Derzeit kommt knapp ein Viertel aller ausländischen Investitionen aus den USA, Frankreich hält mit 15 % den zweiten Rang – diese Reihenfolge geht jedoch in erster Linie auf das Konto der beiden genannten Großprojekte.

Solche Auslandsinvestitionen sind in Griechenland nicht ganz unumstritten. Vor allem die sozialistischen und kommunistischen Parteien befürchten, die griechische Wirtschaft könne allmählich vollständig unter die Kontrolle der Auslandskonzerne geraten. Tatsächlich ist das ausländische Engagement in Hellas stärker als in anderen europäischen Ländern: Fremde Investoren halten derzeit immerhin 20 % der Anteile an den hundert größten Unternehmen des Landes, und in den wichtigen, zukunftsträchtigen Industrien ist ihr Einfluß noch bedeutender: 62 % im Bereich der Grundmetallindustrie, je 30 % in den Sektoren Chemie und Elektrotechnik. Doch auch jene, die gegen die ausländischen Konzerne zu Felde ziehen, wissen insgeheim, daß ohne sie Griechenlands Wirtschaft einen bedeutenden Anteil ihre Exporte einbüßen würde.

Hinter den USA und Frankreich und vor Italien liegen die deutschen Investoren auf Platz drei – sie stellen derzeit rund 7 % des ausländischen Investitionskapitals. Zu jenen deutschen Unternehmen, die heute in Hellas produzieren, gehören so bekannte Firmen wie *AEG* und *Stiebel-Eltron* im Bereich der Elektrotechnik; *Siemens* fertigt in Griechenland Fernsprechanlagen, *Henkel* stellt Waschmittel und chemische Produkte her; im Bereich der Pharmaindustrie haben sich *Beiersdorf, Boehringer-Ingelheim* und *Hoechst* in Griechenland niedergelassen; *Osram* stellt Glühbirnen her, *Brinkmann* dreht Zigaretten, und auch die Segnungen deutscher Braukunst bleiben den Griechen nicht länger vorenthalten: schon seit Anfang der siebziger Jahre fließt *Henninger-Bier* aus zwei modernen Brauereien auf Kreta und in Nordgriechenland.

Wer freilich durch griechische Supermärkte streift, der wird alsbald feststellen, daß dieses Land weit davon entfernt ist, den heimischen Konsumgütermarkt selbst zu versorgen. Besonders im Bereich der Luxusartikel entgeht der griechischen Industrie immer noch ein gutes Geschäft. Die Verbraucher in den Großstädten verfügen, auch dank der immer noch grassierenden Steuerhinterziehung, über relativ hohe Einkommen, die – zumal in Jahren mit hoher Inflationsrate – meist unmittelbar in den Konsum fließen. Zu den bevorzugten Artikeln gehören Kosmetika, Geräte der Unterhaltungselektronik, Haushaltsgeräte, Möbel und Autos. In den meisten dieser Produktsparten hat die heimische Industrie so gut wie nichts zu bieten. Das liegt in vielen Fällen gar nicht einmal am mangelnden Unternehmungsgeist der griechischen Industriellen oder an einer zu kurzen Kapitaldecke – Hellas ist mit seinen rund 10 Millionen Menschen ein kleiner Markt: zu klein etwa für eine eigene, rationelle Automobilproduktion; so belasten allein die Autoimporte die griechische Handelsbilanz mit rund einer halben Milliarde Dollar jährlich. Weitere Millionenaufwendungen sind fällig für Elektroartikel, Kunststoffe und Luxusgüter wie Pelze, Parfüms und Schmuck. An diesem Zustand wird sich auf absehbare Zeit nichts ändern – im Gegenteil: Die EG-Mitgliedschaft und der damit verbundene schrittweise Abbau der Einfuhrzölle haben eine neue Importlawine über das Land gebracht. Überdies greifen viele griechische Verbraucher besonders gern zu ausländischen Produkten – denn diese stehen im Ruf, von besserer Qualität zu sein als einheimische Ware. Diese Vorliebe für fremdländische Artikel hat manchmal geradezu groteske Folgen: So stößt man in griechischen Supermärkten nicht nur auf ‹deutschen› Orangensaft (der mutmaßlich zuvor aus Griechenland in die Bundesrepublik exportiert wurde), sondern sogar auf amerikanisches Toilettenpapier und englische Papierservietten. Mit anderen Worten: Importiert werden auch Konsumgüter, die Griechenlands Industrie und Landwirtschaft sehr wohl selbst herstellen.

Es scheint, als müßte der griechische Finanzminister mit solchen die Zahlungsbilanz schwer belastenden Einfuhren auch künftig leben – folglich muß Griechenland, um das Loch in der Leistungsbilanz nicht zu groß werden zu lassen, mehr exportieren. Da freilich bedarf es, gerade nach dem EG-Anschluß, großer Anstrengungen. Denn wer exportieren will, der muß vor allem planmäßig produzieren und pünktlich liefern. Doch da erweist sich die Mentalität manches griechischen Unternehmers als Hemmschuh.

Improvisation statt Planung

Spektakuläre Geschäfte, wie sie viele der Reeder quasi über Nacht gemacht haben, sind ganz nach dem Geschmack griechischer Geschäftsleute; Investitionen hingegen, die sorgsam geplant sein wollen und möglicherweise erst nach Jahren Gewinne abwerfen, sind weniger gefragt. Die zum großen Teil unrealistischen Renditeerwartungen vieler griechischer Unternehmer begünstigen naturgemäß den Aufstieg und rapiden Niedergang von Eintagsfliegen. Ein Geschäft, das nicht unmittelbar Gewinn abwirft, ist in den Augen vieler Griechen kein gutes Geschäft. Es mangelt folglich auch heute noch an langfristig angelegten, solide in die Zukunft geplanten Projekten. Eine Erklärung für dieses Phänomen mag sein, daß die zahllosen, rasch aufeinanderfolgenden Regierungswechsel der fünfziger und sechziger Jahre kein gutes Klima für langfristige Investitionen boten. Zu den Dauerproblemen der griechischen Wirtschaftspolitik in den letzten drei Jahrzehnten gehören die oft abrupten Kurswechsel in der Steuer- und Geldpolitik. Diese wirtschaftspolitischen Wechselbäder haben viele Griechen in ihrem Glauben bestärkt, daß nur schnelle Gewinne sichere Gewinne sind.

Gewiß aber bringen auch gravierende Mängel im Management manches griechische Unternehmen um die Früchte des Erfolges. Schon während der siebziger Jahre, als sich dank der EG-Assoziierung für Griechenlands Industrie die bislang von Zollschranken verschlossenen Grenzen zu den europäischen Märkten allmählich öffneten, mußten viele Hersteller die bittere Erfahrung machen, daß sie in punkto Marketing und Produktmanagement mit der Konkurrenz längst nicht immer mithalten konnten; es zeigte sich, daß eine ‹Verkaufskanone› (und jeder zweite Grieche kann dieses Prädikat für sich in Anspruch nehmen) noch lange kein erfolgreicher Marketingmann ist. Viele haben aus diesen Erfahrungen die resignative Konsequenz gezogen, daß man eben auf den Auslandsmärkten nicht bestehen könne. Die Gründe für ein Fiasko bei sich selbst zu suchen, fällt einem griechischen Geschäftsmann nicht ganz leicht, wie generell viele Hellenen dazu neigen, ein Mißgeschick stets mit höherer Gewalt oder dem Wirken finsterer Mächte, die sich gegen sie verschworen haben, zu erklären. Ein solcher Mangel an Selbstkritik ist natürlich keine gute Basis für erfolgreiches Unternehmertum. Doch zahlreiche Unternehmen der textil- und lederverarbeitenden Industrie, während der letzten Jahre auch Industriebetriebe der Metallverarbeitung, haben den Beweis erbracht, daß nicht nur ihre Produkte auf dem Weltmarkt konkurrenzfähig sind; sie haben überdies demonstriert, daß des Griechen größtes Kapital – seine schier unbegrenzte Improvisationsgabe – auch hier Rendite bringen kann: Diese Improvisationsgabe ist es, die es vielen griechischen Unternehmen leichter macht, auf Veränderungen am Markt zu reagieren, als das manchem Großkonzern möglich sein dürfte.

Manches Mal scheint es allerdings, als kämpften die griechischen Exporteure weniger gegen die Konkurrenz als vielmehr gegen eine immer noch übermächtige, so manche unternehmerische Aktivität lähmende Bürokratie. Besondere Sorgenkinder für die Volkswirtschaft sind die Banken (überwiegend in Staatsbesitz), die bis heute vom bargeldlosen Zahlungsverkehr recht wenig halten und so Geschäftsleute wie auch Privatkunden nötigen, unzählige Stunden im Jahr vor den Schaltern zu verbringen, um Bargeld abzuheben, mit dem dann bei Geschäftspartnern oder Behörden die diversen Rechnungen bezahlt werden müssen – ein zeitraubendes, kostspieliges und völlig sinnloses Verfahren. Zigtausende von Geldboten sind tagein, tagaus mit nichts anderem beschäftigt, als mit einer Aktentasche voller Geldscheine von einer Bankfiliale zur nächsten zu pilgern, um die täglichen Transaktionen abzuwickeln. Der Umstand, daß die größte in Griechenland im Umlauf befindliche Banknote der Tausend-Drachmen-Schein ist, was nach dem Stand von 1983 nicht einmal 30 Mark entsprach, macht dieses Tagewerk nicht eben leichter. Ohne Frage ist Griechenlands antiquiertes Bankwesen immer noch der größte Klotz am Bein einer Wirtschaft, die unzählige Arbeitsstunden darauf verwenden muß, sich mit einer überlebten Bürokratie herumzuschlagen. Mittlerweile ist es immerhin möglich – ein großer Schritt nach vorn für griechische Verhältnisse –, die Telefonrechnung bei der Bank oder auf dem Postamt zu bezahlen (und nicht nur an den überfüllten Schaltern der Telefongesellschaft). Doch die allermeisten Vorzüge des bargeldlosen Zahlungsverkehrs bleiben den Griechen immer noch vorenthalten.

Vereinfacht hat sich während der letzten Jahre immerhin das ehedem schrecklich umständliche Verwaltungsverfahren für Ein- und Ausfuhr. An diesen bürokratischen Hürden scheiterte in früheren Jahren so mancher auch für die Staatskasse lukrative Exportauftrag. Selbst prominente Politiker räumen unumwunden ein, daß viele griechische Institutionen die Anpassung an die Erfordernisse einer jetzt im EG-Rahmen operierenden Volkswirtschaft noch nicht geschafft haben; es zeigt sich, daß Bürokratien über viele Jahre hinweg ein Beharrungsvermögen entwickeln, das selbst energischen Reformversuchen sich widersetzt. Auch Griechenlands seit 1981 regierende Sozialisten, die mit dem Versprechen antraten, mit den Auswüchsen der Bürokratie Schluß zu machen, haben bislang in dieser Hinsicht recht wenig erreicht.

Die weltweiten Konjunktureinbrüche während der sechziger und siebziger Jahre haben Griechenlands Wirtschaft weniger hart getroffen als die anderer europäischer Länder. Extrem niedrige Inflationsraten und eine Arbeitslosenziffer, die kaum jemals höher als 2 % lag, ließen Griechenland in jenen Jahren weit besser dastehen als viele seiner Nachbarn. Erst die drastischen Ölpreiserhöhungen 1978 und 1979 haben auch in Hellas deutliche Spuren hinterlassen. Sie machten das zunichte, was gerade in greifbare Nähe gerückt schien: den Ausgleich der Leistungsbilanz. Das Gleichgewicht zwischen Ausfuhr und Einfuhr von Waren und Dienstleistungen ist einer der wichtigsten Indikatoren für den Zustand und die Leistungsfähigkeit einer Volkswirtschaft. Den Griechen war es gelungen, diesem Ziel einer annähernd ausgeglichenen Leistungsbilanz bis Anfang der siebziger Jahre bemerkenswert nahe zu kommen. Zwar importierte das Land nach wie vor weit mehr Güter, als es selbst exportierte; doch während 1961 nur knapp 30% aller Einfuhren durch Ausfuhren gedeckt waren, verbesserte sich diese Deckungsrate bis 1974 immerhin auf 46%. Steigende Deviseneinnahmen aus der Handelsschiffahrt und dem Tourismus trugen schließlich dazu bei, das Leistungsbilanzdefizit in vergleichsweise engen Grenzen zu halten. Doch dann kam die Ölpreisexplosion. Die Ölrechnung macht inzwischen 30% aller griechischen Einfuhrkosten aus. Dieselbe Entwicklung, die sogar der jahrelang nur an Exportüberschüsse gewöhnten Bundesrepublik ein kräftiges Leistungsbilanzdefizit bescherte, trieb Hellas erst recht in die roten Zahlen: In der Handelsbilanz hatte der Fehlbetrag noch 1970 bei rund einer Milliarde Dollar gelegen; 1983 kletterte er auf rund 6 Milliarden. Mit den Deviseneinnahmen aus der Schiffahrt, dem Fremdenverkehr sowie den Überweisungen griechischer Gastarbeiter an ihre Familien daheim konnte bislang der weitaus größte Teil dieses Fehlbetrages abgedeckt werden: noch 1983 blieb in der Leistungsbilanz unter dem Strich ein Defizit von rund zwei Milliarden Dollar. Daß der Fehlbetrag nicht höher ausfiel, war jedoch ganz wesentlich auch den rückläufigen Importen zu verdanken.

Weil sie die knappen Devisenvorräte vor allem für die Öleinfuhren benötigt, müht sich die griechische Regierung während der letzten Jahre, wo immer möglich, Kompensationsgeschäfte abzuschließen. So importierte die staatliche Telefongesellschaft kürzlich 90000 Telefonapparate aus der DDR und ‹bezahlte› dafür mit griechischem Tabak; Tabak war es schließlich auch, der den Athener Verkehrsbetrieben zu siebenhundert neuen Omnibussen aus Ungarn verhalf.

Solche Tauschgeschäfte sind nicht jedermanns Sache. Bundesdeutsche Firmen, die nolens volens solche Transaktionen mit den meisten Ostblockstaaten abwickeln, sind daran interessiert, diesen Naturalienhandel so weit wie möglich zu begrenzen. Gelegentlich geht da freilich ein gutes Geschäft verloren: Als Griechenland gegen Ende der siebziger Jahre das Farbfernsehen einführte und zwischen dem französischen *SECAM*-System und dem deutschen *PAL*-Verfahren zu wählen hatte, machten schließlich die Franzosen das Rennen. Sie waren, anders als die Deutschen, bereit, ihre Technologie für blauen Dunst, also gegen griechische Tabaklieferungen herzugeben.

Wie erfolgreich die griechische Exportwirtschaft die Chancen des ihr nun offenstehenden gemeinsamen Marktes nutzen wird, das dürfte auch davon abhängen, wie rasch sich die Industrie des Landes an den hohen Leistungsstandard der ausländischen Konkurrenz anzupassen vermag. Die griechischen Unternehmen haben zwar in den vergangenen zwanzig Jahren beachtliche Steigerungen ihrer Produktivität erzielt und ihre Produktpalette erheblich erweitern können; aber immer noch kranken viele Unternehmen daran, daß ihre Betriebsgröße ganz einfach zu klein ist, um auf den Auslandsmärkten erfolgreich mithalten zu können. 95 % aller Betriebe in Hellas haben weniger als zehn Beschäftigte, und die Zahl der Großunternehmen mit mehr als tausend Arbeitern und Angestellten ist nach wie vor gering; die zehn größten Firmen des Landes beschäftigen zusammengenommen nicht einmal 20000 Personen. Vor allem im Bereich der Textilindustrie, nach wie vor Griechenlands Exportbranche Nummer eins, gibt es eine große Zahl von Familienbetrieben, die nur drei oder vier Beschäftigte haben; nur zwei Textilfabriken des Landes haben mehr als zweitausend Arbeitnehmer. Daß die meisten dieser Kleinunternehmen kaum aus eigener finanzieller Kraft die notwendigen Modernisierungen durchführen können, liegt auf der Hand. Kein Zweifel: Viele dieser Unternehmen hat der EG-Beitritt bereits in ernste Schwierigkeiten gebracht.

Supermarkt auf drei Quadratmetern

Morgens früh um sechs geht Jorgos die drei Treppen von seiner Wohnung in der Athener Patission-Straße hinunter, zieht die Jalousien an seinem Kiosk hoch, der gleich vor der Haustür steht, und beginnt mit der Arbeit: Er sortiert das Paket mit den Morgenzeitungen, das der Grossist irgendwann im Morgengrauen am Straßenrand abgeliefert hat, er befestigt mit Wäscheklammern ein paar Dutzend bunter Magazine an jenen Leinen, die über die braunlackierten Holzwände seiner Zeitungsbude gespannt sind, er rückt die Pappschachtel mit dem Kaugummi und den Dropsen gerade, füllt das Zigarettenregal auf und läßt sich dann, in Erwartung seiner ersten Kunden, auf seinem Holzschemel im Innern des knapp drei Quadratmeter großen Häuschens nieder. Es geht eng zu hier drinnen: Jeder verfügbare Winkel ist vollgestopft mit Waren aller Art – denn Jorgos ist, wie alle Zeitungshändler in Athen, weit mehr als ein Zeitungshändler. Er ist Herr über ein Sortiment, das zwischen zweihundert und zweitausend Artikel umfaßt. Zeitungen und Zeitschriften, Schreibpapier und Postkarten, Kugelschreiber und Zahnpasta, Schokolade, Zigaretten und Rasierklingen – das gehört zur Grundausstattung eines jeden *Periptero* – so heißen die Kioske hier. Jorgos wäre ein schlechter Geschäftsmann (und also kein echter Grieche), wenn er sich damit zufriedengäbe. Neben dem Normalangebot eines Periptero bietet er allerlei Spezialitäten feil: Babywindeln und Schuhcreme, Taschenlampen und Mottenkugeln, Alleskleber und Heftpflaster – kurzum, er verkauft so ungefähr alles, was man zum Leben so braucht und beim großen Einkauf regelmäßig vergißt.

Am frühen Nachmittag, wenn der Andrang der Kunden nachläßt, übernimmt Eleni (das ist Jorgos' Frau) das Geschäft bis zum Abend; die Spätschicht, sie dauert an manchen Tagen im Sommer bis gegen zwei Uhr früh, macht Jorgos dann wieder selbst. Jorgos ist Händler mit Leib und Seele; nie würde es ihm in den Sinn kommen, seinen Schemel im Periptero gegen einen Arbeitsplatz im Supermarkt einzutauschen; er müßte dann überdies beträchtliche Einbußen hinnehmen. Über Umsätze spricht er nicht gern, aber wer Jorgos einen Vormittag lang über die Schulter blickt, kann sich leicht ausrechnen, daß da pro Monat gewiß das Drei- bis Vierfache eines durchschnittlichen Verkäufergehalts herausspringt. Jorgos kann also zufrieden sein und ist es auch – oder doch fast: Er träumt, wie viele seiner Kollegen, von einem Periptero am Kolonaki- oder Sintagmaplatz – denn dort gibt es mehr Touristen. «Am Sintagma», sagt Jorgos, «kannst du ein Vermögen machen! Die ausländischen Zeitungen und Zeitschriften, die amerikanischen Zigaretten – das bringt Umsatz! Da soll es einige geben, die haben sogar französischen Champagner im Sortiment!»

Das ist dann wohl eines der Erfolgsgeheimnisse: Das Angebot muß stimmen. Was am unteren Ende der Patission-Straße gut läuft, erweist sich möglicherweise drei Blocks weiter als Ladenhüter; und am Omoniaplatz sind andere Dinge gefragt als in der Ermou-Straße. So ist das jeweilige Sortiment dieser Miniatursupermärkte dann auch ein Spiegelbild des Straßenkarrees, das er versorgt.

Jorgos und seine Kollegen gehören zu jenen mehr als 1,2 Millionen Griechen, die sich auf eigene Rechnung ihren Lebensunterhalt verdienen. 35 % aller Erwerbstätigen in Hellas sind ihr eigener Herr – das ist ein weit höherer Anteil als in den übrigen westlichen Ländern: Im Durchschnitt aller OECD-Staaten liegt ihr Anteil bei 15 %. Diese rund 1,2 Millionen Selbständigen rekrutieren sich, neben den Angehörigen der klassischen freien Berufe wie Ärzte und Rechtsanwälte, vor allem aus Handwerkern und Händlern. Die Lotterieverkäufer am Sintagmaplatz, die Schuhputzer auf der Stadiou-Straße, die Taxifahrer und die Minispediteure, die in ihren grünen Dreiradmobilen zeitunglesend auf eine Fuhre warten – sie alle sind ‹Selbständige›. Dann gibt es – und wohl in so großer Zahl nur in Griechenland – jene ‹Unternehmer›, die ihre Tage vorwiegend damit verbringen, auf ein lohnendes Geschäft zu warten. Dieser Gelegenheitshandel mit Waren aller Art – von der Immobilie bis zum gebrauchten Autoreifen – und das Vermarkten der eigenen Fähigkeiten – sei es als Amateurklempner, Aushilfsdolmetscher oder Gelegenheitssteuerberater – ist in aller Regel nicht so lukrativ wie die geregelte Arbeit in einem Versicherungsbüro oder einem Handwerksbetrieb; dafür bietet aber diese Art, seinen Lebensunterhalt zu verdienen, mindestens die Illusion der totalen Unabhängigkeit und die Hoffnung, irgendwann einmal das ganz große, das geniale Geschäft zu machen. «Was hast du für einen Beruf?» läßt Nikos Kazantzakis seinen Engländer den Alexis Sorbas fragen, und der gibt zur Antwort: «Alle, die man mit Fuß, Hand und Kopf ausüben kann, alle. Das fehlte noch, daß ich da eine Auswahl treffe!»

Der überaus hohe Anteil der selbständigen Gewerbetreibenden in Griechenland gilt den Statistikern in den anderen Ländern Europas meist als Indiz für wirtschaftliche Rückständigkeit, für niedrige Produktivität und mangelnde Effizienz des Handels- und Dienstleistungssektors im zehnten EG-Staat. Aus der Sicht der kühlen Rechner mag das zutreffen: Gewiß bieten die großen Supermarktketten ein größeres Warenangebot und niedrigere Preise als die Tante-Emma-Läden, von denen es in Griechenland prozentual weit mehr gibt als in irgendeinem anderen Land Europas. Doch da klaffen statistische Erkenntnisse und Lebenserfahrung eben auseinander: Das Heer der kleinen Gewerbetreibenden leistet in Griechenland nicht nur einen charmanten Beitrag zum Ambiente einer Großstadt wie Athen oder eines Dorfes auf dem Peloponnes – sie bieten gleichzeitig auch Dienstleistungen, wie sie in anderen europäischen Ländern schon seit zwei Jahrzehnten nicht mehr zur Verfügung stehen. Die zahllosen kleinen Krämerläden und Werkstätten haben das Bild der griechischen Städte vor neonbeleuchteter Sterilität und kalter Funktionalität bewahrt: Da gibt es immer noch die Schneiderwerkstatt im Souterrain, fünf ausgetretene Treppenstufen unter dem Straßenniveau; den Fleischerladen, der statt chromblitzender Verkaufstheken über einen gewaltigen, hölzernen Uralt-Kühlschrank und einen riesigen Hackklotz verfügt – die Rinder- und

Schweinehälften baumeln an Fleischerhaken hart an der Grenze zur Fahrbahn der Hauptstraße. Hygieneinspektoren aus den keimfreien Zonen Nordeuropas würden gewiß die Hände über dem Kopf zusammenschlagen – aber merkwürdig: Krank wird hier niemand von dieser unbekümmerten Art des ‹Marketing›.

Nein, die Statistiker verraten uns nur die halbe Wahrheit. Das griechische System der Versorgung mit Waren und Dienstleistungen erweist sich als immer noch höchst leistungsfähig: Nicht mehr als drei Minuten sind es bis zum nächsten Bäcker, und der backt sein Brot eben wirklich selbst; im Gemüseladen an der Ecke ist es eine Selbstverständlichkeit, daß der Kunde sich die Ware selbst aussucht, Melonen und Kopfsalat handgreiflich auf Qualität und Reife überprüft, Kirschen und Trauben ausgiebig kostet, bevor er sich zum Kauf entschließt. So gesehen ist Griechenland ein Einkaufsparadies für jeden, dem es nicht auf klarsichtverpackte Sterilität ankommt. Vorsicht allerdings: Der hochentwikkelte Geschäftssinn mancher griechischer Händler schlägt ab und zu voll durch – es kann vorkommen, daß Waren zu völlig phantastischen Preisen angeboten werden. Griechische Verbraucher nehmen solche Unverschämtheiten eher amüsiert als empört zur Kenntnis – und gehen in ein anderes Geschäft. Merke: Auch der Versuch, den Kunden dann und wann übers Ohr zu hauen, gehört offenbar zum Spiel von Angebot und Nachfrage.

Immer noch ist Griechenland ein Handwerkerparadies – besser gesagt: ein Paradies für jene, die der Dienste eines Handwerkers bedürfen. Ob der Wasserhahn tropft oder der Strom ausfällt, der Fachmann wohnt meist um die Ecke und ist auch Sonntag morgens erreichbar. Über die Qualität der dann geleisteten Arbeit allerdings gehen die Meinungen auseinander. Jenen, die griechischen Handwerkern nicht blindlings trauen, muß man wohl Recht geben – denn gelegentlich nimmt die Improvisationsgabe doch überhand. Vor einem Problem zu kapitulieren und unverrichteter Dinge wieder abzuziehen, das verträgt sich nicht mit der Berufsehre eines griechischen Handwerkers. Das verführt gelegentlich gar den Elektriker dazu, sich an die Reparatur eines Farbfernsehgerätes zu begeben, oder den Klempner, sich an einem defekten Elektroherd zu versuchen – meist sichtlich schlechten Gewissens zwar, aber doch in der verzweifelten Hoffnung, auf wundersame Weise die Lösung des Problems zu finden. Diese Lösung hält freilich oft nur so lange, bis ihr Urheber das Weite gesucht hat. Doch die Chancen stehen gut, daß er auch ungerufen am nächsten Tag vor der Tür steht und sich, sei es aus Reue, sei es aus echter Neugierde, arglos nach dem Fortgang der Dinge erkundigt. Und wenn er dann hören muß, das nicht alles zum besten steht, geht er sogleich wieder an die Arbeit – diesmal ganz in der Rolle des Experten für besonders schwere Fälle: Wie gut, daß Sie an mich geraten sind – ein anderer hätte längst kapituliert.

Natürlich geben auch griechische Handwerker gelegentlich auf; natürlich erleiden auch sie schmachvolle Niederlagen im Kampf mit widrigen Umständen und tückischen Objekten; doch meist wissen sie auch solche Katastrophen in Triumphe zu verwandeln:

Eine Fensterscheibe geht zu Bruch. Der Wohnungsmieter, ein Ausländer, kaum drei Monate in Griechenland und daher im Umgang mit griechischen Handwerkern noch ungeübt, mißt mit dem Zollstock sorgsam die Maße des Rahmens nach, telefoniert nach dem Glaser und gibt ihm (in der Hoffnung, die Reparatur zu beschleunigen) die Maße gleich durch. Schon das freilich muß ein griechischer Glaser als Erniedrigung empfinden: Traut man ihm nicht zu, mit einem Zollstock umzugehen? Hält man ihn für einen Dilettanten? – Der Glaser kommt, bringt die nach den Maßen des *Xenos*, des Fremden, zugeschnittene Scheibe mit – und begibt sich nun, statt das Glas gleich einzusetzen, zunächst skeptisch ans Nachmessen der ihm übermittelten Dimensionen. Und siehe da: der Fremde hat natürlich falsch gemessen – nicht 112 Zentimeter mißt die Höhe, sondern nur 102. Der Seitenblick auf den Hausherrn ist, nach dieser Entdeckung, vergleichsweise milde und voller Nachsicht: ein Ausländer eben ... Ritsch-ratsch werden mit dem Glasschneider die überzähligen zehn Zentimeter abgetrennt – wieder ein Seitenblick, der zu sagen scheint: Das kommt dabei heraus, wenn sich ein Laie einmischt. Dann das Einsetzen der Scheibe – oder besser gesagt, der Versuch dazu – es fehlen zehn Zentimeter in der Höhe; die liegen, ritsch-ratsch abgeschnitten, auf dem Fußboden. – Eine Niederlage, wie sie sich schlimmer, offenkundiger nicht denken läßt. Mit ungläubigem Staunen hebt der Glaser den abgeschnittenen Streifen auf, hält ihn an das Loch im Fenster, und sein Vorschlag zur Lösung des Problems ist ebenso mutig wie wahnsinnig: Wir setzen, sagt er, das abgeschnittene Stück einfach ein und machen die Fuge im Glas mit Klebestreifen dicht! Der Fremde aber ist unerbittlich, treibt die Eskalation immer weiter: Er lehnt diese Art der Reparatur ab, besteht auf fugenloser Verglasung. Da entsinnt sich der Glaser seines Bandmaßes – zieht es aus der Hosentasche, legt es an den Rahmen, mißt nach und kommt – mit irgendeinem Kunstgriff – wieder auf 102 Zentimeter statt 112. Des Rätsels Lösung ist gefunden – *made in Japan* steht auf dem Bandmaß; ein mitleidiges Lächeln für den Hersteller in Yokohama. Der Fremde ist diplomatisch genug, diese Lösung des Problems zu akzeptieren – womit die griechische Handwerkerehre für diesmal wiederhergestellt wäre.

Ernster Hintergrund dieser (wahren) Geschichte ist, daß viele Handwerker in Hellas sich tatsächlich mehr auf ihre Erfindungsgabe verlassen müssen als auf solides Fachwissen. Die meisten lernen ihren Beruf im väterlichen Betrieb, viele sind gar Autodidakten. Um die berufliche Bildung steht es schlecht in Griechenland, wie überhaupt das gesamte Bildungs- und Ausbildungswesen trotz vieler Reformversuche noch immer viel traditionalistischen Ballast abzuwerfen hat.

Verpaßte Chancen

Sich Gedanken über ein leistungsfähiges, den Bedürfnissen des Landes angemessenes Erziehungssystem zu machen, das gehörte mit zu den ersten Beschäftigungen des Griechenkönigs Otto, der 1832 den Thron des eben souverän gewordenen Staates bestiegen hatte. Während der vierhundertjährigen türkischen Okkupation waren es vor allem die griechisch-orthodoxen Priester gewesen, die in den Klöstern und Schulen die griechische Sprache am Leben erhalten hatten. Dennoch war Griechenland Anfang des 19. Jahrhunderts weit davon entfernt, über ein auch nur halbwegs funktionierendes Schulwesen zu verfügen, auf dem man hätte aufbauen können. Wie schlecht es trotz der Bemühungen der Kirche nach vier Jahrhunderten Türkenherrschaft um die Bildung des Griechenvolkes bestellt war, verrät die hohe Zahl der Analphabeten – zwar gibt es keine genauen statistischen Werte aus jener Zeit, aber man schätzt, daß in den dreißiger Jahren des 19. Jahrhunderts nahezu 95 % aller über zehn Jahre alten Griechen des Schreibens und Lesens unkundig gewesen sein müssen.

Im März 1833, keine zwei Monate nach der Ankunft des neuen Königs, nahm in Athen ein Expertenkollegium die Arbeit auf – seine Aufgabe: die Planung eines Bildungssystems, mit dessen Hilfe – so der ehrgeizige Traum der Regierung – die Nation binnen weniger Jahrzehnte den Anschluß an die anderen europäischen Länder schaffen sollte. Man konzipierte, man beriet, man schmiedete Pläne und verwarf sie wieder – nach neun Monaten gingen die Gelehrten dieser

Kommission auseinander, ohne ein schlüssiges Konzept vorgelegt zu haben. Der bayerische Juraprofessor Ludwig von Maurer war es, der wenig später das Problem erneut, diesmal im Alleingang in Angriff nahm. Maurer gehörte zu den engsten Beratern des Königs Otto, und er genoß überdies das besondere Vertrauen Ludwigs I. von Bayern, des Vaters Ottos, der während jener Jahre in Griechenland kräftig mitregierte. Als Vorbild für das Schulwesen des Landes wählte von Maurer das zeitgenössische französische Bildungssystem: ein streng zentralisiertes, reichlich kompliziertes Modell; jedes Detail war gesetzlich genau reglementiert: Organisation, Verwaltung, Lehrpläne, Ausbildung der Lehrkräfte – was letztere anbetraf, begnügte sich das griechische Gesetz als Mindestqualifikation mit der «Fähigkeit zu lesen, zu schreiben und zu zählen und der Fähigkeit, das Evangelium zu erklären sowie zu singen ...»

All das stand zunächst nur auf dem Papier. Zwar gab es nun in Hellas Schulpflicht vom fünften bis zum zwölften Lebensjahr – doch mangelte es, vor allem in den Bergdörfern, einstweilen an Schulen. Die Verkehrsverbindungen waren schlecht, die Wege von den Dörfern zur nächstgrößeren Stadt weit und während des Winters gar wochenlang unpassierbar. So kam, kein Wunder, die Bildungsoffensive des jungen Königs nur schleppend in Gang. 1834, als Athen Hauptstadt des neuen Königreichs wurde, gab es hier nicht eine einzige Schule; im Land selbst waren es zu jener Zeit immerhin drei Dutzend.

Der Anfang schien schwer genug, und so sollte es nicht etwa am Geld scheitern, fand die Regierung – und erließ den Ärmsten das Schulgeld; wer es aufbringen konnte, zahlte die vergleichsweise bescheidene Summe von (je nach Einkommen) zehn bis fünfzig Lepta pro Monat. Ein volles Klassenzimmer, heute von Pädagogen als hinderlich empfunden, zahlte sich damals aus: Das Schulgeld floß, als Bonus zu einem äußerst bescheidenen staatlichen Gehalt, direkt in die Tasche des Lehrers. Gab es ein Schulhaus und einen Lehrer, lernten die kleinen Griechen jener Tage nicht allein Schreiben, Lesen, Rechnen und Zeichnen – die Stundenpläne umfaßten auch so praktische Disziplinen wie Gärtnern, Landwirtschaft und Bienenzucht.

Zwei Jahre nach der Einführung der allgemeinen Schulpflicht begann die Regierung, sich auch über die höhere Schulbildung Gedanken zu machen. Diesmal diente das bayerische Schulwesen als Modell – und vorbei war es mit so nützlichen Unterrichtsfächern wie Bienenzucht und Landwirtschaft. In den ‹Lateinschulen› und ‹Gymnasien› des

Landes quälten sich fortan die Zwölf- bis Fünfzehnjährigen vor allem mit altgriechischer Grammatik ab – von dreißig Wochenstunden entfielen allein zwölf auf dieses Fach. Religion und Geschichte waren zwei weitere Schwerpunkte im Stundenplan; für Fächer wie Physik, Mathematik oder Chemie blieb so gut wie keine Zeit. Von den Gymnasiallehrern wurde erwartet, daß sie ein Universitätsstudium absolviert hatten – doch da mußte man sich zunächst ausschließlich auf jene stützen, die ihre Studien im Ausland getrieben hatten: Erst 1837 öffnete Griechenlands erste Universität in einem bescheidenen Haus am Nordhang der Akropolis ihre Pforten. Im ersten Semester hatte sie ganze 52 Studenten der Fachrichtungen Philosophie, Religion, Medizin und Jura.

All diese Bemühungen, binnen weniger Jahre aus dem Nichts ein funktionierendes Bildungswesen für den jungen Staat zu schaffen, waren kostspielig und belasteten vor allem auch die Schatulle des Bayernkönigs Ludwig, der immer wieder mit Zuschüssen aushelfen mußte. Die Erfolge dieser Anstrengungen stellten sich schmerzhaft langsam ein: 1879 waren immerhin noch vier Fünftel der Bevölkerung Analphabeten; 1920 konnte freilich schon jeder zweite Grieche schreiben und lesen, 1961 zählten die Statistiker nur mehr 18 % Analphabeten, und derzeit dürfte ihr Anteil bei etwa 10 % liegen; das ist der landesweite Durchschnitt – in den Städten liegt der Prozentsatz naturgemäß niedriger, in der Provinz höher. Damit hat Griechenland während der vergangenen hundert Jahre zwar beeindruckende Fortschritte in der Elementarbildung erzielt, doch von seinen Partnern in der Europäischen Gemeinschaft trennt das Land noch ein erheblicher Graben: Im EG-Durchschnitt liegt die Analphabetenrate unter 1 % – und dieser Wert geht nahezu ausschließlich auf das Konto Italiens mit einer Analphabetenrate von rund 5 % und Belgiens mit etwa 3 %; in den anderen Staaten der Gemeinschaft gibt es statistisch erfaßbaren Analphabetismus nicht. Doch wenn die Griechen sich in ihrer unmittelbaren Nachbarschaft umsehen, dürfen sie unbesorgt sein: allein Bulgarien und die UdSSR haben größere Erfolge im Kampf gegen den Analphabetismus vorzuweisen; in Jugoslawien hingegen sind immer noch 15 % der Bürger des Schreibens und Lesens unkundig, in der Türkei gar 38 %, und der EG-Kandidat Portugal meldet 29 % Analphabeten.

Grundschulen gibt es heute in jedem größeren Dorf – 9500 sind es im ganzen Land, und auch an Lehrern herrscht kein Mangel: Jeder der rund 30000 Grundschullehrer hat im Schnitt nur 29 Kinder zu betreuen. Doch was vielen Sorge macht, ist diese Frage: Hat dieses während der letzten Jahrzehnte so eindrucksvoll gewachsene Bildungssystem sich den Anforderungen einer veränderten gesellschaftlichen und beruflichen Umwelt anpassen können? Noch bis weit in die sechziger Jahre hinein atmeten die Schüler in Griechenland die verstaubte Luft des 19. Jahrhunderts. Die Wände der Klassenzimmer waren geschmückt mit Abbildungen der diversen Nationalhelden, und je nachdem, welche Regierung gerade am Ruder war, wurden einige Porträts abgehängt und durch andere ersetzt. Im Mittelpunkt aller Geschichtsbetrachtung stand die große Nation der Hellenen, und den Gegenwartsproblemen dieser Nation wurde naturgemäß weit weniger Aufmerksamkeit zuteil als den glorreichen Kapiteln der Geschichte: Perikles, Alexander der Große, Kaiser Konstantin. All das war keine gute Voraussetzung für ein vorurteilsfreies, aufgeklärtes Studium der eigenen Historie; das Schulleben war ritualisiert, das vermittelte Geschichtsbild mechanistisch, und Disziplin zählte mehr als Begabung und deren Förderung.

Georgios Papandreou war es, der als erster energisch die seit Jahrzehnten überfällige Reform wagte: 1965 legte er sein Programm einer ‹pädagogischen Revolution› vor. Es enthielt die Verlängerung der allgemeinen Schulpflicht von sechs auf neun Jahre, die Durchforstung der veralteten Lehrpläne und versprach eine bessere Ausbildung der Lehrer vor allem im Handwerk der Didaktik. Doch diese Reform wurde von den politischen Ereignissen der folgenden Jahre im Keim erstickt: Als 1967 die Militärs die Macht übernahmen, war klar, daß von den neuen Lehrplänen nichts übrigbleiben würde. Die Obristen bemühten sich zwar um organisatorische Straffung des Bildungswesens, bauten neue Schulen, doch gleichzeitig warfen sie Hunderte ‹politisch unzuverlässige› Lehrer und Professoren aus dem Staatsdienst; Schulen und Hochschulen des Landes wurden zu Propagandainstrumenten der neuen Regierung. Zahllose Schulbücher zogen die Militärs aus dem Verkehr, die Lehrpläne ließen sie ihrer ideologischen Vorstellungswelt anpassen, und über den Erfolg eines Prüflings entschied nicht zuletzt dessen ‹politisches Gewissen›. Griechenlands Bildungswesen war in jenen Jahren auf dem Weg zurück ins 19. Jahrhundert; das war das Ergebnis einer Schul- und Hochschulpolitik, deren Protagonisten – Papadopoulos und Co. – neben vielem anderen auch eklatant ungebildet waren, gleichwohl aber keine Hemmungen zeigten, ihr verschroben-reaktionäres Weltbild zum Gegenstand von Lehrplänen zu erheben. Daß die Spitzen der griechisch-orthodoxen Kirche, jener Kirche, die sich während der türkischen Okkupation so bedeutende Verdienste um die Bewahrung der nationalen Identität Griechenlands erworben hatte, diesen Marsch nach rückwärts willig, auch begeistert mitmachte, gehört zu den großen Hypotheken, die Griechenlands Bischöfe in neuerer Zeit auf sich geladen haben.

Konstantin Karamanlis, der 1974 die Regierungsgeschäfte nach einer abgewirtschafteten Obristenclique übernahm, machte einen zweiten Anlauf zur grundlegenden Reform des Bildungswesens. Freilich war nicht alles neu, was seine Regierung proklamierte: Die Ausdehnung der Schulpflicht von sechs auf neun Jahre etwa hatte schon im Bildungsprogramm des Georgios Papandreou gestanden. Die Entschlackung der Lehrpläne blieb unter Karamanlis gar weit hinter dem zurück, was Papandreou schon zehn Jahre zuvor begonnen hatte. Doch anders als die Zentrumsunion Mitte der sechziger Jahre hatte Konstantin Karamanlis nun, nach 1974, wenigstens die Chance, sein Programm in die Tat umzusetzen. Zwischen 1975 und 1979 wandte die Regierung immerhin rund 18 % des Staatshaushaltes für Zwecke der Bildung und Ausbildung auf – mehr Geld hatte keine griechische Regierung je zuvor in diesen Sektor investiert. Während jener vier Jahre wurden mehr als 11 000 neue Klassenzimmer gebaut, und rund neunhundert Millionen Mark flossen allein in den Bereich der beruflichen Bildung.

Kritiker halten den Konservativen gern vor, ihre Bildungspolitik sei halbherzig gewesen, habe die wirklich drängenden Grundsatzfragen unbeantwortet gelassen und sich im Grunde nur auf kosmetische Korrekturen beschränkt, wo eine radikale Reform fällig gewesen sei. Der Vorwurf ist nicht gänzlich unbegründet. Gewiß: Vieles hat sich zum Besseren gewandelt. Noch 1976 erhielten nur 20 % aller Schüler eine wissenschaftliche berufliche Ausbildung, gegenüber 60 bis 80 % in anderen europäischen Staaten. Derzeit haben die technischen Schulen immerhin fast 100 000 Schüler – dreimal so viele wie 1974. An den sechs Universitäten des Landes und der polytechnischen Hochschule in Athen studieren mittlerweile 150 000 Griechen; eine Vervielfältigung der Finanzmittel – 300 % Steigerung allein zwischen 1977 und 1980 – half, die drängendsten personellen und technischen Probleme zu überwinden. Aber immer häufiger fragen sich die Studenten, ob das, was sie an den Hochschulen des Landes lernen, sie wirklich in die Lage versetzt, die Zukunft ihres Landes aktiv und verantwortlich zu gestalten – oder, einfacher gesagt, ob es sie befähigt, ihren angestrebten Beruf ordentlich auszuüben. Kein Zweifel: Griechenlands Hochschulwesen ist immer noch weit vom europäischen Niveau entfernt; das verkrustete System widersteht vorerst jeden tiefgreifenden Reformversuchen. Die seit 1981 amtierende PASOK-Regierung hat zwar mittlerweile ein Hochschulrahmengesetz erlassen, das vor allem darauf abzielt, die bisher recht autoritären Strukturen aufzubrechen und universitäre Mitbestimmung durchzusetzen. Mit gesetzgeberischen und administrativen Maßnahmen allein aber ist es offenbar nicht getan: Auch unter den Sozialisten blieben die drängenden Probleme der akademischen Ausbildung im Lande bisher ungelöst.

Immer noch gelten – auch in griechischen Ministerien – im Ausland abgelegte Examina mehr als griechische Diplome. Mindestens 60000 Griechen studieren derzeit an ausländischen Hochschulen, und selbst im Bereich der weiterführenden Schulen hat das staatliche Erziehungswesen nicht viel Kredit: Ein Drittel aller Gymnasiasten besucht Privatschulen – unter ihnen die nach wie vor als exzellent geltenden deutschen Schulen in Athen und Thessaloniki, wo ganze Politikergenerationen ihre Ausbildung genossen. So mancher Minister findet nichts dabei, seine Söhne und Töchter auf diese Schulen zu schicken – griechischen Lehranstalten mag er seine Kinder offenbar nicht anvertrauen. Sogar der im Wahlkampf noch auf kompromißlosem Anti-Amerika-Kurs segelnde Andreas Papandreou schickte seine Sprößlinge auf eine amerikanische Privatschule in einem Athener Villenvorort. Und das Kabinett Papandreou rekrutierte sich zum überwiegenden Teil aus Parteifreunden, die lange Jahre an ausländischen Universitäten verbracht hatten.

Warum nicht in die Ferne schweifen?

Der Run auf die ausländischen Hochschulen hat seinen Grund nicht allein in dem Mißtrauen, das viele Griechen ihren eigenen Universitäten entgegenbringen. Zuallererst mangelt es schlicht an Kapazität: Die Zahl der Bewerber ist auch heute noch rund doppelt so groß wie die der zur Verfügung stehenden Studienplätze, und aus den Aufnahmeprüfungen geht längst nicht immer jener erfolgreich hervor, der besondere Begabung vorzuweisen hat – allein Bienenfleiß führt zum Erfolg. 1980 wurden die bis dato harten Aufnahmeklausuren abgeschafft, wer eine höhere Schule erfolgreich absolviert hatte, erwarb damit gleichzeitig die Hochschulreife. Seither hat sich die Zahl der Studenten erheblich vergrößert, und an den Universitäten ist es noch enger geworden.

So ziehen es viele vor, ihr Studium im Ausland zu absolvieren. Dabei ist es kein Geheimnis, daß diese in London oder Mailand, in München und Paris erworbenen Diplome und Doktortitel auch in Griechenland weit mehr zählen als einheimische akademische Ehren – wohl aus gutem Grund. Gegen das Verfahren, einen großen Teil des akademischen Nachwuchses jenseits der Landesgrenzen ausbilden zu lassen, wäre angesichts beschränkter eigener Mittel nicht viel einzuwenden; im Falle Griechenlands aber läuft das auf eine ständige Ausdünnung der Akademikerschicht hinaus – denn viele jener, die erst einmal während des Studiums Bekanntschaft mit den Karrieremöglichkeiten im Ausland gemacht haben, kehren nicht wieder in die Heimat zurück; Griechenland muß auf ihre Talente, ihr fachliches Wissen in vielen Fällen für immer verzichten. Allein an amerikanischen Hochschulen lehren über tausend griechische Professoren und Dozenten, die ursprünglich nur des Studiums wegen in die USA gekommen waren; auch an den europäischen Universitäten gibt es schätzungsweise fünfhundert solcher akademischen Auswanderer.

Überragende Talente hat Griechenland auch auf dem Feld der bildenden Kunst und der Musik an andere Nationen abgeben müssen. Maria Callas steht stellvertretend für viele, die ins Ausland gingen, weil ihnen die Heimat keine adäquaten Möglichkeiten der Entwicklung ihrer Begabung bot. Sie alle – und wenn auch längst amerikanische, britische oder französische Staatsbürger – fühlen sich als Griechen, kehren immer wieder nach Griechenland zurück, für einige Tage im Jahr; doch für das künstlerische Profil Griechenlands sind sie verloren. Die sozialistische Kultusministerin Melina Mercouri unternahm nach 1981 erste Versuche, die kulturelle Identität des heutigen Griechenland neu zu definieren. Theateraufführungen und andere künstlerische Veranstaltungen in der Provinz leiteten die lange vernachlässigte Dezentralisierung des bis dahin ganz auf Athen und allenfalls noch Thessaloniki konzentrierten Kulturbetriebes ein. Die seit Jahrzehnten verstaubten Bibliotheken in der Provinz und auf den Inseln der Ägäis wurden auf Initiative der Kultusministerin mit neuen Büchern ausgestattet. Die griechischen Drehbuchautoren und Filmemacher, die unter den Konservativen stets im Zweikampf mit dem staatlichen Zensurkomitee gelegen hatten, konnten nun frei von staatlicher Gängelung Filme drehen und aufführen. Nicht immer freilich bewiesen Melina

Mercouri und die von ihr engagierten neuen Mitarbeiter des Athener Kultusministeriums bei ihrer kulturpolitischen Erneuerung das richtige Fingerspitzengefühl. Unübersehbar jedenfalls war der Versuch, den Kulturbetrieb nun nach den Erfordernissen der «sozialistischen Umgestaltung» auszurichten. Manch einer in Griechenland fragte mit Recht, ob das nach den langen Jahren der streng konservativen Kulturpolitik nun wirklich ein Fortschritt oder nur ein neues Vorzeichen sei. Der Versuch jedenfalls, die auf der ganzen Welt verstreut lebenden und arbeitenden griechischstämmigen Künstler heimzuholen, und sei es auch nur für die eine oder andere Gastspielreise, ist bislang nur in bescheidenem Umfang geglückt.

Emigration – das ist kein Gegenwartsphänomen allein. Mobilität zeigten die Griechen zu allen Zeiten. Während des ‹Goldenen Zeitalters› wanderten sie in die neugegründeten Städte an den nördlichen Küsten des Mittelmeeres und am Schwarzen Meer; während der hellenistischen und später der römischen Periode besiedelten sie Landstriche am Ende der damals bekannten Welt; auch während der türkischen Okkupation verlor Griechenland nie ganz seine traditionellen Verbindungen zum übrigen Europa: Griechen waren es, die im 17. und 18. Jahrhundert die Handelsverbindungen zwischen den östlichen und westlichen Märkten aufrechterhielten oder neu knüpften. Die Großmächte jener Zeit, Rußland, Österreich-Ungarn, Frankreich und England, waren an solchen Handelskontakten mit dem arabischen Raum interessiert; Griechen waren es, die viele dieser Geschäfte abwickelten. So erklärt sich das Aufblühen griechischer Kolonien in Österreich, Ungarn, längs der Donau, später auch in Deutschland, Holland, Frankreich, England und in einigen russischen Städten, allen voran in Odessa. Die Handelswaren jener Tage waren vor allem Baumwolle, Tabake und Felle. Vor dem Hintergrund dieser Tradition kann es nicht verwundern, daß Griechenland seit dem Beitritt zur Europäischen Gemeinschaft just auf eine Renaissance dieser Brückenfunktion zwischen den Staaten Europas und dem Nahen Osten hofft.

Ägypten wurde im 19. Jahrhundert ein weiteres Zentrum griechischer Handelsaktivitäten. Gegen Ende des Ersten Weltkrieges gab es in Ägypten nicht weniger als fünfzig griechische Schulen. Das Land am Nil, der vermutlich einst wichtigste Handelspartner des sagenhaften Minoerreiches, das Land der Kleopatra, die sich zu den Nachfahren Alexanders des Großen zählte – Ägypten erlebte eine neue Hellenisierung. Griechen waren es, die das ägyptische Schulsystem des 19. Jahrunderts konzipierten; griechische ‹Gastarbeiter› halfen, den Suezkanal zu bauen. Mit der Revolution des Gamal ad-Din Nasser ging diese Tradition 1952 abrupt zu Ende; die meisten Griechen mußten das Land verlassen, von ehemals 100000 sind in Ägypten heute nur noch etwa achttausend geblieben.

Bis etwa 1890 waren fast ausschließlich die Mittelmeerländer und die europäischen Handelszentren Ziel der griechischen Emigration. Dann kam die große Wende: Die griechischen Auswanderer entdeckten die Neue Welt; es begann jener Massenexodus, der sich bis in die siebziger Jahre des 20. Jahrhunderts immer weiter steigern sollte. Bis 1918 hatten bereits 390000 Griechen ihre Heimat verlassen – das entsprach weit mehr als einem Fünftel der damaligen Gesamtbevölkerung –, und 90 % von ihnen gingen in die USA, das Traumziel nahezu aller europäischen Auswanderer jener Jahre. Es mag nicht das Paradies gewesen sein, das jene erwartete, die in Piräus mit all ihren transportablen Habseligkeiten den Dampfer bestiegen hatten und ihn nun vor Staten Island wieder verließen. Immerhin aber bot Amerika Arbeit, harte Arbeit zwar, doch eben auch gutes Geld und darüber hinaus die Chance zum Aufstieg – kurz gesagt: Amerika versprach all das, was Griechenland nicht versprechen konnte. So groß wurde der Andrang, daß die USA den Strom der Einwanderer schließlich stoppten. Vor allem diesem Umstand, aber auch dem sich abzeichnenden allmählichen wirtschaftlichen Aufschwung in Griechenland war es zu verdanken, daß die Auswandererzahlen von nun an bis etwa 1950 wieder zurückgingen: 1921 verließen noch 30000 Griechen ihre Heimat, 1930 waren es hingegen weniger als fünftausend. Die zweite große Emigrationswelle brach über Hellas ebenso plötzlich herein wie seinerzeit die erste, und sie erreichte weit größere Dimensionen als diese: Allein in den eineinhalb Jahrzehnten zwischen 1955 und 1970 verließen mehr als 1,4 Millionen Griechen ihre Heimat. 400000 wanderten nach Übersee aus, mehr als eine Million ging in die europäischen Länder; die meisten dieser wiederum entschieden sich für Deutschland: 530000.

Die Gesamtzahl der griechischen Emigranten läßt sich kaum ermitteln – weltweit dürften es über vier Millionen sein, also fast 40 % jener Zahl, die heute im Mutterland leben. Selbst in der zweiten und dritten Generation sind viele dieser Auswanderer um ihre eigene, griechische Identität bemüht: Überall auf der Welt gibt es griechisch-orthodoxe Gemeinden, von denen viele sogar eigene Schulen unterhalten. Allein in den USA, wo heute schätzungsweise zweieinhalb Millionen griechische Einwanderer leben, gibt es 496 solcher Gemeinden, die meisten von ihnen in Chicago, das mit einer griechischstämmigen Bevölkerung von 300000 Menschen als die drittgrößte ‹griechische› Stadt auf der Welt gilt.

Kaum einer jener ‹Griechen›, die heute oft schon in der zweiten und dritten Generation im Ausland leben, würde je auch nur in Erwägung ziehen, nach Hellas zurückzukehren und hier zu leben. Anders ist das bei den meisten jener, die während der fünfziger und sechziger Jahre in die europäischen Industriestaaten kamen, um hier Geld zu verdienen. Die überwiegende Mehrzahl von ihnen kam nicht als Einwanderer im echten Sinne, sondern auf Zeit; sie kamen mit dem festen Vorsatz, nach zwei, fünf oder auch zehn Jahren wieder in ihre Heimat zurückzukehren, dann hoffentlich wohlhabend genug, um sich dort ihre eigene Existenz aufbauen zu können. Die Statistiken belegen, daß die griechischen Gastarbeiter tatsächlich zumeist Gäste sind, die nicht auf ewig bleiben. Anders als etwa die türkischen Arbeitnehmer lassen sie ihre Familien meist in Griechenland zurück, unterstützen sie mit monatlichen Geldüberweisungen. Das Ziel der Wünsche sind nicht Reichtum und Karriere jenseits der griechischen Grenzen – der Auslandsaufenthalt ist lediglich Mittel zum Zweck, diktiert von den unzureichenden Verdienstmöglichkeiten im eigenen Land. So ist es nicht verwunderlich, daß die Zahl der griechischen Arbeitnehmer in der Bundesrepublik kontinuierlich sinkt, seit einerseits in Deutschland die Arbeitslosenzahlen ansteigen und andererseits in Griechenland sich die Einkommen deutlich erhöht haben: Die Zahl der griechischen Arbeitnehmer in Deutschland fiel während der letzten Jahre von ehedem 270000 auf weniger als 140000 (mit Familienangehörigen: 301000).

Griechenlands Finanzminister sieht den Fleiß seiner Landsleute jenseits der Grenzen mit Wohlgefallen; denn mit ihren milliardenschweren Überweisungen an die Familien daheim leisten sie einen überaus wichtigen Beitrag zur Zahlungsbilanz des Landes. Ein exportschwaches und gleichzeitig importabhängiges Land wie Griechenland ist auf zusätzliche Deviseneinnahmen angewiesen, will es nicht im Ausland maßlos Schulden machen. Solche Devisenbringer sind, neben dem Fremdenverkehr und der Handelsflotte, die griechischen Arbeiter im Ausland. Im Jahre 1983 schickten sie per Post- oder Bankanweisung Devisen im Wert von rund einer Milliarde Dollar ins Land. Für ein exportschwaches Land wie Griechenland sind die Gastarbeitermilliarden unverzichtbar. Auf diese Weise haben nicht nur die daheimgebliebenen Verwandten Anteil am beruflichen Erfolg der griechischen Arbeitnehmer im Ausland, sondern auch die griechische Volkswirtschaft. Mit diesen Devisenüberweisungen konnte 1983 immerhin etwa ein Drittel der Rohöleinfuhren bezahlt werden.

Aber die Medaille hat zwei Seiten. Ohne Zweifel war für Griechenland der Export von Arbeitskräften gegen Devisen unter dem Gesichtspunkt der Außenhandelspolitik auf den ersten Blick ein gutes Geschäft. Doch alles hat seinen Preis, und auch die Gastarbeiter-Milliarden wollen teuer bezahlt sein. Den griechischen Arbeitsmarkt hat die Emigration der sechziger Jahre um viele der besten Kräfte gebracht. Investitionen in die Ausbildung von Facharbeitern kamen oftmals nicht der griechischen Wirtschaft, sondern den Arbeitgebern in Deutschland, Holland oder Frankreich zugute. Eine griechische Schiffswerft zum Beispiel, die zwischen 1956 und 1966 nicht weniger als 21 500 Arbeitskräfte ausbildete, verlor in den Jahren bis 1972 gut 80% ihrer Belegschaft an besser zahlende Arbeitgeber im Ausland. Zwischen 1961 und 1965 wanderte mehr als jeder dritte in Griechenland graduierte Ingenieur nach Abschluß seines Studiums aus; 27% der Naturwissenschaftler gingen nach dem Examen ins Ausland, und 25% der Mediziner verließen das Land in der Hoffnung auf besseres Fortkommen und lukrative Beschäftigung jenseits der Grenzen.

Weniger exakt meßbar, aber eher noch bedeutsamer ist der Negativeffekt der Massenauswanderung auf die gesellschaftliche Entwicklung des Landes. Am Beispiel Griechenlands läßt sich recht schlüssig nachweisen, daß Massenemigration als Ventil für soziale Spannungen fungiert; Unzufriedenheit mit den Verhältnissen im eigenen Land gipfelt nicht in dem Bemühen, die Ursachen dieser sozialen oder wirtschaftlichen Probleme zu lösen, sondern in der ‹Flucht› in ein anderes Land, das (vermeintlich oder tatsächlich) solche Probleme nicht bereitet. Kurz gesagt: Die Emigration absorbiert traditionell die Unzufriedenen – und damit ein Großteil jenes Potentials, das ökonomischen und gesellschaftlichen Wandel herbeizuführen imstande ist. Daß Griechenlands Institutionen, Griechenlands soziale Spielregeln, Griechenlands politisches Leben während der fünfziger, sechziger und siebziger Jahre so vergleichsweise geringfügigen Wandlungen unterlagen, ist gewiß maßgeblich auf die Emigration zurückzuführen. Das Ergebnis war die Verkrustung ohnehin überlebter Strukturen – und: politische Instabilität. Denn wo sozialer Wandel nicht stattfindet, entstehen Spannungen und Konflikte. Man mag hypothetisch die Frage stellen, ob die Machtübernahme der Militärs vom 21. April 1967 so reibungslos funktioniert hätte, wenn Griechenlands von der Emigrationswelle der sechziger Jahre ganz erheblich veränderte Bevölkerungsstruktur anders, ‹normaler› ausgesehen hätte; man mag weiter fragen, ob diese Junta sieben Jahre lang hätte ‹regieren› können, wenn nicht gerade während dieser sieben Jahre der Exodus der Kritischen, der Fleißigen, der Fähigen neue Höhepunkte erreicht hätte. Viele jener, die zwischen 1967 und 1974 als ‹Auswanderer› oder ‹Gastarbeiter› in den Statistiken geführt wurden, waren nichts anderes als Flüchtlinge; sie verließen ihre Heimat oftmals, um den Gefängnissen und Folterknechten der Junta zu entkommen. Das war gewiß in vielen Fällen die einzige Möglichkeit, die eigene Haut zu retten. Für andere war es einfach nur der bequemere, der leichtere Weg. In einem Land wie Hellas, das eine vielhundertjährige Auswanderungstradition hat, geht man ihn offenbar eher als anderswo auf der Welt. Letztlich mag das dann auch ein Stück der griechischen Seele sein: die Einsamkeit dessen, der unter den Verhältnissen leidet, sich aber mit den Leidensgenossen nicht zusammentun mag; die Einsamkeit dessen, der individuelle Antworten auf kollektive Fragen sucht; die Einsamkeit des Emigranten, der, statt die Probleme zu lösen, sich ihnen entzieht. Ein Stück der griechischen Seele, an dem dieses Land litt und leidet.

Sorgen eines Finanzministers

So glücklich Griechenlands Finanzminister angesichts der Dollar und Mark, der Francs und Pfunde ist, die fleißige und aufs Sparen bedachte Landsleute aus aller Herren Länder nach Griechenland schicken, so unglücklich ist er mit der Zahlungsmoral der Steuerpflichtigen daheim. Kein neues Phänomen, keine Wohlstandskrankheit – eher eine Tradition: Steuerhinterziehung galt und gilt in Griechenland als Kavaliersdelikt.

Jene, die das Übel zu entschuldigen suchen, behaupten gern, die Türken seien schuld. Denn während der vierhundertjährigen Besetzung Griechenlands durch die Osmanen sei es doch quasi nationale Ehrenpflicht gewesen, den Steuereintreibern des Sultans Paroli zu bieten und ihnen möglichst viel Geld vorzuenthalten – eine vergleichsweise gefahrlose, gewiß auch reichlich wirkungslose, auf jeden Fall aber lukrative Art des Widerstands. Und nun, so erfährt der Fremde weiter, sei es doch eigentlich kein Wunder, daß diese in über vier Jahrhunderten gewachsene Tradition nicht so einfach innerhalb von 150 Jahren wieder abzuschaffen sei – gewiß ist darauf einzuräumen, dies sei keine schöne Tradition, aber eben doch eine Tradition.

Diese Erklärung hat zwar einen historisch wahren Kern – aber die Zeiten haben sich nun mal geändert: Seit 1832 zahlen die Griechen nicht mehr Steuern an den Sultan, sondern in die eigene Kasse; und mit ihren Steuerdrachmen werden nicht länger Harems ausstaffiert, sondern Schulen, Straßen und Krankenhäuser gebaut. Diese Erkenntnis ist natürlich jedem Griechen geläufig, hat aber am Übel nicht viel ändern können.

Die Steuerhinterziehungsquote wird von Insidern auf mehr als 30% geschätzt – das würde bedeuten, daß dem Fiskus im Jahre 1981 rund sieben Milliarden Mark vorenthalten wurden. Diese Milliarden gehen nun beileibe nicht hauptsächlich auf das Konto cleverer Reeder oder multinationaler Konzerne, die ihre Gewinne nach Gutdünken so lange von einem Land ins andere, von einer Tochtergesellschaft zur nächsten verschieben, bis in den Büchern nur noch rote Zahlen stehen. Am gewinnträchtigen Glücksspiel Steuerhinterziehung beteiligt sich vielmehr die ganze Nation – vorneweg natürlich die 1,2 Millionen Selbständigen und Gewerbetreibenden, die ein Gutteil ihrer Umsätze an den Büchern vorbeischleusen. Kaum etwas ist in Griechenland mühevoller, als vom Zahnarzt oder Rechtsanwalt eine Quittung über das gezahlte Honorar zu bekommen. Erleichtert werden auch Steuerbetrügereien größten Stils durch ein Banksystem, das Zahlungen vorzugsweise in bar abwickelt – wohin wieviel Geld fließt, wird folglich kaum jemals aktenkundig. So zirkuliert zwischen Herstellern, Groß- und Einzelhändlern jede Menge ‹schwarzes Geld›. Das schädigt allerdings nicht allein die Staatskasse – auch wirtschaftspolitische Prognosen und Planungen werden erschwert, weil exakte Daten über Umsätze, Kosten, Erlöse und Einkommen kaum zu gewinnen sind.

Während der vergangenen Jahre versuchte die Regierung mit zum Teil rigorosen Maßnahmen, dem Übel der Steuerhinterziehung ein Ende zu machen. Arbeitnehmer und Selbständige, Unternehmer und Beamte wurden kurzerhand von den Finanzämtern taxiert – als Indizien für die tatsächliche Höhe des Einkommens galten fortan Hausbesitz und Hubraum des Autos, Größe des möglicherweise vorhandenen Motorboots oder die Zahl der Hausangestellten. Das funktionierte nach dem Motto: Wer viel ausgibt, der verdient auch viel. Zusätzlich dazu sollen drastische Strafen nun die Steuerbetrüger auf den rechten

Weg bringen. Jener Gesetzentwurf, den das Athener Parlament 1980 verabschiedete, droht nicht nur Geldbußen bis zu 15000 Mark und Haftstrafen bis zu einem Jahr an; er schreckt die Teilnehmer dieses zweifelhaften Volkssportes auch mit der Aberkennung des Wahlrechts, dem Entzug des Reisepasses und – von den meisten Griechen wohl als besondere Gemeinheit empfunden – mit dem Verlust des Führerscheins. Damit rückt das einstige Kavaliersdelikt unversehens in die Kategorie jener Straftaten auf, mit denen man in Hellas derlei Grundrechte verwirkt: laut Strafgesetzbuch alle «moralisch verwerflichen Verbrechen».

Die möglicherweise Betroffenen nahmen den neuen, drakonischen Vergeltungskatalog jedoch vorerst mit Gelassenheit zur Kenntnis; ganz griechisch trösteten sie sich mit der schlichten, aber zutreffenden Erkenntnis: Bestraft wird nur, wer sich erwischen läßt! Als eine Art Aufschrei will wohl der Finanzminister jene Publikation verstanden wissen, die alljährlich im Februar in den Zeitungen und, ausführlicher, im Buchhandel erscheint: die Liste der fleißigsten (und vermutlich also ehrlichsten) Steuerzahler des Landes. Doch interessant an dieser Hitparade ist vor allem, wer alles nicht in ihr auftaucht: Die großen Namen des Big Business sucht man vergeblich. Zwar meldete der Industrielle Bodossakis 1979 ein Einkommen von 111 Millionen Drachmen, also etwa viereinhalb Millionen Mark – doch diese Schnapszahl machte viele Griechen lachen: Sollte in Hellas wirklich niemand reicher sein als er? Die bekannten Reederfamilien sorgen, wie auch immer, dafür, daß sie nicht zu den einhundert potentesten Steuerzahlern gehören; dafür aber gehen die Politiker des Landes mit gutem Beispiel voran – wohl manche von ihnen mit Grimm: Andere, so meinen sie zu Recht, hätten den Vortritt. 1979 schafften, dank der Tricks vieler Großverdiener, gar ein Student und ein Arbeitsloser den Sprung in die Hitliste der hundert Topverdiener. Das erklärt dann auch, warum der Steuerzahleralmanach ein Bestseller ist: Er löst vor allem Heiterkeit aus.

Öl, nicht nur für den Kochtopf

Griechische Köche schwören darauf: Nur mit Olivenöl, mit griechischem Olivenöl, läßt sich kochen. Griechisches Olivenöl bringt, weil es offenbar nicht nur in hellenischen Küchen geschätzt wird, auch im Export eine Menge Geld ein. Doch was auf griechischen Ölbäumen wächst, wiegt längst nicht auf, was an den Tankstellen des Landes gezapft und in den Ölbrennern verfeuert wird: Die Rohölimporte brachten Griechenlands Zahlungsbilanz in den letzten Jahren durcheinander, scheinbar endlos steigende Preise der Ölexporteure berechtigen zu den schlimmsten Befürchtungen. Aber da ist ein Silberstreif am Horizont: Hellas, so glauben die Geologen zu wissen, hat mehr zu bieten als Öl, das auf den Bäumen wächst. Unter dem Meeresboden der Ägäis und der Ionischen See vermuten sie Rohölvorräte, die das Land von Importen aus Nahost und Afrika, Rußland und Mittelamerika eines Tages wohl nahezu unabhängig machen könnten.

Griechenlands Hoffnungen konzentrieren sich derzeit auf ein Stück Meeresboden etwa acht Kilometer vor der Insel Thassos, ganz im Norden der Ägäis. Hier suchten die Geologen seit 1970 nach Öl, und 1974 fanden sie es. Doch bis das Feld erschlossen werden konnte, vergingen immerhin sechs Jahre: Eine Förderplattform mußte in das an dieser Stelle etwa dreißig Meter tiefe Meer gesetzt werden, Pipelines und Lagertanks waren zu bauen. Insgesamt dreihundert Millionen Dollar wurden investiert, bevor die Förderung beginnen konnte. Seit Mitte 1981 nun sprudelt das griechische Erdöl aus dem «Prinos-Feld». 25 000 Barrel Rohöl werden in der ersten Phase pro Tag gefördert, übers Jahr sind das etwa 1,2 Millionen Tonnen – etwa 10 % des griechischen Jahresbedarfs und also nur ein Tropfen auf den heißen Stein. Doch für ein devisenschwaches Land wie Hellas ist jede Tonne Öl, die nicht eingeführt werden muß, ein Gewinn. Überdies soll es in den achtziger Jahren zügig vorangehen mit der Exploration und Erschließung weiterer Öl- und Erdgasquellen im eigenen Land. In Sichtweite vom «Prinos-Feld» wird bereits Erdgas gewonnen – die Ausbeute wird zu einem Drittel für den Energiebedarf der benachbarten Ölförderanlagen verwendet, die restlichen zwei Drittel fließen in die allgemeine Energieversorgung. Auf Öl und Gas stießen die Suchtrupps inzwischen an fast zwei Dutzend weiteren Stellen in Griechenland – vornehmlich in der Ägäis, im Ionischen Meer, in Makedonien und in Thrakien. Wie groß die Energievorräte insgesamt sind, weiß derzeit noch niemand schlüssig zu sagen; doch die Experten halten es für denkbar, daß in zehn, vielleicht auch 15 Jahren eine Förderung von zehn oder gar 15 Millionen Tonnen jährlich denkbar wäre. Damit könnte Griechenland dem Traumziel der Selbstversorgung recht nahe kommen.

Die Suche nach Öl und Gas ist – zumal unter dem Meeresboden – ein teures Unternehmen. Aus eigener Kraft könnte Griechenland diese finanziellen Mittel wohl kaum aufbringen; so ist es nur logisch, wenn sich das Land der Hilfe jener großen internationalen Konzerne bedient, die nicht nur über das notwendige technische Know-how verfügen, sondern sich auch am Investitionsrisiko beteiligen. Diese Experten ins Land zu holen, das ist kein Ausweis technologischer Rückständigkeit – selbst so hochentwickelte Staaten wie Norwegen und Großbritannien versicherten sich amerikanischer Hilfe, als es darum ging, die unter der stürmischen Nordsee gelegenen Öl- und Gasfelder anzuzapfen. In Griechenland allerdings sind solche Dinge allemal ein Politikum: Vor allem Sozialisten und Kommunisten mochten in der Vergangenheit nichts davon wissen, ausländische Konzerne mit der Förderung griechischen Öls zu beauftragen. Der Zorn der Linken war wohl erklärlich, denn der Diktator Papadopoulos hatte in den Jahren 1969 und 1970 die wichtigsten griechischen Ölfelder auf gleich 36 Jahre an die Ölmultis zur Ausbeutung verpachtet – ein höchst ungewöhnlicher Vorgang, für die Multis ein glänzendes Geschäft, für Griechenland ein miserables. Zwar wurden die entsprechenden Verträge von der Regierung Karamanlis 1975 aufgekündigt, aber die Linke möchte am liebsten alle ausländischen Ölarbeiter aus dem Land werfen. Doch daß ohne finanzielle und technische Hilfe dieser großen Firmen die Suche nach dem griechischen Öl sich um mindestens ein Jahrzehnt verzögern würde, dürfte selbst den Demagogen insgeheim klar sein. So wird es wohl selbst bei einem Regierungswechsel dabei bleiben, daß vornehmlich nicht Griechen, sondern Kanadier, Amerikaner, Rumänen und Deutsche nach griechischem Öl bohren – auch die deutsche Wintershall AG ist in Hellas auf Ölsuche.

Ein Politikum ist die Ölsuche allerdings auch in anderer, sehr viel ernsterer Hinsicht: Griechenland und die Türkei streiten sich nach wie vor um die Schürfrechte in der Ägäis. Das Problem tauchte erstmals 1973 auf, als die türkische Regierung beschloß, ihrerseits unter dem Meeresboden der Ägäis nach Öl zu suchen. Zum Entsetzen der Politiker in Athen machte sich Ankara daran, just in jenen Regionen Explorationsbohrungen vorzunehmen, die Hellas bislang für sich beansprucht und teilweise bereits an ausländische Konzerne verpachtet hatte. Die griechische Regierung hatte sich darauf verlassen, daß auch Ankara sich nach den Bestimmungen der Genfer Konvention von 1958 richten werde – wie sich zeigte, hatte die Türkei diese Absicht nicht. In Übereinstimmung mit dieser internationalen Vereinbarung reklamierte Athen das Seegebiet zwischen den Ägäisinseln für sich. Daß Ankara diese Konvention wohlweislich nie ratifiziert hatte, schien ohne Bedeutung: schon 1969 hatte der Internationale Gerichtshof in Den Haag in einem ähnlich gelagerten Streitfall entschieden: Die in jener Konvention festgelegten Rechte sind Gewohnheitsrechte und somit bindend auch für Nicht-Unterzeichner der Konvention.

Bis heute weiß Ankara nicht zu erklären, auf welche völkerrechtlichen Bestimmungen es seine Ansprüche stützt. Doch die Ölexpeditionen wurden fortgeführt. Den Höhepunkt erreicht die Ägäiskrise, als am 30. Juli 1976 das türkische Forschungsschiff *Sismik 1* in See stach, um in dem von der Türkei beanspruchten Seegebiet nach Erdöl zu suchen. Die Athener Regierung protestierte energisch gegen dieses Vorhaben, aber Ankara ließ es auf den Konflikt ankommen. Im Athener Parlament forderten Oppositionsabgeordnete – unter ihnen auch der Sozialistenchef Andreas Papandreou – die Regierung auf, das türkische Forschungsschiff kurzerhand zu versenken. Griechenland und die Türkei waren wieder einmal hart am Rande einer militärischen Konfrontation, und nur der besonnenen Haltung der Regierung Karamanlis war es zu verdanken, daß die türkische Provokation nicht zur Katastrophe führte.

Seither blieb das Problem ungelöst. Auf Antrag Griechenlands befaßte sich der Weltsicherheitsrat mit dem Streitfall und empfahl, ganz im Sinne Athens, eine Lösung in bilateralen Verhandlungen auf der Grundlage des Völkerrechts. Damit aber war zugleich klar, daß der Weg zu einer Beilegung der Differenzen weit und beschwerlich werden würde. Die Ölsucher der staatlichen griechischen Mineralölgesellschaft *D. E. P.* haben sich, schweren Herzens wohl, einstweilen mit den Realitäten abgefunden: Sie halten sich in dem umstrittenen Seegebiet zurück und konzentrieren ihre Arbeit auf andere Regionen.

Hinter dem Pflug

«Unsere Produkte sind in Ordnung», sagt Adamantios Pepelassis, ehemaliger Gouverneur der staatlichen griechischen Landwirtschaftsbank und einer der hellsten ökonomischen Köpfe im heutigen Griechenland. «Was uns Sorge macht, ist das Management.»

Management – für amerikanische Weizenfarmer, die riesige Areale mit einem gewaltigen Maschinenpark bearbeiten, gewiß ein vertrauter Begriff; für griechische Kleinbauern aber ein Fremdwort. Die Probleme der griechischen Landwirtschaft beginnen, wie so manches in diesem Land, bei der Geographie: Landwirtschaftlich nutzbar sind nur knapp 3,6 Millionen Hektar – das sind rund 27 % des griechischen Bodens. Mäßige bis schlechte Bodenqualitäten und chronischer Wassermangel machen den hellenischen Bauern das Leben schwer. 25 % des griechischen Farmlandes müssen künstlich bewässert werden, damit sie überhaupt Früchte tragen. Mit großem finanziellen Aufwand aus der Staatskasse, auch mit erheblicher Unterstützung anderer europäischer Staaten wurden während der letzten Jahre zahlreiche neue Bewässerungsanlagen gebaut, um bislang brachliegendes Land nutzbar zu machen. Die Erfolge dieses Bewässerungsprogramms sind beeindruckend – allein in den letzten zwanzig Jahren hat sich die Fläche des künstlich bewässerten Landes verdreifacht; doch die landwirtschaftliche Nutzfläche läßt sich auch mit noch so großem finanziellen und technischen Aufwand nicht endlos ausdehnen: Wasser bleibt knapp in Griechenland, eine nochmalige Verdoppelung der derzeit bewässerten Fläche ist das Äußerste, was erreichbar sein dürfte.

Es gibt andere, nicht naturbedingte Gegebenheiten, die eine optimale Nutzung des griechischen Agrarlandes bisher vereitelt haben: In jene 3,6 Millionen Hektar Gesamtnutzfläche teilen sich eine Million landwirtschaftlicher Betriebe – und hier liegt der Hauptgrund für die Schwierigkeiten, mit denen Griechenlands Bauern zu kämpfen haben: Ihre Anbauflächen sind zu klein, zu zersplittert überdies, um rationell genutzt zu werden. Von den 3,6 Hektar Land, die der griechische Landwirt im Durchschnitt beackert, ist in der Regel nur ein Hektar voll nutzbar – zwei Drittel sind karges Weideland, das allenfalls genügsame Ziegen, kaum aber eine Kuh ernährt. Zudem: Diesen «statistischen griechischen Durchschnittsbauern» gibt es tatsächlich: 75 % aller griechischen Landwirtschaftsbetriebe sind tatsächlich kleiner als fünf Hektar; die Zahl der «Großgrundbesitzer» mit Höfen von über zwanzig Hektar (und das sind im internationalen Vergleich beileibe keine Großbauern) ist außerordentlich gering – sie liegt bei 1 %.

Der Vergleich von Land zu Land macht deutlich, wie schwierig die Situation der griechischen Landwirte tatsächlich ist: In der Bundesrepublik zum Beispiel gilt es als ausgemacht, daß landwirtschaftliche Betriebe mit weniger als zehn Hektar kaum überlebensfähig sind. Selbst in Staaten mit annähernd vergleichbarer Wirtschaftsentwicklung liegen die durchschnittlichen Betriebsgrößen deutlich über dem griechischen Wert: In Portugal bewirtschaftet der «statistische Durchschnittsbauer» immerhin zehn Hektar Land, in Spanien gar 23; im EG-Durchschnitt liegt die Anbaufläche bei 17,7 Hektar.

Um 1960 lebten noch rund 1,7 Millionen Griechen ausschließlich von der Landwirtschaft, heute zählt das Land etwa 850000 Bauern; weitere 700000 Griechen betreiben Viehzucht oder Ackerbau im Nebenerwerb. Der Exodus der Landarbeiter ging Hand in Hand mit der Mechanisierung: 1958 gab es in Griechenland knapp 19000 Traktoren, 1983 waren es bereits annähernd 300000; allein in den siebziger Jahren verdoppelte sich der Verbrauch an Düngemitteln – mit allen segensreichen Folgen, die das für die Erträge hat und mit allen Belastungen für die Umwelt. So haben die griechischen Bauern trotz stark rückläufiger Zahl der in der Landwirtschaft Beschäftigten ihre Hektarerträge in den letzten beiden Jahrzehnten erheblich steigern können. Aber immer noch – und wegen der meist ungünstigen geographischen Bedingungen wohl auf absehbare Zukunft – liegen diese Erträge deutlich unter dem im EG-Durchschnitt erzielten Ergebnis. So erwirtschaften die Landwirte in Hellas je Hektar etwa zweitausend Kilo Weizen – in der Bundesrepublik sind es 4500; ähnlich sieht das bei den Kartoffeln aus: In Griechenland erbringt der Hektar durchschnittlich 14 Tonnen, in der Bundesrepublik sind es mehr als 28 Tonnen. Dennoch: Pro Kopf der Bevölkerung produziert kein anderes EG-Land so viele Agrarprodukte wie Griechenland. Berücksichtigt man also die widrigen Umstände, mit denen die griechischen Landwirte zu kämpfen haben – bergiges, vielfach verkarstetes Land, auf das während der Sommermonate kaum Regen fällt –, so schneidet die Landwirtschaft im zehnten EG-Staat gewiß nicht schlecht ab.

Getreideanbau ist heute für die griechischen Bauern die Erwerbsquelle Nummer eins. Nachdem Hellas inzwischen seinen Weizenbedarf aus heimischer Produktion voll decken kann und sogar Überschüsse erwirtschaftet, ermutigt man nun die Landwirte zum Anbau solcher Getreidearten, die als Viehfutter dienen können – denn bei stetig steigendem Fleischkonsum ist die Viehzucht immer noch reichlich unterentwickelt. In den griechischen Küchen wird heute zweieinhalbmal so viel Rindfleisch gebraten und gekocht wie noch 1960 – die Griechen schicken sich an, in dieser Hinsicht in die europäische Spitzengruppe aufzurücken. Dieser Heißhunger auf Fleisch, der auch durch die hohen Preise für Fisch zu erklären ist, belastet die Zahlungsbilanz des Landes erheblich: Die inländische Produktion deckt nur 20% des Konsums, und die Importe schlagen mit nahezu einer Milliarde Mark alljährlich zu Buche. Seit einigen Jahren mühen sich daher die Agrarpolitiker, Griechenlands Landwirte zur bislang reichlich vernachlässigten Viehzucht zu bewegen. Zur Selbstversorgung allerdings ist es noch ein weiter Weg: Während auf den bundesdeutschen Wiesen immerhin 14 Millionen Rinder weiden, sind es in Griechenland nur 1,1 Millionen. Selbst auf die unterschiedlichen Bevölkerungszahlen relativiert, bleibt der Unterschied beträchtlich: Von jedem deutschen Rind zehren knapp fünf Bundesbürger, ein griechisches hingegen muß zehn Hellenen ernähren.

Zu den klassischen Produkten der griechischen Landwirte gehören vor allem Tomaten, Zitrusfrüchte, Mais, Baumwolle, Oliven, Trauben (natürlich auch Korinthen) und, seit Mitte der fünfziger Jahre, auch Zuckerrüben. Und schließlich: der Tabak. Über 100000 Hektar Land sind allein dem blauen Dunst geweiht, 130000 Tonnen ist der Ertrag eines durchschnittlichen Jahres. Vom Tabakanbau leben mehr als 130000 griechische Familien, und wenn man die tabakverarbeitenden Betriebe mit hinzurechnet, so dürften gut 650000 Menschen ihren Lebensunterhalt mit den goldbraunen Blättern verdienen. Kein Wunder also, daß die 1980 vom griechischen Gesundheitsminister gestartete Kampagne gegen das Rauchen nicht nur Beifall auslöste. «Zigarette oder Gesundheit – wählen Sie!», das war der Slogan dieses Feldzuges, der mit großem Aufwand auf den griechischen Bildschirmen, im Rundfunk, in Zeitungsanzeigen und auf Plakaten geführt wurde. Um den noch Unentschlossenen und Unbelehrbaren auf die Sprünge zu helfen, erließ die Regierung dann auch gleich noch eine neue Verordnung, die das Rauchen in öffentlichen Gebäuden unter Strafe stellte. Für die griechischen Tabakfreunde war das ein schwerer Schlag: Sie waren es nicht allein gewohnt, sich die Wartezeit auf dem Behördenflur mit einer Zigarette nach der anderen zu vertreiben; selbst auf den Nachttischen in den staatlichen Krankenhäusern standen Aschenbecher – geraucht wurde in Griechenland immer und überall. Was keiner für möglich gehalten hatte: Das Rauchverbot setzte sich durch – wohl auch, weil es gleich zu Anfang mit aller Strenge durchgesetzt worden war: Zu den prominentesten Opfern gehörte ausgerechnet ein Doktor der Gerichtsmedizin, der im staatlichen Krankenhaus auf seine Zigarette nicht verzichten mochte und dafür zu einer Haftstrafe verurteilt wurde.

Doch was in den öffentlichen Gebäuden seither weniger verqualmt wird, konsumieren die Griechen offenkundig andernorts zusätzlich – der Tabakabsatz jedenfalls ging nicht zurück. Schwierigkeiten hingegen haben Griechenlands Tabakbauern, ihre Ernte auf den Weltmärkten loszuwerden – denn jener klassische Orienttabak, den sie anbauen, ist jenseits der Grenzen immer weniger gefragt: Die Virginia- und Burleytabake rangieren in der Gunst der Raucher ganz weit vorn; eine Mode, die schon nach dem Ende des Zweiten Weltkrieges begann, als mit den GI's auch die amerikanischen Zigaretten nach Europa kamen. Unter dem Druck des Marktes haben sich einige griechische Tabakbauern inzwischen auf die neuen Sorten eingestellt und den Anbau der Orient-Blätter zugunsten von Virginia und Burley aufgegeben.

Nicht nur für die bedrängten Tabakbauern, für die griechischen Landwirte generell hat die Regierung einen Ausweg aus der Produktivitäts- und Marketingmisere bereit: Man ermutigt die Bauern, sich einer der Kooperativen anzuschließen, von denen es derzeit schon über siebentausend gibt. Ihre rund 650000 Mitglieder organisieren gemeinsam den Einkauf von Saatgut und Futtermitteln, und sie betreiben in vielen Fällen einen gemeinsamen Maschinenpark und technische Anlagen zur Weiterverarbeitung ihrer Produkte, sie organisieren Vertrieb und Export. Dennoch: Die griechischen Landwirtschaftsgenossenschaften arbeiten bislang auf einem deutlich niedrigeren Organisationsniveau als die Kooperativen in anderen EG-Ländern. Daß der Grieche offenbar von seiner Mentalität her eher zur individuellen Bewältigung von Problemen neigt als zu kollektiven Anstrengungen, zeigt sich auch hier.

Hohe Inflationsraten, geringe Investitionsneigung und aufgeblähte, schwerfällige Bürokratien – das sind heute die Hauptprobleme der griechischen Wirtschaft. Keines dieser Probleme ist unlösbar, und viele wären wohl heute schon gelöst, hätte nicht die Diktatur der Obristen zwischen 1967 und 1974 das Land an den Rand des wirtschaftlichen Ruins getrieben. Was Griechenland nun vor allem braucht, ist Kontinuität. Wer mit den Verantwortlichen in den griechischen Ministerien spricht, der bemerkt zuweilen, daß viele Staatsdiener und Politiker nicht gern über die unmittelbaren Gegenwartsprobleme hinausdenken. Die rasch aufeinander folgenden Regierungswechsel der letzten Jahrzehnte haben langfristige Planung und zielstrebige Realisierung großer, für das Land lebenswichtiger Probleme oftmals verzögert oder gar verhindert. Verunsicherung – das ist eines der Phänomene, denen man in griechischen Amtsstuben und auch in mancher Direktionsetage eines Unternehmens immer wieder begegnet. Kein Wunder vielleicht, wenn viele Unternehmen zögern, Investitionen zu tätigen; sie fragen: Wie werden die Steuerpolitik, die Strukturpolitik, die Finanzpolitik von morgen aussehen?

Wenn es zutrifft, daß Griechenlands Wirtschaft nun vor allem ökonomische Solidität und Weitblick braucht, klar definierte Strategien und ein Klima der politischen Stabilität, dann liegt wohl hier eine der großen Chancen des 1981 vollzogenen EG-Beitritts: Für die Wirtschaft des Landes sollte dies die Zukunft kalkulierbarer machen – so gesehen ist der Anschluß an die Gemeinschaft eine ‹vertrauensbildende Maßnahme›.

Erlebte und erlittene Geschichte

Vergangenheit als Gegenwart

Ist das nun eine Konzession an den Geschmack der deutschen, britischen, französischen oder amerikanischen Gäste, daß das Hotel *Apollon*, das Kreuzfahrtschiff *Jupiter* heißt und die Diskothek den beziehungsreichen Namen *Eros* trägt? Der Verdacht liegt in der Tat nahe: Ein echter Grieche weiß eben seine Waren und Dienstleistungen mit gewandten Worten an den Mann zu bringen; ein klangvoller Name fördert, wie man weiß, den Absatz eines Produktes. Aber es sind gewiß nicht allein Marketingerwägungen, die den antiken Göttern die Unsterblichkeit sichern.

Wer durch Athen spaziert und die Straßennamen studiert, der hat schon nach kurzer Zeit eine Namensliste beisammen, die sich wie das Register eines Geschichtsbuches liest: Von Sokrates bis Smirna, von Themistokles bis Truman, alle, aber wirklich alle Orte und Persönlichkeiten, die in der griechischen Geschichte der letzten viertausend Jahre eine Rolle gespielt haben, sind weiß auf blau in Form von Straßenschildern präsent. Diese Historie, so merkt der Fremde bald, hat für die meisten Griechen keineswegs museale Qualitäten, sie ist vielmehr integraler Bestandteil der Gegenwart. Ein junger Deutscher, der etwa den Namen Bismarck hört, hat – je nach Umfang seiner geschichtlichen Kenntnisse und je nach politischem Standort – zu dieser historischen Figur ein mehr oder weniger distanziertes, jedenfalls rationales Verhältnis. Welcher Deutsche würde einen Kant oder einen Hegel, einen Friedrich den Großen oder einen Luther als Vorfahren im fast familiären Sinne beanspruchen? In Griechenland ist das anders. Der Athener Perikles ist nicht allein in den Bauwerken der Akropolis verewigt und gegenwärtig, er ist für viele Griechen tatsächlich so etwas wie ein Urahn; die Helden der jüngeren griechischen Geschichte, die Revolutionäre des Befreiungskrieges gegen die Türken etwa, sind nicht allein an den Wänden der Klassenzimmer präsent, sie sind tatsächlich auch im Bewußtsein vieler Menschen lebendiger, unverzichtbarer Bestandteil ihrer nationalen und individuellen Identität. Ob man dieses Verhältnis zur eigenen Historie wirklich ‹Geschichtsbewußtsein› nennen darf, ist fraglich – denn das Bild der Vergangenheit, der klassischen wie auch der neueren, ist oft unscharf, koloriert, romantisiert und mit allerlei Mythischem verquickt.

Das gilt zumal für jene Figur, die vielen als der «Große Grieche» gilt: Alexander von Makedonien, Sohn Philipps II., Eroberer der damals bekannten Welt und Begründer des Hellenismus. Alexander der Große war es, der während seiner knapp 13jährigen Regierungszeit nicht nur einen in der Geschichte beispiellosen Feldzug unternahm – sein Weltreich umfaßte neben Griechenland den Balkan, die heutige Türkei, Persien, Nordarabien, das heutige Afghanistan, Teile der heutigen Sowjetunion und rund zwei Drittel des heutigen Pakistan. Dieser Alexander leitete vor allem die Expansion der griechischen Kunst, Philosophie und Wissenschaft ein. Seine Konzeption eines kosmopolitischen Weltreiches stellte dabei zugleich eine neue Qualität des politischen Denkens dar. Was Alexander als Vision vorschwebte, war nicht die Weiterentwicklung des ganz auf die Entfaltung des Individuums ausgerichteten, separatistischen Polis-Gedankens, der im klassischen Griechenland lange Zeit als die einzig denkbare politische Organisationsform einer zivilisierten Gesellschaft gegolten hatte; seine Idee einer internationalen Konföderation war eher das genaue Gegenteil der Polis-Konzeption – sie gründete sich auf die bis dahin nicht gedachte Möglichkeit, ganz unterschiedliche Kulturen, Traditionen und Rassen miteinander zu verschmelzen.

Der Traum des Alexander endete mit dessen Tod im Jahre 323 in Babylon, das Weltreich des 33jährigen zerfiel unter den Händen seiner Erben. Doch jene 13 Jahre, in denen Alexander die Welt eroberte, haben ihre Spuren hinterlassen. Das Griechenland des Alexander, das hellenistische Griechenland, ist es, das für die Geistes- und Politikgeschichte Europas von so überragender Bedeutung ist. Das Grundmotiv des Hellenismus, die Mischung verschiedenartiger Kulturen, die Begegnung von Orient und Okzident, wirkte weiter, setzte sich fort im Römischen Reich, in Byzanz, und sie begegnet uns schließlich wieder im modernen griechischen Nationalstaat des 19. Jahrhunderts – dieser mal so westlichen, mal so orientalischen Gesellschaft.

Der doppelköpfige Adler

Die staatliche Institutionalisierung dieser Ambivalenz war Byzanz, ihr Symbol der doppelköpfige Adler. Konstantinoupolis, die «Stadt des Konstantin», heißt sie bis heute in Griechenland; kein offizielles Dokument in Hellas, kein Zeitungsartikel wird von ihr jemals als Istanbul sprechen; die elektronischen Anzeigetafeln auf dem Athener Flughafen verzeichnen zwar die größte Stadt der Türkei unter dem Namen, der auch auf den Landkarten in aller Welt steht, und die Ansagerin ruft, auf englisch, tatsächlich den Flug der «Turkish Airlines to Istanbul» aus, doch dann, auf griechisch, heißt es: «ghia Konstantinoupoli» – nach Konstantinopel. Istanbul ist für die Griechen immer noch die Stadt des Konstantin, des Vaters der Griechisch-Orthodoxen. Konstantin war es, der im Jahre 330 dem byzantinischen Reich sein Symbol gab: jenen doppelköpfigen Adler, dessen einer Kopf für das alte Rom stand, das Reich des Westens, während der andere das neue, das christliche Reich, Konstantinopel, repräsentierte. Für die nächsten eintausend Jahre blieb dies das Symbol Byzantiums – und dieser doppelköpfige Adler ist auch heute noch in Griechenland allgegenwärtig: über dem neoklassizistischen Portal des Athener Offiziersclubs prangt er ebenso wie auf den Siegeln der griechisch-orthodoxen Kirche. Mehr als das. Dieses Wappentier, das zugleich nach Osten und nach Westen blickt, ist eine Metapher, ein Schlüssel zum Verständnis zahlloser griechischer Eigenarten bis auf den heutigen Tag geblieben. Es versinnbildlicht das Schicksal, die Leiden und Sehnsüchte, die Möglichkeiten und die Widersprüche dieser griechischen Nation, die, voller Zwiespältigkeiten und Zweifel, immer noch auf der Suche ist nach ihrer Identität.

Das heutige Griechenland ist viel eher der Erbe des alten Byzanz als ein Kind des «Goldenen Zeitalters», ist eher byzantinisch-weltläufig als perikleisch-separatistisch, ist um so vieles mehr geprägt von dem glänzenden, märchenhaft anmutenden Jahrtausend des byzantinischen Reiches als von der kaum vier Jahrzehnte währenden Blüte Athens. Byzanz, das ist die Essenz griechischen Denkens, gepaart mit politischer Organisation – eine vitale Legierung orientalischer, hellenistischer und römischer Ingredienzien, die sich – letztlich auf der Grundlage der kosmopolitischen Vision des großen Alexander – als so viel lebensfähiger erwies als alles vorher Dagewesene.

Es war ursächlich die geographische Lage, die Konstantinopel zur größten und bedeutsamsten Metropole Europas und des Nahen

Ostens machte. Anders als Rom, war Konstantinopel eine Stadt mit eigenem ökonomischem Fundament: ein Zentrum des Handels und der Kommunikation, vor allem aber ein kultureller Brennpunkt des Mittelalters. Im elften Jahrhundert überschritt die Einwohnerzahl Konstantinopels die Millionengrenze. Längst hatte die Stadt am Bosporus dem alten Athen den Rang abgelaufen, war zur griechischen Stadt par excellence herangewachsen.

Seit 1453 heißt Konstantinopel Istanbul, ist türkisch – aber immer noch hat das Oberhaupt der griechisch-orthodoxen Kirche seinen Sitz am Goldenen Horn, immer noch wirkt der Traum von Konstantinopel als dem eigentlichen Zentrum der griechischen Welt weiter. Solche Träume sind, bei Licht besehen, natürlich ausgeträumt – spätestens seit der ‹kleinasiatischen Katastrophe› von 1922. Doch immer noch heißt Istanbul in Griechenland Konstantinopel.

Drei Jahrhunderte lang hatte die Bastion des Hellenismus am Bosporus dem Ansturm der islamischen Araber getrotzt; doch dann ging, nach einem vollen Jahrtausend, das byzantinische Reich unter. Saloniki fällt 1387, und am 6. April 1453 marschiert das 200000 Mann starke Heer Mohammeds II. vor den Mauern Konstantinopels auf. Nach siebenwöchiger Belagerung ist das Schicksal von Byzanz endgültig besiegelt – Mohammed, der Eroberer, rollt in der christlichen Hagia Sophia den moslemischen Gebetsteppich aus und verneigt sich gen Mekka.

Was da zu Ende geht, die tausendjährige Geschichte von Byzanz, ist in Europa ohne Parallele: Kein anderes Reich hat auch nur ähnlich lange überlebt. Die Synthese aus römischem Imperialismus und theologisch begründetem Herrschaftsanspruch gab diesem Staat seine Lebenskraft, sein außerordentliches Beharrungsvermögen. Dieser christliche Absolutismus war innenpolitisches Ordnungsprinzip und außenpolitische Legitimation zugleich. Das einigende Element in diesem Vielvölkerstaat war die Religion. Ob politisch oder kulturell, die Kirche erwies sich als die große, konservative, alles durchdringende Institution dieser Gesellschaft – sie prägte die Strukturen des sozialen Zusammenlebens ebenso wie die künstlerischen Ausdrucksformen: Kunst in Byzanz war fast ausschließlich Artikulation religiöser Themen. Die byzantinische Malerei orientierte sich ganz wesentlich an frühchristlichen Bildinhalten.

Der Geschichtsforschung des 19. Jahrhunderts galt das Tausendjährige Reich als dunkles Kapitel – das Bild einer korrupten, dekadenten und orientalisch-verkommenen Gesellschaft, die eigentlich von Anbeginn zum Sterben verurteilt schien und ein volles Jahrtausend dahinvegetierte, hat sich hartnäckig gehalten. Aber dieses Bild ist wohl unvollständig. Sicher steht Byzanz auch für Korruption, steht für einen Staatsbegriff, der alles dem religiösen Dogma unterordnet; doch es steht auch für diese einzigartige, produktive Verbindung aus Elementen der römischen, der hellenistischen und der frühchristlichen Kultur, angereichert mit zahllosen orientalischen Sprenkeln.

Der hellenistischen Überlieferung drückte dieses Byzanz unverkennbar seinen Stempel auf: Das Erbe des «Goldenen Zeitalters», ohnehin längst hundertfach gefiltert und stilisiert, wurde getreu den Dogmen der Orthodoxie einer Reinigung unterzogen. Augenfälligste Ergebnisse dieser Verchristlichung der hellenistischen Traditionen war die Abschaffung der ‹heidnischen› Olympischen Spiele im Jahre 394, das Verbot der altgriechischen Gottheiten und die ‹Überarbeitung› der klassischen griechischen Philosophie.

Während Konstantinopel zum geistigen Zentrum des neuen Reiches aufstieg, erlebte das griechische Mutterland seinen ökonomischen und kulturellen Niedergang. Mit der von Kaiser Justinian 529 angeordneten Schließung der Athener Akademien schien das Schicksal Griechenlands besiegelt – Hellas wurde zu einer ausgeplünderten, schließlich fast vergessenen Provinz, die den Einfällen slawischer Stämme vom Balkan schutzlos ausgeliefert war. Das Mutterland des Hellenismus war von der Geschichte nahezu abgekoppelt, Athen verfiel zu einer Ansammlung ärmlicher Häuser und Hütten im Schatten der klassischen Ruinen.

Unter dem Sultan

Zwei Kräfte bedrohten das Riesenreich der byzantinischen Kaiser: die wachsende römisch-christliche Militanz im Westen und der Aufstieg des Islam im Osten. Innerhalb eines Jahrhunderts nach dem Tode Mohammeds im Jahre 632 hatten die Araber bereits weite Teile Nordafrikas erobert, waren bis nach Spanien vorgedrungen und hatten in Jerusalem die grüne Fahne des Propheten gehißt. Mit viel Mühe konnte sich Byzanz der islamischen Eroberer erwehren. Doch die eigentliche Gefahr kam aus dem Westen: Was als Piraterie der Normannen begonnen hatte, entwickelte sich unversehens zu einem Generalangriff der westlichen, christlichen Staaten auf Byzanz – und das Schlachtfeld war Griechenland.

Als besonders bedrohlich für die Kaiser in Konstantinopel erwies sich, daß nun auch die venezianischen Handelsstrategen unter den Fahnen der Kreuzritter zum Marsch auf Byzanz mobil machten: Treibende Kraft war nicht länger der Glaubensstreit allein – kommerzielle Interessen begannen, eine immer größere Rolle zu spielen. Der vierte Kreuzzug endete 1204 mit der Eroberung Konstantinopels und der vorläufigen Aufteilung des Reiches: In Makedonien, Thessalien, Attika und auf dem Peloponnes herrschten von nun an für die nächsten Jahrzehnte die Franken. Venedig hatte sich die handelsstrategisch weit wertvolleren Gegenden gesichert: Kreta, die Ionischen Inseln, einige wichtige Küstenstädte auf dem Peloponnes.

Byzanz gab sich, obwohl längst tödlich verwundet, nicht geschlagen. Doch die folgenden Versuche, das Oströmische Reich zu neuer Größe auferstehen zu lassen, scheiterten am türkischen Vormarsch, der unaufhaltsam, Jahr für Jahr, die Osmanen weiter nach Westen führte. 1461 kontrollierten sie neben Kleinasien und Konstantinopel bereits das gesamte griechische Festland – die Akropolis war schon 1456, nach der Eroberung der Stadt, zur Moschee umfunktioniert worden. Die Venezianer leisten erbitterten Widerstand, doch um 1550 werden auch sie von Zypern und den Ägäisinseln vertrieben; 1669 schließlich wird auch Kreta türkisch.

Allein den Ionischen Inseln bleibt die Türkenherrschaft erspart. Bis 1797 bleiben sie venezianisch, dann fallen sie, nach der Eroberung Norditaliens, an Napoleon; 1815 schließlich gehen sie in britischen Besitz über, um dann 1864 im neuen griechischen Nationalstaat aufzugehen.

Vieles spricht dafür, daß es jene Griechen, die dem Osmanischen Reich einverleibt waren, mit ihren Besatzern oftmals leichter hatten als jene anderen, die ihre Steuern an venezianische Herren zu zahlen hatten. Doch daß Korfu zum Beispiel nie unter türkische Herrschaft geriet, daß die anderen ionischen Inseln nur für jeweils kurze Zeit den Osmanen zufielen, daß Kreta schließlich bis 1669, Tinos gar bis 1715 den türkischen Eroberern vorenthalten blieben, war von außerordentlicher Bedeutung für die Geschichte ganz Griechenlands: Diese venezianischen Bastionen waren die Fenster zum Westen, öffneten das Land wenigstens in bescheidenem Umfang Einflüssen aus der nichtorthodoxen und nichtislamischen Welt.

Der Rest Griechenlands freilich war fest in türkischer Hand, schien unwiderruflich zum Osmanischen Reich zu gehören. Bescheidene

Möglichkeiten der Selbstverwaltung und freie Religionsausübung konnten nicht darüber hinwegtäuschen, daß Griechenland nach dem Aderlaß, den es im byzantinischen Reich erlebt hatte, nun eine neue, noch schmerzlichere Epoche der Ausbeutung bevorstand. Die Gewährung der Religionsfreiheit übrigens entsprang nicht reiner Menschenfreundlichkeit – die Regeln des Islam geboten den Besatzern vielmehr, Christen und Juden in ihrer religiösen Identität unbehelligt zu lassen. Diesem Umstand verdankt die griechische Orthodoxie ihre überragende Bedeutung nicht nur in jenen vier Jahrhunderten türkischer Okkupation, sondern auch nach der Befreiung. Die orthodoxe Kirche fungierte auf der Basis der byzantinischen Gesetzbücher zum Beispiel auch unter dem Sultan als Rechtsinstanz in Zivilstreitigkeiten; sie organisierte wenigstens ein Minimum an Volksbildung; und sie leistete in jenen Jahrhunderten den entscheidenden Beitrag zur Bewahrung einer religiösen und nationalen Identität des griechischen Volkes.

Doch trotz relativer Freizügigkeiten, die von den Besatzern zugestanden wurden, blieb der Einfluß dieser vierhundertjährigen Okkupation höchst verhängnisvoll für die künftige Entwicklung Griechenlands. Mit der Eroberung durch die Türken war Hellas einem politischen und gesellschaftlichen System einverleibt worden, dessen Hauptkennzeichen die Unfähigkeit zum Wandel, die Abkapselung von der übrigen Welt war. Der türkische Imperialismus erwies sich – anders als etwa der napoleonische oder später der britische – als steril, das vom Islam geprägte Weltbild der Eroberer als unkritisch und unkreativ. Es gehört zu den großen Tragödien des griechischen Volkes, daß es an der Renaissance, dieser so griechischen Wandlung Europas, nicht hat Anteil nehmen können.

Emigranten aus Byzanz waren es, Flüchtlinge, die den osmanischen Eroberern entkommen waren, die zunächst in Norditalien die geistige Substanz des Hellenismus mit neuem Leben erfüllten. An der Platonischen Akademie in Florenz wurden griechische Philosophie und griechische Wissenschaften gelehrt; Venedig entwickelte sich zum Zentrum dieses neuen Hellenismus; hier wurden die Werke des Aristoteles neu aufgelegt, und Erasmus, der Humanist aus Rotterdam, übersetzte die Werke des Euripides ins Lateinische. Aus Italien sprang der Funke über die Alpen nach Frankreich, bald auch nach Deutschland, Holland und England, schließlich nach Spanien. Was sich da auf der Grundlage des hellenistischen Gedankengutes vollzog, war die Revolte gegen den Dogmatismus des Mittelalters – war der Beginn der Neuzeit. Individueller Ausdruck und Weltläufigkeit, Skepsis und Wissensdurst waren die Ingredienzien dieses neuen Welt- und Menschenbildes; Kunst, Philosophie und Wissenschaft begannen, sich von den religiösen Glaubenssätzen zu emanzipieren.

Griechenland, das zeitgenössische Griechenland, hatte an dieser Revolution des Denkens und Gestaltens so gut wie keinen Anteil, war von ihr ausgeschlossen. Zwar erstritten sich von der Mitte des 18. Jahrhunderts an einige griechische Regionen ein größeres Maß an Autonomie und nahmen ihre traditionellen Handelsverbindungen mit den anderen Ländern Europas wieder auf; doch die geistigen Einflüsse, die auf diese Weise nach Griechenland gelangten, blieben von peripherer Bedeutung. Daß überdies die griechische Orthodoxie, die in jenen Jahrzehnten vor dem Beginn des Befreiungskrieges mehr und mehr in die Rolle des alleinigen Verwalters der hellenischen Sache hineingewachsen war, die Impulse aus dem Westen nicht aufnahm, sie vielmehr zurückzudrängen versuchte, ist plausibel vor dem Hintergrund des orthodoxen Weltbildes, gehört aber gleichwohl zu den tragischen, folgenschweren Mißverständnissen jener Epoche.

Die Befreiung

Am 25. März eines jeden Jahres feiert die griechische Nation heute mit Militärparaden, Festreden und Umzügen den Tag der nationalen Unabhängigkeit, an dem die Revolution begann. Ein Priester war es, der Metropolit von Patras, der an diesem Tag im Jahre 1821 die griechische Flagge, das weiße Kreuz auf blauem Grund, hißte – das war das Startsignal zum bewaffneten Aufstand gegen die Besatzer.

Zu den großen Figuren dieses Befreiungskrieges zählt vor allen anderen Theodoros Kolokotronis, der ‹alte Mann von Morea›: Er führte die griechischen Freiheitskämpfer 1822 am Dervanaki-Paß gegen eine 30000 Mann starke türkische Armee zu dem wohl bedeutsamsten Sieg dieses Krieges. Im September des gleichen Jahres fiel Tripolis auf dem Peloponnes, das administrative Zentrum der Besatzer. Zu diesem Zeitpunkt war bereits der größte Teil des Peloponnes fest in der Hand der Aufständischen. Diese ersten Monate der Revolte brachten unerwartete Erfolge für die Griechen und schmerzliche Niederlagen für die Besatzer. Der Sultan in Istanbul mußte mit Zorn und Verbitterung feststellen, daß es just die orthodoxe Kirche war, der die Besatzer so viele Privilegien zugestanden hatten, die nun an der Spitze der Aufständischen marschierte. Zu den Märtyrern dieses Freiheitskampfes zählt auch der Patriarch von Konstantinopel: Er wurde von den Türken gemeinsam mit sechs seiner Bischöfe in der Kathedrale gehenkt.

Der Kampf für ein freies, ein souveränes Griechenland brachte viele jener zurück in die Heimat, die in den Jahrzehnten zuvor ausgewandert waren. Einer von ihnen: Prinz Alexander Mavrokordatos, Sproß einer alten, traditionsreichen griechischen Familie. Eine improvisierte Nationalversammlung trat im Januar 1822 in Epidavros auf dem Peloponnes zusammen, entwarf eine Verfassung für die – wie man damals noch hoffte – künftige Republik Griechenland und wählte Mavrokordatos zum provisorischen Staats- und Regierungschef.

Andernorts in Europa verfolgte man den griechischen Freiheitskampf mit durchaus gemischten Gefühlen. Eine Revolution, und darum handelte es sich schließlich, war nicht nach dem Geschmack der Heiligen Allianz, jener Liga, in der sich nach dem Sturz Napoleons Österreich, Preußen und Rußland zusammengefunden hatten. Für Metternich schien klar, daß der neue griechische Nationalismus eine ernste Gefahr für die Großmächte Europas darstellte – was, wenn andere ethnische Gruppen nun gleichfalls die Autorität der absolutistisch geführten Imperien in Frage stellten? Auch in Preußen mochte man sich aus ähnlichen Erwägungen für die griechische Sache lieber nicht stark machen, und ganz ähnlich stand es mit Frankreich, das zwar der Allianz nicht angehörte, sich aber gleichfalls durch die Revolution im östlichen Mittelmeer indirekt bedroht sah. Die Völker Europas beobachteten den Freiheitskampf dieses kleinen, jahrhundertelang ausgebeuteten Volkes zwar mit Sympathie, doch die Regierungen im damaligen Europa verhielten sich bestenfalls indifferent. Allein England stand den Griechen zur Seite. Premierminister George Canning rief daher die Großmächte auf, im türkisch-griechischen Konflikt zu vermitteln. Österreich und Preußen verweigerten ihre Beteiligung, aber Frankreich und Rußland stimmten zu.

Die Schlacht von Messolonghi brachte schließlich den Wendepunkt. Die Lagunenstadt im Golf von Patras war zwischen Mai 1825 und April 1826 Schauplatz der größten Tragödie dieses Befreiungskrieges. Fünftausend Bewohner, unter ihnen viele Frauen und Kinder, erwehrten sich elf Monate lang der Belagerung durch die türkische Armee. In der Nacht vom 22. auf den 23. April 1826 wagten die erschöpften, halb verhungerten Griechen den Ausfall aus der belagerten Stadt – die meisten von ihnen starben im Kugelhagel der Besatzer, wurden niedergemetzelt. Andere, die in der Stadt geblieben waren, gingen gemeinsam mit ihren Priestern in den Tod: Sie verschanzten sich im Munitionsmagazin und sprengten sich selbst in die Luft. Die Tragödie von Messolonghi löste in Europa einen Sturm des Protestes aus. Nun, so schien es, konnte man nicht länger die Augen vor den Ereignissen in Griechenland verschließen.

Es hatte furchtbare Massaker schon in den Jahren zuvor gegeben: Mit unvorstellbarer Grausamkeit hatten die Türken in den Griechenvierteln von Istanbul und in anderen kleinasiatischen Städten gewütet; 1822 hatten türkische Truppen auf der Insel Chios alles dem Erdboden gleichgemacht, 25 000 der 100 000 Einwohner niedergemetzelt und 50 000 weitere verschleppt. Doch erst der Fall von Messolonghi weckte das Gewissen der Welt.

Am 6. Juli 1827 schlossen die Regierungen von Großbritannien, Frankreich und Rußland den Vertrag von London, in dem die drei Mächte sich bereit erklärten, die Autonomie Griechenlands unter türkischer Oberhoheit zu garantieren. Aber die Regierung in Istanbul lehnte ab. Und damit begann das letzte Kapitel des griechischen Freiheitskampfes. Am 20. Oktober 1827 fuhr eine alliierte Flotte von elf britischen, acht russischen und sieben französischen Kriegsschiffen im Golf von Navarino auf. Die Türken, die hier den größten Teil ihrer eigenen und der ihnen alliierten ägyptischen Flotte postiert hatten, feuerten den ersten Schuß ab. Das folgende Gefecht endete mit der Versenkung von 53 der insgesamt 82 türkischen und ägyptischen Schiffe. Weitere zwei Jahre klammerten sich die Türken unter großen militärischen Verlusten an die Reste ihrer einstigen Provinz Hellas, dann, 1829, ging der griechische Freiheitskampf mit der Schlacht von Adrianopel zu Ende; nach dieser Niederlage der Türken gegen die russische Armee gestand der Sultan Griechenland die Autonomie unter der Schirmherrschaft der Großmächte zu.

Die Großmächte, die den Griechen schließlich zur langersehnten Befreiung vom türkischen Joch verholfen hatten, sollten nun den ersten griechischen Nationalstaat, der je in der Geschichte existiert hatte, aus der Taufe heben. Im April 1827 hatte die griechische Nationalversammlung den Grafen Kapodistrias, einen inzwischen nach Hellas heimgekehrten Exilgriechen, zuvor Staatssekretär im russischen Außenministerium, zum Ministerpräsidenten gewählt; doch Kapodistrias, der den Regierungen in London und Paris ohnehin als ein Agent des Zaren gegolten hatte, starb schon 1831 bei einem Attentat – für die

Großmächte eine willkommene Gelegenheit, den jungen Staat nun endlich nach ihren Vorstellungen zu formen. Mit Kapodistrias Tod ging das kurze Zwischenspiel eines republikanischen Griechenland zu Ende; 1832 trafen die Staatsmänner aus England, Frankreich und Rußland in London zusammen, um Hellas eine in ihrem Sinne zweckmäßige Verfassung zu geben – Hellas wurde ein Königreich, und die drei Signatarstaaten erhoben sich zu offiziellen Schutzmächten mit diversen Einflußmöglichkeiten auf die innenpolitische Entwicklung des neuen Staates – so schien sichergestellt, daß Hellas das europäische Machtgefüge nicht durcheinanderbringen konnte.

Mit all dem – einer Monarchie statt einer Republik, ausländischer Bevormundung statt wirklicher Souveränität – hätten die Griechen nach vierhundertjähriger Türkenherrschaft und einem kräftezehrenden Befreiungskrieg leben können und leben wollen; doch was sie bitter enttäuschte, war die neue griechische Landkarte, die man in London entworfen hatte: ein Staatsgebiet, das neben dem Peloponnes nur Mittelgriechenland bis zur Höhe der Hafenstadt Volos einschloß, Epirus, Thessalien, Makedonien und Thrakien jedoch unter türkischem Regiment beließ und die Ionischen Inseln den Briten als Protektorat zuschlug – ein Griechenland, kaum halb so groß wie das heutige Hellas.

Zudem kamen die Großmächte überein, daß dieses Rumpfgriechenland wohl am besten von einem König regiert werde, der kein Grieche war. Die Bewerber für den neuen Posten waren nicht eben zahlreich: Prinz Leopold von Sachsen-Coburg, dem man die Hellenenkrone anbot, sagte zunächst zu, dann wieder ab – er zog es vor, den Königsthron im geordneten, friedlichen und zivilisierten Belgien zu besteigen. Schließlich wurde ein Bayer erster griechischer König: Prinz Otto von Wittelsbach, zweiter Sohn des graecophilen Bayernkönigs Ludwig I., fügte sich dem Drängen der Großmächte, dem Wunsch seines Vaters und übernahm das neue Amt.

Ein bayerischer König

Otto war gewiß nicht erwählt worden, weil er der beste aller Kandidaten gewesen wäre. Eher traf wohl zu: Er war in der kleinen Schar der Interessenten der am wenigsten ungeeignete. Zu seinen Vorzügen zählte, weder mit einer der zerstrittenen Fraktionen des griechischen politischen Lebens verbunden zu sein noch mit einer der europäischen

Großmächte. Kurz gesagt, ein Mann ohne viele Freunde, aber – und das schien wichtiger – ein Mann auch ohne viele Feinde. Daß man die künftigen Untertanen nicht um ihre Meinung fragte, gehört im übrigen mit zu den Spielregeln: Könige werden nicht vom Volk gewählt.

König Otto war, als er nach Griechenland kam, ein siebzehnjähriges Kind, das kein Wort Griechisch sprach, der römisch-katholischen Kirche angehörte und dessen politische Vorstellungswelt ganz und gar den nicht eben für ihre Liberalität bekannten Traditionen der bayerischen Aristokratie entsprach. Dies alles in Rechnung gestellt, war es schon ein triumphaler Empfang, den die Griechen ihrem ersten König bereiteten. Am 31. Januar 1833 traf Otto I. an Bord der britischen Fregatte *Madagascar* in der Hafenstadt Nafplion ein. Einem französischen Offizier wurde die Ehre zuteil, dem König auf einem silbernen Tablett die Schlüssel zur Stadt zu übergeben; das Te Deum erklang, übertönt von 101 Schüssen Salut, und flankiert von vier Regenten und 3500 bayerischen Soldaten betrat Otto griechischen Boden. «Griechen!», so rief er an jenem Tag seinem Volk zu, «ich habe die Arme meiner Mutter und meines Vaters in diesem meinem zarten Alter verlassen und bin zu euch gekommen, um an eurer Seite zu kämpfen. Ich ersehne nichts mehr als eure Friedfertigkeit und euren Gehorsam – und ich werde euch glücklich machen!»

Nafplion war die provisorische Hauptstadt des neuen Königreiches. Die Wahl war den Beratern des Königs nicht schwergefallen: Die Hafenstadt am Argolischen Golf, nicht weit vom antiken Mikene entfernt, war die einzige größere griechische Stadt, die den Befreiungskrieg einigermaßen unbeschadet überstanden hatte. Die anderen Zentren des Landes – Patras, Athen, Tripolis, Korinth und Kalamata – waren nahezu vollständig zerstört und kamen als Sitz der neuen Regierung schon deshalb nicht in Frage. Daß Nafplion jedoch nur auf Zeit die Residenz des Griechenkönigs sein würde, schien von Anbeginn an klar. Eine nicht unbeträchtliche Zahl griechischer Politiker hatte ohnehin im Auge, den neuen König da zu installieren, wo er ihrer Meinung nach hingehörte: in Konstantinopel. Der Schönheitsfehler, daß Istanbul nach wie vor türkisch war, werde sich, so glaubten sie, über kurz oder lang schon noch beheben lassen. Konstantinopel auch nur vage als Hauptstadt ins Auge zu fassen, verbot sich freilich für den neuen König: Er wußte sich den Schutzmächten verpflichtet, und denen war nun gewiß nicht daran gelegen, Träume von einem wiedererstehenden Byzanz zu dulden.

Die Wahl fiel schließlich auf Athen, was nicht zuletzt der Griechenlandbegeisterung Ludwigs I. zu verdanken war.

Das Wirken der bayerischen Architekten sahen die Griechen insbesondere in der neuen Hauptstadt mit Freude: Die Mitarbeiter des neuen Königs verhalfen der Stadt zu einer ganzen Reihe repräsentativer Bauten. Weitaus weniger Wohlgefallen löste in Griechenland der politische Stil des Regentenquartetts aus, das für den jungen Mann auf dem Thron die Regierungsgeschäfte erledigte. Der von den Bayern zum Prinzip erhobene strikte Zentralismus trug nicht eben dazu bei, die drängenden Probleme des ausgebluteten Landes zu lösen: Die schnell wuchernde Staatsbürokratie war längst nicht immer in der Lage, sachbezogene, zukunftweisende Entscheidungen zu treffen. Die überfällige Landreform, die Korrektur des von den türkischen Besatzern nahezu unverändert übernommenen Steuersystems wurden nicht in Angriff genommen; die Landwirtschaft, in jenen harten Jahren Griechenlands einzig hoffnungsvoller Wirtschaftszweig, wurde von den vor allem auf absolutistische Machtentfaltung versessenen Bayern sträflich vernachlässigt. In Athen entstanden Paläste und prächtige Villen, und schon fünf Jahre nach der Ankunft des Königs verfügte die Hauptstadt gar über ein Opernhaus, in dem sich die führenden Kreise der Gesellschaft delektierten. Doch ein Zeitgenosse schildert voller Spott, wie die feinen Damen zwischen Kutschwagen und Opernportal mit gelüfteten Röcken durch den Schlamm wateten. In den knapp drei Jahrzehnten seiner Regentschaft ließ der bayerische Griechenkönig Otto gerade mal 240 Kilometer Straßen bauen.

Die Versäumnisse bei der Entwicklung der Infrastruktur des neuen Staates waren das mit Sicherheit verhängnisvollste Ergebnis der Regierungszeit eines Monarchen, der zeitlebens auf Distanz zu seinem Volk blieb und überdies die falschen Berater hatte. Die Nöte und Leiden, die Leidenschaften und die Träume seiner Untertanen hat dieser König nie erahnt, er blieb zeitlebens ein Fremder unter Fremden. Erst allmählich wohl schwante ihm, daß der begeisterte Empfang, den ihm seine Untertanen 1833 in Nafplion bereitet hatten, weder ihm gegolten hatte noch der von ihm repräsentierten absolutistischen Monarchie. Der junge Mann aus Bayern war für die Griechen während jener Anfangsjahre die Gallionsfigur ihrer so teuer errungenen und einstweilen so beschränkten Freiheit; er befriedigte ihre Sehnsucht nach optischer, sinnlich erfaßbarer Souveränität der Nation; er war, obschon weder Grieche noch Orthodoxer, eher Volksheld als Monarch.

Diese erste Begeisterung legte sich schnell. Die Griechen setzten sich gegen den sterilen Absolutismus und den bornierten Zentralismus des neuen Regimes mit den gleichen Methoden zur Wehr, mit deren Hilfe sie vierhundert Jahre türkischer Okkupation überlebt hatten: mit Korruption, mit Schmeichelei und, wo nötig, mit Widerstand. Zehn Jahre nach seiner Ankunft in Griechenland sah sich der neue König erstmals in einer ernsten Zwangslage: Das Königreich erlebte seinen ersten Coup d'État, Otto blieb nichts anderes übrig, als in der Ecke seines Arbeitszimmers vor den auf ihn gerichteten Bajonetten zu kapitulieren und den Griechen zuzugestehen, was diese seit jeher gefordert hatten: eine Verfassung. Schauplatz des Staatsstreiches war Ottos neuer Königspalast, und der Platz davor heißt seit jenem 15. September 1843 *Platia Sintagmatos* – Verfassungsplatz.

Die Verfassung machte aus der absoluten eine konstitutionelle Monarchie, Otto mußte seine bayerischen Berater nach Hause schicken, und ein Parlament stand ihm künftig bei der Gesetzgebung zur Seite. Doch die neue Errungenschaft, dieser zaghafte und letztlich halbherzige Schritt in Richtung auf demokratische Verhältnisse, erwies sich als von zweifelhaftem Wert und Nutzen. Zwar war die Machtfülle des Monarchen nun beschnitten, doch jetzt eroberten die Politiker das Feld. Und schon während der ersten Jahre seiner Existenz offenbarte das parlamentarische Leben in Griechenland ein Merkmal, das es bis auf den heutigen Tag nicht gänzlich losgeworden ist. Es wäre eine unzulässige Vereinfachung und Irreführung, dieses Phänomen, das im Griechischen mit dem Wort *Rousfetti* umschrieben wird, als Korruption zu bezeichnen. Korruption, das Wort bezeichnet etwas unzweideutig Illegales – Rousfetti aber bedeutet längst nicht immer, daß Gesetze gebrochen oder das Recht gebeugt wird; Rousfetti ist eher eine Gefälligkeit am Rande der Legalität. Rousfetti, das kann bedeuten; eine kleine Aufmerksamkeit als Gegenleistung für ein Kreuz auf dem Stimmzettel an der richtigen Stelle; und diese Aufmerksamkeit kann in einem Blumenstrauß oder aber in einem Job im Staatsdienst bestehen, in einer Baugenehmigung oder einem Bankkredit. So harmlos das im Einzelfall sein mag, so fragwürdig ist dieses Prinzip, wenn es zur Regel wird: Nicht nur untergräbt es die Glaubwürdigkeit der politischen Amtsträger, es richtet auch unübersehbaren Schaden an, weil eben längst nicht jede Gefälligkeit eine vernünftige, sachgerechte Entscheidung ist. Griechenlands erstes Parlament jedenfalls entwickelte sich nach 1843 alsbald zu einer Institution, die in erster Linie zur Befriedigung der Ambitionen jener diente, die ihm angehörten – ein Forum für Patronage und zweifelhafte Geschäfte. Dieser Mangel an politischer Hygiene lastet noch heute schwer auf Griechenland. Das Ansehen der Politiker und der politischen Institutionen wurde in jenen Jahren und oft genug seither dauerhaft ramponiert: Der durchschnittliche Parlamentarier gilt auch heute in der Öffentlichkeit weithin als käuflich – oder als naiv. Die persönliche Bekanntschaft mit dem Wahlkreisabgeordneten wird gesucht und geschätzt, denn sie verspricht so etwas zu sein wie ein Rettungsanker in Zeiten der Not – sei es bei Auseinandersetzungen mit der Bürokratie, sei es bei der Beschaffung eines Darlehens oder bei der Suche nach einer Arbeitsstelle. Insgeheim aber verachten die meisten Griechen jene ‹Politiker›, die mit solchen Gefälligkeiten auf Stimmenfang gehen. Nicht zufällig übrigens ist das Wort *Rousfetti* arabischen Ursprungs – die Tradition, die es bezeichnet, gehört ohne Zweifel zu den orientalischen Charakterzügen des doppelköpfigen Adlers.

Seit dem Ende der siebenjährigen Obristenherrschaft 1974 hat sich manches geändert. Das berüchtigte Klientelwesen ist deutlich geschrumpft – auch eine Folge des gesellschaftlichen Wandels in Hellas: Eine urbane Gesellschaft ist offenkundig weniger anfällig für diese Art der Stimmungsmache, auch weniger auf sie angewiesen. Das freilich schließt nicht aus, daß nach wie vor in den großen Staatsunternehmen und im öffentlichen Dienst zahllose Angestellte und Beamte nicht wegen ihrer Qualifikation, sondern dank der Fürsprache dieses oder jenes Politikers unterkommen. Auch gehört es für manchen Parlamentarier und gar Minister nicht nur auf dem Land zur täglichen Routine, nach Dienstschluß auf Gratulationscour bei seinen Patenkindern zu gehen – mancher Politiker hält auch noch heute einige hundert solcher Patenschaften, so daß er mit Namenstagsfeiern reichlich eingedeckt ist. Was sich jedoch, zumal seit dem EG-Beitritt des Landes, gründlich gewandelt hat, ist das Klima des politischen Lebens. Konstantin Karamanlis hat dieses politische Leben seit 1974 stärker geprägt als je ein anderer Politiker nach dem Krieg, und er hat es um eine wichtige Variante bereichert: Anstand.

Zweiter Versuch: ein König aus Dänemark

Auf den glücklosen Griechenkönig Otto I., der 1862 nach einem neuerlichen Staatsstreich das Land verlassen mußte, folgte 1863 Georg I. – Däne von Geburt, also wieder ein Ausländer, wieder auch ein reichlich junger, nämlich gerade erst 18 Jahre alter Monarch, aber doch einer, der entschlossen schien, sein Amt nach besten Kräften und zum Nutzen der griechischen Nation auszuüben. Auf den ersten, in Griechenland bejubelten Erfolg seiner Amtszeit brauchte Georg kein halbes Jahr zu warten: Gewissermaßen als Morgengabe für den mit dem englischen Königshaus verschwägerten Hellenenkönig trat Großbritannien im März 1864 die bis dahin von einem britischen Hochkommissar verwalteten Ionischen Inseln an Griechenland ab. Für den jungen Staat war das eine höchst bedeutsame Erweiterung nicht nur seiner Grenzen, sondern vor allem seiner Wirtschaftskraft; denn die von den Briten und zuvor von den Venezianern verwalteten Inseln Korfu, Kefalonia, Ithaka, Lefkas und Sakinthos besaßen ein erhebliches landwirtschaftliches Potential und verfügten auch über eine im Vergleich zum Festland geradezu hochmoderne Infrastruktur.

Georg I. regierte ein halbes Jahrhundert, und diese fünfzig Jahre seiner Regierungszeit markieren den Aufstieg Griechenlands von einer kaum lebensfähigen, dilettantisch verwalteten und politisch unmündigen Nation zum modernen Staat. Da war zunächst die bedeutende Ausdehnung des griechischen Staatsgebietes während jener Jahre bis zum Ersten Weltkrieg: Nach den Ionischen Inseln erhielt Hellas vom Berliner Kongreß 1878 Thessalien und einen Teil der Provinz Epirus zugesprochen; die Balkankriege der Jahre 1912 und 1913 schließlich bescherten Griechenland den langersehnten Gebietszuwachs im Norden: Das westliche Thrakien sowie der Rest von Epirus und Makedonien waren nun wieder griechisch; gleichzeitig wurden die bis dahin noch unter türkischer Herrschaft befindlichen Ägäisinseln und Kreta dem Königreich Griechenland zugeschlagen. Damit hatte sich das griechische Staatsgebiet seit der Unabhängigkeit, rund siebzig Jahre zuvor, mehr als verdoppelt, seine Einwohnerzahl war gar auf das Sechsfache angestiegen: Der griechische Nationalstaat des Jahres 1830 war keine 48000 Quadratkilometer groß gewesen und umfaßte etwa 800000 Einwohner; 1913 maß Griechenland 110000 Quadratkilometer und zählte knapp viereinhalb Millionen Menschen.

Die zweite Hälfte des 19. Jahrhunderts brachte Griechenland den dringend notwendigen wirtschaftlichen Aufstieg. 1869 wurde die Eisenbahnlinie zwischen Piräus und Athen eröffnet, 1885 fuhren die Züge bis weit nach Attika hinein. Diese und andere Infrastrukturmaßnahmen leiteten das rapide Wachstum der Hauptstadt Athen ein, die ihre Einwohnerzahl von rund 30000 im Jahre 1853 auf etwa 120000 gegen Ende des 19. Jahrhunderts vervierfachte. Die Fertigstellung des Kanals von Korinth, 1893, der den Peloponnes faktisch zu einer Insel machte, der größten Griechenlands, verkürzte den Seeweg vom Ionischen Meer nach Piräus beträchtlich und schuf eine wichtige Voraussetzung für die Entwicklung der griechischen Handelsflotte – Hellas stieg in die Spitzengruppe der Seefahrtsnationen auf. Vor allem unter dem Ministerpräsidenten Harilaos Trikoupis entwickelte Griechenland eine erstaunliche Prosperität, deren wichtigste Grundlage die Schaffung neuer Verkehrswege in dem immer noch weitgehend unerschlossenen Land war.

Eleftherios Venizelos, dem großen Kreter, blieb es vorbehalten, die brennenden sozialen Probleme des Landes in Angriff zu nehmen – das wichtigste unter ihnen: die Landreform. Offiziere waren es, die im Jahre 1909 die Regierung des Ministerpräsidenten Mavromihalis stürzten und ein Jahr später Venizelos, der zuvor der halbautonomen Regierung Kretas angehört hatte, nach Athen holten. Die Parlamentswahlen von 1910 gewann Venizelos mit überwältigender Mehrheit. Als erstes ließ er die Verfassung des Landes gründlich überarbeiten; Griechenland bekam ein neues Steuersystem, ein neues Schulwesen, es bekam Gewerkschaften und eine funktionierende Justizverwaltung. Schließlich schuf Venizelos die Grundlagen für eine gerechtere Verteilung des Nationaleinkommens: Er ließ die orthodoxe Kirche, den größten griechischen Landeigentümer, in großem Umfang enteignen, die feudalistischen, aus der türkischen Besatzungszeit stammenden Besitzverhältnisse wurden radikal geändert, Grund und Boden annähernd gleichmäßig verteilt. Die Landreform des Eleftherios Venizelos wirkt bis heute nach: Ihr ist es zu verdanken, daß Griechenland auch in der Gegenwart zu den Ländern mit der gleichmäßigsten Verteilung des Grundbesitzes und auch des Nationaleinkommens gehört; seit der Regierungszeit des Venizelos gibt es in Hellas so gut wie keine Großgrundbesitzer mehr – nur etwa zweihundert der insgesamt knapp eine Million griechischen Landwirtschaftsbetriebe messen mehr als hundert Hektar.

Die «kleinasiatische Katastrophe»

Der Erste Weltkrieg brachte in Griechenland innenpolitische Gegensätze zum Ausbruch, die sich seit Jahren abgezeichnet hatten. König Konstantin I., Nachfolger des 1913 in Thessaloniki von einem offenbar Geisteskranken auf offener Straße ermordeten Königs Georg, war von Anfang an ein Verfechter des griechischen Neutralismus gewesen; Ministerpräsident Venizelos hingegen trat dafür ein, sich auf die Seite der Entente zu schlagen. Mit Hilfe dieser Verbündeten, so schwebte Venizelos vor, könnte Griechenland endlich die Befreiung der nun seit einem halben Jahrtausend unter türkischer Herrschaft lebenden Griechen in Thrakien und Kleinasien erreichen. Nach zahllosen Auseinandersetzungen, Intrigen und politischen Wirren trug Venizelos schließlich im Juni 1917 den Sieg davon: König Konstantin wurde zur Abdankung gezwungen, verließ mit seiner Familie Griechenland, und Eleftherios Venizelos glaubte nun, da Griechenland offizieller Bundesgenosse der Entente war, das Ziel greifbar nahe: ein Hellas von der Ionischen See bis nach Kleinasien – der alte Traum von einem griechischen Konstantinopel, einem griechischen Smirna.

Drei von zehn Bewohnern der Küstenregionen Kleinasiens waren damals Griechen; allein Izmir, das alte Smirna, hatte 160000 griechische Einwohner, und Cydonia, nahe dem alten Pergamon gelegen, zählte 46000 Menschen – davon ganze hundert türkischer Abstammung. Im Januar 1919 präsentierte Venizelos seine großgriechische Idee den Alliierten, erreichte die zögernde Zustimmung der Briten für sein Unternehmen, und am 2. Mai des gleichen Jahres landeten griechische Truppen in Smirna. Doch schon bald darauf sahen sich die Griechen von ihren Bundesgenossen im Stich gelassen, und die Katastrophe bahnte sich an. Noch im August 1920 gestand der türkische Sultan den Griechen im Vertrag von Sèvres das Gebiet um Smirna zu – doch mit dem unaufhaltsamen Aufstieg des Mustafa Kemal, der sich den Beinamen *Atatürk*, ‹Türkenvater›, gab, war dieser Vertrag – jedenfalls soweit er die Grenzziehung in Kleinasien betraf – nur noch Makulatur. Die Machtübernahme Atatürks verschaffte der einst von allen Seiten befehdeten Türkei plötzlich wertvolle neue Bundesgenossen: Frankreich und Italien schlugen sich auf die Seite Atatürks, der angetreten war, die orientalische Türkei zu einem modernen, säkularen Staat westlicher Prägung zu machen.

Während sich in Kleinasien schon die drohende Niederlage der Griechen abzeichnete, ging man im Mutterland zu den Wahlurnen. Venizelos war fest davon überzeugt, den Wahlkampf gegen die Monarchisten gewinnen zu können, doch er täuschte sich: Die Wähler entschieden sich für das Königtum, Venizelos floh aus Griechenland, und am 6. Dezember 1920 kehrte König Konstantin I., der dreieinhalb Jahre zuvor ins Exil gegangen war, im Triumphzug nach Athen zurück. Mit diesem Machtwechsel in Athen verlor Griechenland endgültig den Beistand seiner Alliierten – denn die erinnerten sich sehr wohl, daß es just dieser Konstantin gewesen war, der sich im Ersten Weltkrieg beharrlich geweigert hatte, der Entente beizutreten. Das Schicksal der Griechen in Kleinasien war damit besiegelt.

Die letzte Offensive der griechischen Truppen verläuft sich in den Weiten des anatolischen Hochlands, vierzig Kilometer vor Ankara kehren die Griechen um: Wenn sie nicht von ihren Nachschubwegen abgeschnitten werden wollen, müssen sie zurück zur Küste. Im August 1922 schließlich startet Atatürk seine Gegenoffensive. Die Griechen haben nun den türkischen Truppen nichts mehr entgegenzusetzen, suchen ihr Heil in der Flucht, setzen ihre ganze Hoffnung auf die wenigen Schiffe, die vor Smirna liegen und sie zu den griechischen Inseln bringen sollen. Doch längst nicht alle entkommen den Soldaten Atatürks; unter der Zivilbevölkerung Smirnas richten die Türken ein entsetzliches Blutbad an. Die Bilanz des Kleinasienabenteuers des Eleftherios Venizelos: 600 000 Tote und 1,2 Millionen Flüchtlinge, die nun ins Mutterland strömen, auf der Suche nach einer neuen Existenz.

Der Vertrag von Lausanne, 1923 geschlossen, beendet schließlich dieses letzte Kapitel des griechischen Kampfes um Unabhängigkeit: Seither verläuft die Grenze zwischen der Türkei und Griechenland kurz vor der kleinasiatischen Küste, Thrakien gehört östlich des Flusses Evros zur Türkei. Doch Spuren der griechischen Präsenz gibt es in Kleinasien immer noch: Vor allem in und um Istanbul leben nahezu 80 000 Griechen als türkische Staatsbürger, und wer die kleinasiatische Küste bereist, der trifft hier und da auf Bewohner, vor allem Angehörige der älteren Generation, die Griechisch sprechen und verstehen. Schließlich: Das Oberhaupt der griechisch-orthodoxen Kirche hat seinen Sitz nach wie vor in Istanbul.

König Konstantin I. mußte bitter für das von Venizelos eingefädelte Desaster büßen: Eine Offiziersjunta zwang ihn zur Abdankung und ließ fünf Mitglieder der abgesetzten Regierung exekutieren. Konstantin starb nur ein Jahr später im Exil in Palermo. Sein Sohn Georg II. übernahm den Thron, doch nur für kurze Zeit: Schon 1924 erlebte Griechenland seinen nächsten Staatsstreich und die Ausrufung der Republik. Die folgenden Jahre waren turbulent: Zwischen 1924 und 1928 gab es in Hellas immerhin zehn Regierungswechsel – im Schnitt also alle fünf Monate einmal; dreimal wurden die Griechen zu den Wahlurnen gerufen, und elfmal in diesen vier Jahren übernahm die Armee die Macht im Staate.

Ein Coup war es auch, der den König nach Athen zurückbrachte. Doch Hoffnungen, daß mit der Rückkehr Georgs II. auf den Griechenthron im November 1935 endlich politische Stabilität einkehren könnte, zerschlugen sich – denn am weltpolitischen Horizont kündigte sich bereits die große Katastrophe dieses Jahrhunderts an, der Zweite Weltkrieg.

Dem fortdauernden, kräftezehrenden und fruchtlosen Kampf um wechselnde Mehrheiten im griechischen Parlament, den Intrigen und Verschwörungen, machte General Ioannis Metaxas im August 1935 mit Zustimmung des Königs ein Ende: Im Handstreich übernahm er das Amt des Ministerpräsidenten, ließ Parteien und Parlament auflösen, mißliebige, ihm gefährlich erscheinende Politiker und Intellektuelle verbannen, er führte die Pressezensur ein, kurzum: das Regime des General Metaxas trug alle Merkmale der modernen Militärdiktatur: Folter und Zensur, Bespitzelung und Willkür. Die Armee hatte wieder einmal klargestellt, wer im Zweifelsfall in Griechenland die Richtlinien der Politik bestimmte. Von jenem 15. September 1843 an, da die griechischen Offiziere dem ersten König des neuen Staates eine Verfassung abgenötigt hatten, gehörte der Coup d'État zum festen Repertoire der griechischen Innenpolitik. Der Staatsstreich als Mittel der politischen Veränderung war ein für allemal legitimiert, war nichts Außergewöhnliches mehr, sondern eher schon eine Tradition, der sich – obwohl oft genug selbst Opfer dieser verwilderten Sitten – so mancher griechische König allzu willig unterwarf. Die Armee war zu einer bestimmenden politischen Kraft in Griechenland geworden; sie selbst sah sich in der Rolle des Retters der Nation.

Wie viele Male seit 1843 die griechische Armee die Macht übernahm, Könige stürzte, Regierungschefs absetzte, neue kürte und wieder verstieß, ist nicht ganz einfach nachzuzählen – alle Interventionen von Obristen und Generalen zusammengerechnet, kommt man gut und gern auf drei Dutzend. Der vorerst letzte Coup war der vom

21. April 1967, als die Obristenclique unter Georgios Papadopoulos die Panzer in Marsch setzte. Es gibt gewiß Anzeichen dafür, daß seit dem Sturz dieser Diktatur im Jahre 1974 die unselige Tradition gebrochen ist; daß die Militärs endgültig in die Kasernen zurückgekehrt sind. Der Republik Griechenland möchte man von Herzen wünschen, daß dieser Eindruck nicht täuscht.

Ioannis Metaxas übernahm die Macht in Athen zu einer Zeit, da Hellas vor schier unüberwindlichen wirtschaftlichen und sozialen Problemen stand: Der Erste Weltkrieg und das anatolische Abenteuer hatten einen gewaltigen Schuldenberg hinterlassen und die Währung des Landes ruiniert; die fast eineinhalb Millionen Flüchtlinge aus Kleinasien und Ostthrakien belasteten die Wirtschafts- und Sozialstruktur des Landes bis zum äußersten. Metaxas suchte der Probleme Herr zu werden, und er tat es mit jener eigentümlichen Mischung aus Sozialfürsorge, Kasernendisziplin und mythischem Nationalismus, die den Griechen rund dreißig Jahre später, bei der Machtübernahme des Georgios Papadopoulos, wiederbegegnen sollte. Metaxas führte in Griechenland den Achtstundentag ein, und er schaffte die Kinderarbeit ab – freilich auch die Gewerkschaften; Metaxas ließ Arbeitsgerichte einrichten – freilich schickte er Tausende politischer Gegner ohne Prozeß und ohne Urteil in die Gefängnisse; Metaxas nahm eine Landreform in Angriff, die vor allem den Flüchtlingen aus Kleinasien zugute kam – doch er ließ gleichzeitig die Schulbücher von seinen Zensoren umschreiben und verfälschen.

Die Parallelen sind frappierend: Der Katalog gleicht fast haargenau jenem, den Georgios Papadopoulos dreißig Jahre später zur Grundlage seiner ‹Revolution› machte.

Das Hakenkreuz über der Akropolis

Der Versuch des Diktators Metaxas, Griechenland aus dem Zweiten Weltkrieg herauszuhalten, scheiterte am 28. Oktober 1940, als der italienische Botschafter in Athen der griechischen Regierung ein Ultimatum des Benito Mussolini präsentierte: Italien, das zu diesem Zeitpunkt rund 125000 Soldaten im besetzten Albanien stationiert hatte, forderte von Griechenland die Abtretung der Stadt Ioannina und der Küste von Epirus. Metaxas antwortete auf den Erpressungsversuch mit einem einzigen Wort: *ochi!* – nein! Seither ist dieser 28. Oktober ein griechischer Nationalfeiertag, der Ochi-Tag.

Mussolinis Versuch, sich von den Griechen mit militärischen Mitteln zu holen, was er mit seinem Ultimatum nicht hatte bekommen können, scheiterte unerwartet – die Griechen, obwohl von der Truppenstärke her weit unterlegen, wehrten sich heldenhaft ihrer Haut, trieben gar die Italiener über die albanische Grenze zurück und eroberten große Teile Albaniens. Am 6. April 1941 versuchten deutsche Truppen, was den Italienern mißlungen war: die Eroberung Griechenlands – und diesmal ganz Griechenlands, das mittlerweile zu einem Verbündeten Großbritanniens avanciert war.

Bereits am 9. April ist Thessaloniki in deutscher Hand, zehn Tage später schon ist die Lage bereits aussichtslos für die Griechen: Die Briten haben ihre in Griechenland stationierten Truppen eilig aus der Gefechtszone gebracht, Ministerpräsident Koryzis, Nachfolger des im Januar 1941 gestorbenen Metaxas, begeht Selbstmord. Am 27. April schließlich, nur drei Wochen nach Beginn des deutschen Angriffs auf Griechenland, weht über der Akropolis die Hakenkreuzfahne. Kreta, Zufluchtsort nicht nur für die griechische Regierung, sondern vor allem auch ein Heerlager für fast 30000 Commonwealth-Soldaten, ist das nächste Ziel des deutschen Eroberungszuges. Am 21. Mai fliegt die deutsche Luftwaffe einen Angriff auf die vor Kreta liegenden britischen Kriegsschiffe. Binnen weniger Stunden versinkt ein Drittel der Armada in den Fluten, die meisten der restlichen Schiffe sind schwer beschädigt. In den folgenden neun Tagen entbrennt der Kampf um Kreta in voller Härte. Gleichzeitig mit dem Luftangriff auf die britischen Kriegsschiffe starten deutsche Fallschirmjäger die größte (und für sie verlustreichste) Luftlandeoperation der Geschichte. Am 30. Mai ist die Entscheidung gefallen: Kreta ist erobert.

Die dreieinhalbjährige deutsche Besetzung Griechenlands bedeutet für die Menschen in Hellas Not, Gefahr, Hunger und Tod. Im Winter 1941/42 verhungern und erfrieren in ihrem von den Deutschen ausgeplünderten Land mehr als 300000 Griechen; die etwa 80000 Menschen zählende jüdische Bevölkerung Thessalonikis wird von den Deutschen nach Polen deportiert – sechstausend überleben. Jene, die in den Bergen des Peloponnes oder auf Kreta den bewaffneten Widerstand wagen, die deutschen Nachschubwege sabotieren und Bahnlinien in die Luft sprengen, bezahlen in vielen Fällen mit ihrem Leben – und überdies müssen die Griechen die erschreckende Erfahrung machen, daß ein Menschenleben nicht viel gilt: Einhundert Griechen für jeden getöteten deutschen Soldaten, das ist die «Sühnequote», die von den Besatzern festgelegt wird. Viele tausend Männer, Frauen und Kinder werden in jenen Jahren von den Exekutionskommandos der SS ermordet. Schauplatz einer der größten Tragödien des Zweiten Weltkrieges ist das kleine Bergdorf Kalavrita auf dem Peloponnes. Als Vergeltung für einen Partisanenüberfall auf eine Hundertschaft deutscher Besatzer machten die Deutschen am 13. Dezember 1943 Kalavrita und einige Nachbardörfer dem Erdboden gleich; die Männer und alle über 14 Jahre alten Jungen wurden auf einem Hügel oberhalb des Dorfes zusammengetrieben – es waren über 1200; sie starben in einer fünf Stunden dauernden Massenhinrichtung. Frauen und Kinder des Dorfes waren derweil in der Dorfschule zusammengetrieben worden, die Türen wurden von außen verriegelt, das Schulhaus in Brand gesteckt. Daß an jenem 13. Dezember 1943 in Kalavrita nicht alle starben, die nach dem Willen der Besatzer hätten sterben sollen, war einem jungen deutschen Soldaten zu verdanken, der in letzter Minute die Hintertür des brennenden Schulhauses öffnete und den Frauen und Mädchen die Flucht vor den Flammen ermöglichte. Jener Soldat wurde tags darauf auf Befehl seines Kommandanten standrechtlich erschossen. Alljährlich am 13. Dezember gedenken die Menschen von Kalavrita am Mahnmal über dem Dorf der Opfer des Holocaust. Wer als Deutscher heute an einer dieser Gedenkfeiern teilnimmt, wird bewegt feststellen, daß ihm in Kalavrita keine feindlichen Blicke, kein Haß, keine abweisende Geste entgegengebracht wird – sondern Gastfreundschaft und Herzlichkeit. Um so beschämender mutet an, daß der Holocaust von Kalavrita, einer der furchtbarsten von den Deutschen im Zweiten Weltkrieg verübten Massenmorde dieser Art, in Deutschland in Vergessenheit geraten ist.

Griechen gegen Griechen

Der Rückzug der Deutschen im Herbst 1944 brachte Griechenland keinen Frieden. Der Kampf der Widerstandsorganisationen gegen die Besatzer ging unmittelbar über in den Kampf um die Macht im befreiten Griechenland. «Wölfe fressen einander nicht – Griechen tun es», hat Nikos Kazantzakis geschrieben – es könnte das Motto für die Jahre nach 1944 sein, die nach den Leiden der Besatzungszeit nun die Schrekken des Bürgerkrieges über das Land brachten. Der Machtkampf hatte sich schon kurz nach der deutschen Besetzung angedeutet: Während die griechische Exilregierung – zum großen Teil konservative Royalisten und Anhänger des Diktators Metaxas – bei vielen Griechen immer weniger als legitimer Sachwalter der nationalen Interessen galt, wuchs in Griechenland das Ansehen jener Widerstandsgruppen, die den bewaffneten Kampf gegen die Besatzer wagten. Die prominenteste dieser Partisanengruppen war die 1941 gegründete *Nationale Befreiungsfront (EAM)* und deren kurze Zeit später geschaffener paramilitärischer Ableger, die *Nationale Volksbefreiungsarmee (ELAS)*. Während der Jahre 1941 und 1942 erhielten beide Organisationen materielle Unterstützung der Briten; als jedoch immer deutlicher wurde, daß EAM und ELAS kommunistisch orientierte Gruppierungen waren, stellten die Engländer ihre Hilfe ein. Unterstützung aus London erhielt von nun an die konkurrierende *Griechische Republikanische Liga (EDES)*, eine im wesentlichen von griechischen Offizieren geführte, konservative Organisation, die jedoch schon von der Zahl ihrer Angehörigen her weit hinter der EAM und der ELAS zurückblieb: Letztgenannte Gruppen hatten zu ihren besten Zeiten rund 50000 Mitglieder, die EDES hingegen kam auf kaum mehr als 17000. Der Kampf der ELAS richtete sich nicht allein gegen die Besatzer – getreu ihrem Ziel, nach der Befreiung in Griechenland die politische Macht zu übernehmen, bekämpfte sie auch die rivalisierenden Partisanenorganisationen; der griechische Bürgerkrieg begann, noch während die Deutschen im Lande waren.

Als die deutschen Soldaten im Herbst 1944 den Rückzug aus Griechenland antraten, kontrollierten die Guerilleros der ELAS bereits mehr als drei Viertel des Landes. Der Versuch der Briten, die Partisanengruppen aufzulösen, schlug fehl. Der Kampf um Athen dauerte allein vier Wochen – in blutigen Straßenschlachten gelang es schließlich den Engländern gemeinsam mit regulären griechischen Truppen, die Kommunisten aus der Hauptstadt zu vertreiben. Aber der Kampf setzte sich in den Bergen fort.

Die Jahreswende 1944/45 brachte Griechenland seine erste Nachkriegsregierung. Nachdem zunächst der Erzbischof Damaskinos kommissarisch die Regierungsgeschäfte übernommen hatte, wurde im Januar 1945 der Exgeneral Plastiras erster griechischer Ministerpräsident nach dem Zweiten Weltkrieg. Sein Kabinett war eindeutig republikanisch ausgerichtet. Doch Ende März 1946 wurde in Hellas gewählt, und die Royalisten errangen einen überwältigenden Sieg; im Herbst desselben Jahres rief ein Volksentscheid den fünf Jahre zuvor ins Exil gegangenen König Georg II. wieder nach Griechenland zurück –

Hellas war, wieder einmal, zur Monarchie zurückgekehrt. Doch Ruhe kehrte nicht ein im Land. Die Kommunisten sahen, jetzt mehr oder minder offen unterstützt von Moskau, die letzte Chance, Griechenland zu einem Brückenkopf des Sowjetkommunismus zu machen. Aber den mittlerweile durch amerikanische Waffenlieferungen gestärkten Regierungstruppen konnten sie auf Dauer nicht widerstehen; im Oktober 1949 mußten sich die kommunistischen Revolutionäre geschlagen geben. Die blutige Bilanz des griechischen Bürgerkrieges: über 100000 Tote.

Stabilität war in den Jahren vor dem Zweiten Weltkrieg nicht eben ein typisches Merkmal der griechischen Demokratie gewesen – und Stabilität kehrte auch nun nicht ein. An den Wahlen vom 31. März 1946 hatten nicht weniger als 36 verschiedene Parteien teilgenommen. Beim nächsten Urnengang im März 1950 waren es bereits 47 Gruppierungen, die um die Wählerstimmen warben; und während die Royalisten 1946 immerhin noch eine eindeutige absolute Mehrheit erzielt hatten, kam 1950 keine Partei auf mehr als 18 % der Stimmen. Während jener Nachkriegsjahre begegnet man in der griechischen Politik im Grunde genommen immer wieder den gleichen Personen – doch mal tauchen sie unter dem Banner dieser Partei auf, mal unter den Fahnen jener Gruppierung, dann wieder treten sie als unabhängige Kandidaten in Erscheinung. Es gab in jenen Jahren kaum einen prominenten Politiker, der nicht – meist mehrfach – die Partei gewechselt, eine eigene Partei gegründet, mit anderen koaliert und sich kurz darauf mit ihnen zerstritten hätte. Viele der herausragenden Namen dieser Jahre klingen auch heute noch vertraut: 1946 kandidierte für das griechische Parlament jener Panagiotis Kanellopoulos, der seine politische Karriere 1926 als Sekretär im damaligen Wirtschaftsministerium begonnen hatte und der später, am 21. April 1967, von den putschenden Obristen als Ministerpräsident abgesetzt wurde; in der Kandidatenliste des Jahres 1946 begegnet man auch jenem Spiros Markezinis, der viele Jahre später zu zweifelhafter Berühmtheit gelangte, als ihn die Obristen zum Ministerpräsidenten machten – unter Markezinis wurde der Aufstand der Studenten im Athener Polytechnikum 1973 blutig niedergewalzt; just jener Spiros Markezinis übrigens bewarb sich auch in den Wahlen von 1981 wieder um die Stimmen der griechischen Wähler.

Und dann sind da, von Anfang an, natürlich jene beiden herausragenden politischen Persönlichkeiten der griechischen Nachkriegsgeschichte: der 1907 geborene Konstantin Karamanlis und der neun Jahre ältere Georgios Papandreou. Diese beiden Männer bestimmten wie niemand sonst in Hellas das politische Schicksal dieses Landes seit dem Ende des Krieges – Papandreou bis zu seinem Tod während der siebenjährigen Militärdiktatur, Konstantin Karamanlis, der 1980 aus dem Amt des Ministerpräsidenten ausschied und zum Präsidenten der Republik gewählt wurde, bis in unsere Tage.

Karamanlis hatte seine politische Laufbahn 1935 als Parlamentsabgeordneter seines Heimatortes Serres in Makedonien begonnen. In den ersten turbulenten Jahren nach dem Krieg übernahm er eine ganze Reihe von Ministerämtern; 1952 schließlich wurde er Chef des Ressorts für Öffentliche Arbeiten. In jenen Jahren erwarb er sich den Ruf eines zielstrebigen, energischen und sachkundigen Politprofis. Als Ministerpräsident Papagos 1955 starb, übernahm Konstantin Karamanlis das Amt des Regierungschefs. Es folgten acht Jahre ungewöhnlicher politischer Kontinuität in einem Griechenland, dessen Regierungen bis dahin eine so klägliche Lebenserwartung gezeigt hatten. Karamanlis blieb bis 1963 Ministerpräsident, länger als irgendein Regierungschef in der neueren griechischen Geschichte zuvor.

Georgios Papandreou begann seine politische Karriere als Protégé des Eleftherios Venizelos. 1943 war er, wie so viele andere auch, ins Exil gegangen. Noch dort übernahm er 1944 mit Billigung der Briten und Amerikaner das Amt des Ministerpräsidenten; doch seine aus Angehörigen aller nur denkbaren politischen Gruppierungen zusammengewürfelte Regierung überlebte nur wenige Wochen. Der politische Aufstieg des Georgios Papandreou wurde, rund 15 Jahre später, aus der Opposition zu Konstantin Karamanlis geboren: 1961 fanden sich neun oppositionelle Splitterparteien zusammen, gründeten die *Zentrumsunion*, und deren Chef wurde der damals immerhin schon siebzigjährige Papandreou – ein Liberaler, der nicht unerheblich vom schon mystifizierten Image des Eleftherios Venizelos profitierte, ein überzeugter Antikommunist, doch ein ebenso entschlossener Gegner des Konservativen Karamanlis; ein Befürworter der griechischen NATO-Mitgliedschaft, aber zur gleichen Zeit ein pointierter Kritiker des amerikanischen Interventionismus in Griechenland. Verglichen mit Karamanlis, dem intellektuell eher biederen Sohn eines Schulmeisters aus Makedonien, war Papandreou ohne Zweifel die politisch phantasievollere und kreativere Persönlichkeit. Wenn er letztlich scheiterte, so lag das nicht allein an den zweifelhaften Manövern eines politisch verantwortungs-

Griechischer Tabakbauer: Rund 650000 Griechen leben vom «blauen Dunst».
Quelle: Ministerium für Presse und Information, Athen

oben: Kreterinnen. Quelle: Gerd Höhler

unten: Traubenernte auf dem Peloponnes.
Quelle: Ministerium für Presse und Information, Athen

oben: Nicht nur klassische Säulen, auch moderne Technik kann schön sein. – Raffinerie bei Athen.
Quelle: Ministerium für Presse und Information, Athen

unten: Aluminium-Fabrik in Itea, am Golf von Korinth.
Quelle: Ministerium für Presse und Information, Athen

oben: In Hellas ist immer Wahlkampf: politische Parolen auf einem Bauernhaus. Quelle: Gerd Höhler

unten: Straßenbau in dem griechischen Bergen: ein kostspieliges Unternehmen. Quelle: Ministerium für Presse und Information, Athen

losen Königs Konstantin II. und den diskreten Interventionen der amerikanischen Regierung Mitte der sechziger Jahre – einer der Gründe für das Scheitern des Georgios Papandreou war wohl seine mit zunehmendem Alter wachsende Unfähigkeit, politischer Realist zu bleiben, Wunsch und Wirklichkeit, Ambition und Möglichkeit auseinanderzuhalten.

Politik als Passion

Turbulenzen und unverhoffte Stabilität

Während der letzten 150 Jahre beteiligten sich an der politischen Willensbildung in Griechenland über zweihundert verschiedene Parteien, und die Zahl der Regierungswechsel wird von jenen, die angeblich ganz genau nachgezählt haben, mit 159 angegeben. Derart inflationäre Zahlen haben ihren Grund nicht allein in den Tiefen der griechischen Seele, die in der Tat durch nichts mehr angeödet scheint als durch Kontinuität – der Wechsel, auch um seiner selbst willen, wird als Lebenselixier empfunden. Eine höchst verhängnisvolle Rolle spielte in der Vergangenheit vor allem das griechische Wahlrecht, das – zahllose Male geändert – den Parteienwildwuchs begünstigte und klare Mehrheiten im Parlament meist verhinderte. Mal durfte, wie 1946, 1950 und 1951, nahezu jede auch noch so kleine Partei auf Sitze im Parlament hoffen; dann wiederum verfielen die Politiker ins andere Extrem, änderten die Wahlgesetze und sorgten dafür, daß kleinere Parteien nahezu chancenlos dastanden – 1952 zum Beispiel errang die *Griechische Sammlungsbewegung* mit 49,2 % der Wählerstimmen immerhin 240 von dreihundert Parlamentssitzen, die zweitstärkste Gruppierung hingegen mußte sich, trotz 34,2 % der Wählerstimmen, mit mageren 57 Sitzen begnügen, und alle restlichen Parteien mit zusammen 16,6 % Stimmenanteil hatten sich in die verbleibenden drei Parlamentssitze zu teilen.

Die ‹Griechische Sammlungsbewegung› des Generals Papagos, der noch 1951 Oberkommandierender der griechischen Armee gewesen war und sich nun als Politiker versuchte, wurde zum Sammelbecken zahlreicher Konservativer und Liberaler, die eingesehen hatten, daß der Kampf der Parteien gegen die Parteien letztlich die griechische Demokratie in Gefahr bringen mußte. Zu den führenden Köpfen der ‹Sammlungsbewegung› gehörte Spiros Markezinis ebenso wie jener Panagiotis Kanellopoulos, der 1967 Chef der Übergangsregierung war, die von Papadopoulos und dessen Mitverschwörern gestürzt wurde. Mit von der Partie, wenngleich noch als politischer Niemand, war auch Konstantin Karamanlis, der unter Papagos das Ministerium für Öffentliche Arbeiten leitete.

Es war keine Regierung nach jedermanns Geschmack, sondern eine Administration von rechtskonservativem Zuschnitt; doch es war eine stabile Regierung, und genau das schien Griechenland nach den turbulenten Ereignissen der Jahre zuvor brauchen zu können. In einem Klima, das gewiß nicht frei war von politischer Repression, das aber wenigstens nicht mehr die beständigen Machtkämpfe der Vergangenheit kannte, erlebte Griechenland nun einen deutlichen Wirtschaftsaufschwung. Spiros Markezinis, der das Amt des Koordinationsministers verwaltete, entwickelte ein Programm, das private Investitionen und den Zustrom ausländischen Kapitals fördern sollte; Karamanlis bemühte sich als Minister für Öffentliche Arbeiten nach besten Kräften, die unterentwickelte Infrastruktur des Landes den Anforderungen der Zukunft anzupassen. Griechenland machte in jenen Jahren den ersten Schritt auf dem Weg vom Agrarland zum modernen Industriestaat. 1952 beschloß die NATO die Aufnahme Griechenlands ins Bündnis – damit war nun endgültig klargestellt, auf welcher Seite Hellas im kalten Krieg stand. Gleichzeitig knüpfte die Regierung Papagos neue, freundschaftliche Bande mit dem benachbarten Jugoslawien und mühte sich, das nach wie vor gespannte Verhältnis zur Türkei endlich zu normalisieren.

Griechenland begann, in der internationalen Politik eine eigene Rolle zu spielen: Das Land war Mitglied der Vereinten Nationen geworden, gehörte dem Europarat an, und Athen war auf dem Weg, von einer abgelegenen Balkanhauptstadt zu einer der europäischen Metropolen heranzuwachsen. Der zögernd einsetzende Strom griechischer Gastarbeiter, vor allem in die Bundesrepublik, begann sowohl den Arbeitsmarkt Griechenlands als auch die Zahlungsbilanz zu entlasten. Allmähliche, aber tiefgreifende Veränderungen in der Wirtschaftsstruktur des Landes schließlich brachten den Außenhandel, bis dahin fast ausschließlich auf den Export von Agrarprodukten beschränkt, in Schwung.

General Papagos starb im Oktober 1955. Sein Nachfolger im Amt des Regierungschefs wurde zur allgemeinen Überraschung ein Mann, der bisher auf der politischen Bühne kaum von sich reden gemacht hatte: der mit 48 Jahren noch reichlich junge Konstantin Karamanlis. Was König Paul bewog, ausgerechnet ihn mit der Regierungsneubildung zu beauftragen, war vielen schleierhaft; zwar hatte Karamanlis als

Minister unter Papagos seine Talente als Manager unter Beweis gestellt, doch ihn zu den führenden politischen Köpfen der Partei oder gar zu den Kronprinzen des Generals Papagos zu zählen, wäre kaum einem eingefallen. Und so war es wohl kein Wunder, daß die Ernennung von Konstantin Karamanlis zum Ministerpräsidenten zunächst einmal den Neid all jener weckte, die sich übergangen fühlten. Die ‹Sammlungsbewegung› geriet in eine schwere Krise: Nahezu ein Drittel ihrer profiliertesten Mitglieder verweigerte Karamanlis die Gefolgschaft – einmal mehr schien sich zu beweisen, daß Griechenlands politische Parteien «Ein-Mann-Veranstaltungen» waren, die mit dem Verlust ihres Gründers und Führers unweigerlich zerfallen mußten. Doch der neue Ministerpräsident bewies just jenes politische Stehvermögen, das ihm kaum jemand zutrauen mochte: Binnen kürzester Zeit hatte er nicht nur eine neue Regierung auf die Beine gestellt, sondern auch die Partei gründlich reformiert. Aus der ‹Griechischen Sammlungsbewegung› war nun die *National-radikale Union (E. R. E.)* geworden – ein Bündnis nahezu aller bedeutsamen konservativen Kräfte im damaligen Griechenland. Die neue Partei erwies sich als außerordentlich erfolgreiche Konstruktion: Sie erzielte in den Parlamentswahlen von 1956, 1958 und 1961 jeweils eindeutige Mehrheiten. Länger war nie zuvor ein griechischer Premierminister ununterbrochen im Amt gewesen. Konstantin Karamanlis verdiente sich während jener Jahre den Beinamen *der griechische Adenauer*.

Flugzeugträger Zypern

Fast schien es, als sei unter der Führung der Konservativen Griechenland nun endlich zur politischen Normalität im westlichen Sinne gereift; vorbei waren offenbar die Zeiten, da Minister und Regierungschefs alle paar Monate wechselten, Parteien sich, kaum gegründet, wieder auflösten, um kurze Zeit später im neuen Gewand wieder aufzutauchen; vergessen schien das leidige Problem der Monarchie, die sich so oft als Faktor innenpolitischer Unruhe erwiesen hatte. Das Geburtsland der Demokratie hatte, so mochte man glauben, endlich zu sich selbst gefunden, hatte sich seiner besten Traditionen besonnen, war ein verläßlicher und, wenn schon nicht voll gleichberechtigter, weil immer noch hilfsbedürftiger, so doch kalkulierbarer Partner des Westens geworden; ein Land, das die politische Pubertät offenbar endgültig bewältigt hatte und das nun, ausgestattet mit einer passablen

Infrastruktur und regiert von einer ganz dem *free enterprise* verpflichteten Regierung, für Investoren aus Europa und von jenseits des Atlantik immer interessanter zu werden versprach.

Doch der Schein trog. Denn obwohl Griechenland nach dem Ende des Bürgerkrieges endlich seine Grenzprobleme mit den Nachbarn im Norden und Osten beigelegt hatte, obwohl 1947 schließlich auch die Inselgruppe des Dodekanes ein Teil des griechischen Nationalstaates geworden war, blieb ein Problem immer noch ungelöst: Zypern.

Zyperns Geschichte während der vergangenen Jahrtausende ist bewegt; die geographische Lage der Insel war es, die Zypern seit jeher zum begehrten strategischen Objekt diverser Mächte machte. Um 1500 v. Chr. wird das bis dahin unter kretisch-mikenischem Einfluß stehende Zypern von den Ägyptern erobert; etwa um 1350 v. Chr. nehmen die Achäer Zypern in Besitz, und nach Eroberungszügen der Phönizier und der Assyrer wird Zypern um 560 wieder ägyptisch; 525 erobern die Perser die Mittelmeerinsel, und im Jahre 58 v. Chr. schließlich wird sie dem Römischen Reich einverleibt, nach dessen Teilung sie 395 n. Chr. an Byzanz fällt. 1191 erobert Richard Löwenherz Zypern, 1489 geht sie in venezianischen Besitz über, bis sie 1571 von den Osmanen besetzt wird.

Mit der türkischen Eroberung Zyperns beginnt sich die Bevölkerungsstruktur der Insel deutlich zu verändern: Bisher fast ausschließlich von griechischstämmigen Bauern bewohnt, wird sie nun zum Siedlungsgebiet für zahlreiche Moslems, die sich in die zuvor von den Venezianern bewirtschafteten Ländereien teilen. Weit länger als das griechische Mutterland bleibt Zypern unter türkischer Okkupation: Erst 1878 übernimmt Großbritannien die Verwaltung der Insel, und die formelle türkische Souveränität über Zypern besteht gar bis 1914, als Großbritannien die Insel annektiert. Kemal Atatürk besiegelt im Vertrag von Lausanne 1923 schließlich den Verzicht der Türkei auf Zypern, und zwei Jahre später wird die Insel britische Kronkolonie.

Atatürks Versuch, die zu jener Zeit etwa 70000 türkischstämmigen Zyprioten zur Umsiedlung nach Kleinasien zu bewegen und ihnen die türkische Staatsangehörigkeit zu geben, scheiterte: Die große Mehrheit der türkischen Zyprioten zog es vor, auf ihren Höfen und in ihren Geschäften zu bleiben; ihnen galt Zypern mittlerweile als Heimat, sie fühlten sich den griechischen Zyprioten gleichberechtigt. Die beiden Volksgruppen kamen überdies in den ersten Jahren nach der britischen Annexion recht problemlos miteinander aus: Weder mußten die 18%

Inseltürken das Gefühl haben, eine ins Getto gedrängte unterdrückte ethnische Minderheit zu sein, noch empfanden die meisten der 80% Inselgriechen die Anwesenheit türkischer Zyprioten als störend. Die heute vor allem von türkischer Seite vertretene These, die Geschichte Zyperns habe bewiesen, daß die beiden Volksgruppen miteinander nicht auskommen könnten, ist also durch die Realitäten nicht gedeckt. In der türkischen Hauptstadt wird diese Behauptung aufgestellt, um mit ihr für die Teilung Zyperns in einen türkischen und einen griechischen Separatstaat zu argumentieren. Tatsächlich aber gab es auf Zypern während der vergangenen Jahrzehnte viele hundert eindrucksvolle Beispiele für Koexistenz im besten Sinne des Wortes: Dörfer mit gemischter türkisch-griechischer Bevölkerung ebenso wie gemeinsam von Griechen und Türken betriebene Geschäfte und Genossenschaften. Die türkische Teilungspolitik nach der Zyperninvasion von 1974 allerdings hat solche Möglichkeiten des Zusammenlebens seither unmöglich gemacht, um die Realitäten den Propagandasprüchen anzupassen.

Der aufflammende griechische Nationalismus vor dem Zweiten Weltkrieg war es, der Zypern in die erste große Krise trieb. Mit einem britisch verwalteten Zypern hatte sich die Türkei 1923 abgefunden; doch die drohende Gefahr eines Anschlusses der Insel an Griechenland schuf völlig neue Voraussetzungen: Für diesen Fall, so stellte Ankara von Anfang an klar, werde die Türkei auf wirkungsvollem Schutz für die türkische Minderheit auf der Insel bestehen, und der einzig erfolgversprechende Weg, dies zu gewährleisten, war nach türkischer Auffassung eine Teilung der Insel in einen türkischen und einen griechischen Sektor. Doch die Briten waren weit davon entfernt, dem Drängen der griechischen Zyprioten auf *enosis*, auf Vereinigung mit dem Mutterland nachzugeben. 1931 hatten sie freilich erstmals zu spüren bekommen, wie ernst es den griechischen Aktivisten mit dieser Forderung war und mit welcher Militanz sie dafür zu streiten gedachten: Der Gouverneurssitz in Nikosia ging in Flammen auf. Die Briten reagierten auf den Terroranschlag mit der Abschaffung jener ohnehin bescheidenen Mitspracherechte, die man zuvor den beiden Volksgruppen bei der Verwaltung der Insel zugestanden hatte. In der Revolte des Jahres 1931 spielte bereits jene Institution eine führende Rolle, die sich in den folgenden Jahren dann im besonderen Maße als Befürworter der Enosis profilieren sollte: die orthodoxe Kirche Zyperns.

Der Zweite Weltkrieg brachte den griechischen Zyprioten neue

Hoffnung auf den von vielen langersehnten Anschluß an Griechenland: Die Deutschen, so spekulierte mancher, würden nach Kreta nun möglicherweise auch eine Luftlandeoperation auf Zypern, der wichtigsten britischen Bastion im Mittelmeer, wagen – und die Insel dem besetzten Griechenland zuschlagen. Doch dazu kam es nicht. Spekulationen, daß sich nach dem Ende des Krieges in einer nun veränderten Welt die Hoffnung auf den Anschluß Zyperns an Griechenland erfüllen würde, erwiesen sich gleichfalls als vorschnell. Das Colonial Office in London verspürte offenbar nun, auf dem Höhepunkt des kalten Krieges, erst recht keine Lust, sich von Zypern zu trennen. 1950 erklärte Großbritanniens Kolonialminister Henry Hopkins vor dem Unterhaus in London kategorisch: «Wir werden aus strategischen Gründen die britische Souveränität über Zypern niemals aufgeben!» London glaubte, allen Anlaß zu dieser Klarstellung zu haben – denn im Januar 1950 hatte ein von der orthodoxen Kirche Zyperns inszeniertes ‹Referendum› unter der griechischen Inselbevölkerung noch einmal den nahezu einstimmigen Wunsch nach Enosis bekräftigt: 96% der zu den Urnen gerufenen Inselgriechen votierten für den Anschluß der Insel an Griechenland. Bei der Vorbereitung und Durchführung dieser Volksabstimmung spielte jener Mann eine führende Rolle, der später den Briten und auch den Amerikanern noch Kopfschmerzen genug bereiten sollte: Michael Mouskos, der 1913 in dem westzyprischen Dorf Ano Panaghia geborene Sohn einer Landwirtsfamilie – besser bekannt als Erzbischof Makarios. Es entsprach der Tradition des Osmanischen Reiches, daß der religiöse Oberhirte Makarios auch weltlicher Führer seiner Gemeinde war. So schien es nur natürlich, daß er sich – wie viele andere orthodoxe Würdenträger auch – für das politische Ziel Enosis stark machte.

Wenn es um Bundesgenossen im Kampf für die Enosis ging, war Makarios nicht immer wählerisch; zu seinen Verbündeten gehörte jener Oberst Georgios Grivas, der gegen Kriegsende in Griechenland als Anführer der ultrarechten Organisation *Chi* zu zweifelhaftem Ruhm gelangt war. Grivas gab vor, einer Widerstandsbewegung vorzustehen, kollaborierte aber tatsächlich bei verschiedenen Gelegenheiten mit den deutschen Besatzern, um kommunistische Partisanen aufzuspüren. Ein Versuch der Athener Regierung Papagos, das Zypernthema vor die Vereinten Nationen zu bringen, schlug fehl – die Weltorganisation bestätigte die Auffassung der Briten, wonach es sich um ein innerbritisches Problem handele. Grivas' Antwort war der offene

Kampf gegen die Besatzer auf der Mittelmeerinsel: Seine *Nationale Organisation Zypriotischer Kämpfer (EOKA)* begann, den Briten mit Bombenanschlägen und Attentaten klarzumachen, daß die Hoffnung auf Anschluß an Griechenland nicht begraben war. Mitte 1955 trafen Delegationen aus Ankara und Athen mit den Briten in London zu einer Zypernkonferenz zusammen; doch auch dieser Versuch, das Problem dauerhaft zu lösen, schlug fehl: Während man in der britischen Hauptstadt am Verhandlungstisch saß, inszenierte die türkische Regierung blutige Zusammenstöße zwischen Griechen und Türken in Istanbul und Izmir. Damals deutete sich an, welche Dimension die Zypernfrage angenommen hatte: Als Antwort auf die Angriffe gegen die griechische Minderheit in Kleinasien zog Athen sein militärisches Personal aus dem bis dahin gemeinsam mit der Türkei betriebenen NATO-Hauptquartier in Izmir, dem alten Smirna, zurück.

Zypern war damit für die NATO zu einem nicht länger übersehbaren Problem geworden. Dem Streit zwischen Athen und Ankara konnte das Bündnis schon deshalb nicht gleichgültig zusehen, weil da zwei Allianzpartner an den Rand einer militärischen Konfrontation zu geraten schienen; auch hatte der Nordatlantikpakt, hatten Briten und Amerikaner vornehmlich auf der Insel ihre eigenen Interessen: Zypern war der ideale Aufmarschraum an der Schwelle zum Nahen Osten, die Insel war so etwas wie ein unsinkbarer Flugzeugträger im östlichen Mittelmeer – und an dieser strategischen Bastion mußten Briten und Amerikaner erst recht nach dem Verlust der britischen Basen in Ägypten interessiert sein.

Auf dem Höhepunkt dieser Zypernkrise übernahm Konstantin Karamanlis das Amt des griechischen Ministerpräsidenten. Auf Zypern waren Verhandlungen zwischen Makarios und dem neuen britischen Gouverneur Sir John Harding über die Gewährung begrenzter Selbstbestimmungsrechte für die Zyprioten gescheitert, und im März 1956 wurde Makarios unter dem Verdacht, an Terroraktionen der EOKA beteiligt gewesen zu sein, von den Briten auf die Seychellen deportiert. Karamanlis rief daraufhin den griechischen Botschafter aus London zurück, der Englischunterricht an den staatlichen griechischen Schulen wurde suspendiert, und das Verhältnis zwischen Großbritannien und Griechenland näherte sich rapide einem noch nie dagewesenen Tiefpunkt. Die Zypernfrage wurde nun zu dem alles überragenden Thema der griechischen Innenpolitik: Die Opposition, allen voran die *Vereinigte Demokratische Linke (EDA)*, trat im Athener Parlament als Anwalt der griechischen Zyprioten auf; aber auch aus konservativen Kreisen erscholl der Ruf nach Härte. Die Athener Tageszeitung *Kathimerini*, die gewiß nicht im Verdacht stand, den Linken nach dem Munde zu reden, propagierte den Austritt Griechenlands aus der NATO. Und eine Volksfront der Linksparteien bestritt den Wahlkampf des Jahres 1956 vor allem mit einer Forderung: Enosis!

Das folgende Jahr, 1957, bescherte der Opposition neue Munition: Die USA unternahmen einen Vorstoß zur Stationierung von Nuklearraketen in Griechenland – ein Plan, der auf der politischen Linken helle Empörung auslöste, der aber angesichts des immer noch schwelenden Zypernkonflikts auch manchem Konservativen die Zornesröte ins Gesicht trieb. Selbst Außenminister Evangelos Averof, damals wie auch nach 1974 ein unzweideutiger Befürworter der griechischen NATO-Mitgliedschaft, stellte öffentlich fest, die Konditionen der Zugehörigkeit zum Bündnis seien für Griechenland «unhaltbar» geworden. Spätestens diese Kritik aus den Reihen ihrer verläßlichsten Freunde bewog die USA, dem Zypernproblem nun etwas mehr Aufmerksamkeit zu widmen; denn bliebe die Frage wirklich weiterhin ungelöst, so kalkulierte man in Washington, dann geriete Griechenlands NATO-Mitgliedschaft womöglich wirklich in Gefahr.

Ein weiterer Umstand ließ es in jenen Monaten den Briten und den Amerikanern aussichtsreich erscheinen, erneut nach einer Zypernlösung zu suchen: Erzbischof Makarios, der nach der Rückkehr aus seinem Zwangsexil nun in Athen lebte, erklärte im September 1958, er sei bereit, sich auch mit weniger als der Enosis zufriedenzugeben. Ein unabhängiges, von Inselgriechen und Inseltürken ohne Einmischung anderer Staaten regiertes Zypern – das sei eine für die griechische Volksgruppe akzeptable Lösung.

Was Makarios bewogen hat, Ende 1958 die Forderung nach Anschluß Zyperns an Griechenland aufzugeben, ist bis heute nicht ganz geklärt. Vieles spricht dafür, daß der Erzbischof die Souveränität seiner Insel nur als vorübergehende Lösung ansah, der dann nach einiger Zeit die langersehnte Enosis gleichsam automatisch folgen werde. Immerhin schien auch Makarios klargeworden zu sein, daß sich der Anschluß an Griechenland derzeit politisch nicht durchsetzen ließ. Der Verzicht auf Enosis – und sei das auch nur ein vorübergehender –, so mag er kalkuliert haben, war zu jener Zeit die einzige Möglichkeit, Bewegung in die verfahrene Situation zu bringen.

Im Februar 1959 trafen Konstantin Karamanlis und der türkische

Ministerpräsident Adnan Menderes in Zürich zusammen, um den Grundstein für eine Zypernlösung zu legen. Die Verhandlungen, an denen natürlich Großbritannien, nicht aber die beiden Volksgruppen beteiligt waren, gingen unerwartet zügig voran, und schon knapp vier Wochen später präsentierte man den überraschten Zyprioten in London einen Verfassungsentwurf für die *Republik Zypern*. Schon bei flüchtiger Lektüre des Verfassungstextes wurde deutlich, daß insbesondere die griechische Mehrheit auf Zypern einige bittere Pillen würde zu schlucken haben. Doch London, Athen und Ankara drängten zur Eile: Diese oder keine Verfassung, hieß die Devise. Makarios, mittlerweile wieder zum griechischen Volksgruppenführer avanciert, unterschrieb schließlich, zögernd und voller Zweifel; der türkische Verhandlungsführer Fazil Kütschük setzte gleichfalls seine Unterschrift unter das Dokument, und er tat es, anders als der Erzbischof, hochzufrieden – denn die Verfassung der Republik Zypern versprach seinen türkisch-zypriotischen Landsleuten mehr Privilegien, als man je zu hoffen gewagt hatte. Dies waren die Kernpunkte der neuen zypriotischen Verfassung, die am 16. August 1960 in Kraft treten sollte: Zypern wurde eine unabhängige Republik, Großbritannien, Griechenland und die Türkei waren die Garantiemächte des neuen Staates. London behielt die volle Souveränität über seine Luftwaffenbasen in Dekelia und Akrotiri. Griechenland erhielt das Recht zur Stationierung von 950, die Türkei das Recht zur Stationierung von 650 Soldaten auf der Insel. Jede der drei Garantiemächte war befugt, militärisch einzugreifen, wenn die Souveränität der Insel oder die Einhaltung ihrer Verfassung akut gefährdet würde.

All dies wäre noch hinnehmbar gewesen für die griechische Mehrheit auf Zypern; was diese Verfassung allerdings von Anfang an zu einem fragwürdigen Stück Papier machte, waren die Bestimmungen zum Schutz der türkischen Minderheit: Als Staatschefs sollten ein griechisch-zypriotischer Präsident und ein Vizepräsident aus der türkischen Volksgruppe fungieren; im Inselparlament bekam die türkische Minderheit ein durchgehendes Vetorecht; im Öffentlichen Dienst schließlich blieben 30 % aller Posten für Angehörige der nur 18 % der Bevölkerung stellenden türkischen Volksgruppe reserviert. Damit waren die Konflikte bereits programmiert.

Doch 1960, als Erzbischof Makarios sein neues Amt als Präsident der Republik Zypern antrat, wollte von solchen Zukunftssorgen niemand etwas wissen. Die Amerikaner registrierten mit Befriedigung, daß nach der Lösung des leidigen Zypernproblems die Südostflanke der NATO endlich stabilisiert worden war. Auch Konstantin Karamanlis hatte Grund zur Zufriedenheit: Die Verhandlungen Griechenlands mit der Europäischen Wirtschaftsgemeinschaft über einen Assoziationsvertrag gingen gut voran. Im Herbst 1961 schließlich setzte Karamanlis, gewiß auch vor dem Hintergrund der Berlinkrise, Neuwahlen an – der Mauerbau in Berlin, die sich dramatisch zuspitzenden Ost-West-Gegensätze und die nahezu abgeschlossenen EWG-Verhandlungen, so hoffte Karamanlis, würden den Konservativen weiteren Zulauf bescheren. Und so kam es. Die Wahlen vom Oktober 1961 gewann Karamanlis mit abermals erhöhtem Stimmenanteil. Auf der Grundlage einer nun bequemen parlamentarischen Mehrheit schien sein politisches Überleben auf absehbare Zeit gesichert. Doch das sollte sich als Trugschluß erweisen. Denn hinter den Kulissen hatte die nächste Zypernkrise bereits begonnen, und innenpolitisch standen dem Premier unerwartete Turbulenzen bevor.

Georgios Papandreou war zu den Wahlen vom Oktober 1961 unter neuer Flagge angetreten: Aus einigen liberalen und gemäßigt-sozialistischen Splittergruppen hatte er die *Zentrumsunion* gebildet. Dieses Bündnis war auf Anhieb erfolgreich: Papandreou kam auf immerhin 33,6% der Wählerstimmen, während die bisher führende Oppositionspartei, die *Vereinigte Demokratische Linke*, nun praktisch zur politischen Bedeutungslosigkeit geschrumpft war. Doch Papandreou hatte auf mehr gehofft als die Rolle des Oppositionschefs. Daß die Konservativen, zudem unter ein und demselben Kandidaten, zum dritten Mal die Wahlen gewinnen würden, schien ihm einigermaßen undenkbar. Papandreou war (oder gab sich mindestens) überzeugt, daß bei dieser Wahl nicht alles mit rechten Dingen zugegangen sein konnte. Gerüchte wurden ausgestreut, begannen zu zirkulieren. Die Angehörigen der Streitkräfte, so hieß es, seien von ihren Vorgesetzten genötigt worden, für die Konservativen zu votieren; in der Provinz habe da und dort der Dorfgendarm darüber gewacht, daß die Wähler ihr Kreuz an der ‹richtigen› Stelle machten; andernorts seien bestimmte Leute gleich zwei- und dreimal zur Wahlurne gegangen, andere dafür gar nicht.

Daß Parlamentswahlen in Griechenland, wo das *Rousfetti* seit jeher eine bedeutsame Rolle für Niederlage oder Erfolg eines Kandidaten gespielt hatte, nicht lupenrein abliefen, wußte auch Papandreou. Wie viele jener Vorwürfe, die er nach der 61er Wahl erhob, tatsächlich zutrafen, ist nie geklärt worden. Die Wahrheit wird ungefähr so aussehen: Es gab bei dieser Wahl, wie bei jeder vorhergegangenen, sicherlich Versuche vieler Kandidaten, mit unlauteren Mitteln auf Stimmenfang zu gehen; naiv wäre es zu glauben, diese Methoden seien ausschließlich von Kandidaten der Konservativen angewandt worden. Es gab gewiß auch übereifrige Armeeoffiziere, die als Wahlhelfer fungierten und ihre Untergebenen mit ‹Empfehlungen› versorgten, wie man tunlichst abzustimmen habe. Sicher gab es auch in mehr als einem Fall Unregelmäßigkeiten bei der Auszählung der Stimmen – doch wiederum wird man kaum ernsthaft behaupten können, daß solche Manipulationen ausschließlich zugunsten der Konservativen vorgenommen wurden. Ob man überdies – und das tat Georg Papandreou – Konstantin Karamanlis unterstellen kann, solche Wahlfälschungen gefördert oder wissentlich geduldet zu haben, scheint allerdings höchst zweifelhaft. Bei aller Entschlossenheit, sein Mandat als Regierungschef zu erneuern, war Karamanlis ein Mann von großer politischer und persönlicher Integrität. Auf dem Weg über Wahlbetrug an der Macht zu bleiben, das hätte nicht nur seinem politischen Moralbegriff eklatant widersprochen, es hätte – wichtiger wohl noch – vor allem seinen persönlichen Stolz verletzt. Das Selbstwertgefühl des Konstantin Karamanlis war entwickelt genug, um auf so fadenscheinige Methoden verzichten zu können. Daß er sich wenige Jahre später, 1963, nach einem Zerwürfnis mit dem Hof grollend ins Exil zurückzog, spricht gleichfalls dafür, daß es diesem Mann nicht um die Macht um jeden Preis ging.

Nein, organisierter Wahlbetrug gehört gewiß nicht zum politischen Repertoire des Konstantin Karamanlis. Selbst unterstellt, es habe die von Papandreou behaupteten Unregelmäßigkeiten gegeben, so bleibt auch dann höchst fraglich, ob sie ihn um den Sieg gebracht haben können. Denn immerhin trennten nach der Auszählung der Stimmen Karamanlis' *National-Radikale Union* und Papandreous *Zentrumsunion* gut 17 % – es scheint kaum vorstellbar, daß dieser Vorsprung allein auf das Konto von Manipulationen ging. Bedeutsam ist die Auseinandersetzung um die Wahlen von 1961, weil sie jene Periode innenpolitischer Machtkämpfe einleitete, die fünfeinhalb Jahre später mit der Machtübernahme der Obristen ihren Kulminationspunkt erreichen sollte.

Das von Georg Papandreou so pointiert vorgetragene Unbehagen über den Verlauf der Wahlen vom Oktober 1961 wurde in weiten Teilen der Öffentlichkeit geteilt. Daß sich sowohl König Paul wie auch Ministerpräsident Karamanlis weigerten, der Forderung nach rückhaltloser Aufklärung der behaupteten Unregelmäßigkeiten nachzukommen, und es erst recht ablehnten, Neuwahlen abzuhalten, bestärkte die Oppositionsanhänger nur in ihrem Verdacht. Im Mai 1963 erreichte schließlich die innenpolitische Kontroverse einen dramatischen Höhepunkt: In Thessaloniki wurde Georgios Lambrakis, Abgeordneter der Vereinigten Demokratischen Linken und Führer der Jugendorganisation der Partei, bei einer Kundgebung auf offener Straße ermordet. Das Attentat, das später dem Filmregisseur Costas Gavras als Sujet seines berühmten Films «Z» diente, war als Unglücksfall getarnt, ging aber, wie sich später herausstellte, auf das Konto gekaufter Killer, die ihren Auftrag aus rechtskonservativen Kreisen erhalten hatten. Daß es die griechische Polizei versäumte, den «Unfall», an dessen Vorbereitung offenbar auch Staatsbedienstete mitgewirkt hatten, mit der gebotenen Akribie aufzuklären, verschaffte der Opposition neuen Zulauf und ließ die Sympathien für Konstantin Karamanlis drastisch schrumpfen. Am 11. Juni 1963 erklärte der Regierungschef seinen Rücktritt – Anlaß war ein Zerwürfnis mit König Paul und Königin Friderike: Das Königspaar bereitete sich auf einen Staatsbesuch in London vor, doch Karamanlis gab dem Königspaar den dringenden Rat, die Reise zu verschieben – in London lief gerade eine Serie von Protestdemonstrationen gegen das «faschistische Griechenland» ab. König Paul ließ den Ministerpräsidenten schroff wissen, daß der Hof seiner Ratschläge nicht bedürfe. Das war der unmittelbare Anlaß für die Demission des Regierungschefs, doch eine mindestens ebenso große Rolle dürfte die Lambrakisaffäre gespielt haben: Der politische Mord vom 22. Mai 1963 beendete vorerst die politische Karriere des Konstantin Karamanlis, dessen Administration sich als nicht fähig oder nicht willens erwiesen hatte, das Verbrechen aufzuklären und zu sühnen.

Aus den Neuwahlen vom November 1963 ging Georg Papandreou knapp als Sieger hervor – er errang 138 der dreihundert Parlamentssitze, die National-Radikale Union, nachdem Konstantin Karamanlis sich schmollend ins Exil zurückgezogen hatte, nun von Panagiotis

Kannelopoulos geführt, erhielt 132 Sitze. Damit war es Papandreou endlich gelungen, das elf Jahre währende Monopol der Rechten zu brechen – doch daß er nur eine relative, nicht aber die absolute Mehrheit hatte erringen können, war nicht nach seinem Geschmack. Er nutzte die nächsten Wochen, um seinen und potentiell weiteren Wählern ein umfangreiches Reformprogramm vorzulegen, über das er erneut abstimmen lassen wollte. Am Weihnachtsabend des Jahres 1963 trat er als Ministerpräsident zurück, und König Paul setzte für den Februar des folgenden Jahres Neuwahlen an, die das von Papandreou erhoffte Ergebnis brachten: eine stolze Mehrheit von 53 % der Wählerstimmen und 171 von dreihundert Parlamentssitzen.

Georg Papandreou hätte nun, ausgestattet nicht nur mit dieser absoluten Mehrheit, sondern auch mit dem Wohlwollen des Hofes und auch der amerikanischen Regierung, darangehen können, sein ehrgeiziges Reformprogramm auf den Weg zu bringen: eine radikale Modernisierung des verstaubten Bildungssystems, Senkung der Steuern bei gleichzeitiger Gesundung der Staatsfinanzen, umfangreiche Subventionen für die Landwirtschaft – ein nicht immer durchgängig realistisches Programm, aber immerhin: Er hätte es in Angriff nehmen können – wäre da nicht Zypern gewesen.

Die in Zürich ausgehandelte und von Makarios nur zögernd abgesegnete Verfassung für den Inselstaat hatte sich als das erwiesen, was sie von Anfang gewesen war: als ein Quell beständiger Konflikte zwischen den politischen Führern beider Volksgruppen. Die türkischen Funktionäre blockierten mit dem ihnen zugestandenen Vetorecht eine effiziente Gesetzgebung, und ein Vorschlag des Erzbischofs Makarios vom November 1963, die Verfassung zu überarbeiten, war vom türkischen Vizepräsidenten Fazil Kütschük rundheraus abgelehnt worden. Zwei Wochen später kam es auf der Insel zu den ersten blutigen Zusammenstößen zwischen militanten Aktivisten der beiden Volksgruppen, und an jenem Tag, da in Athen Georg Papandreou dem König sein Rücktrittsgesuch überreichte, tauchten über Zypern Kampfflugzeuge der türkischen Luftwaffe auf. Ankara demonstrierte unmißverständlich, daß es eine einseitige Veränderung des Status quo auf der Insel nicht tatenlos hinnehmen werde.

Was die Politiker in der türkischen Hauptstadt besonders beunruhigte, war der Versuch des Erzbischofs Makarios, nun in Kreisen der Blockfreien neue Verbündete zu gewinnen. Auch die Amerikaner, die seit 1959 insgeheim gehofft hatten, ein souveränes Zypern werde sich früher oder später der NATO anschließen, sahen den neuen Kurs des zypriotischen Präsidenten nicht ohne Sorge; ein hoher amerikanischer Regierungsbeamter faßte die Befürchtungen Washingtons in dem lapidaren Satz zusammen: Makarios und Castro haben nicht nur den Bart gemeinsam!

In Ankara schmiedete man derweil Pläne, wie der bedrohlichen Kombination aus griechischem Nationalismus und Neutralismus auf der Insel am besten beizukommen sei. Schon kurz nach dem Ende des Zweiten Weltkrieges hatte ein führender türkischer Politiker klargestellt, was es mit der Insel letztlich auf sich habe: «Zypern ist aus natürlichen Notwendigkeiten mit jener Nation verknüpft, die Kontrolle über das anatolische Festland besitzt; dies ist ein gegebenes historisches und geographisches Faktum!» Eine türkische Invasion schien die Ultima ratio zu sein, und auf diese Lösung bereitete man sich in Ankara 1964 vor. Im August flogen türkische Bomber erstmals Angriffe auf griechische Stellungen im Norden der Insel – die Gefahr eines ausgewachsenen Krieges zwischen den Bündnispartnern Griechenland und Türkei zeichnete sich nun in aller Deutlichkeit ab: Athen zog seine Streitkräfte aus der militärischen Integration der NATO zurück, um sie, so die griechische Begründung, im Falle eines sich ausweitenden Konflikts mit der Türkei voll unter eigener Kontrolle zu haben. Dem damaligen amerikanischen Präsidenten Lyndon B. Johnson gelang es mit einiger Mühe und massivem Druck, den Bündnispartner am Bosporus von der geplanten Invasion auf Zypern abzuhalten. Zwar war auch in Washington die Abneigung gegen Makarios und dessen spektakuläre Auftritte im Kreis der Blockfreien gewachsen, aber eine türkische Landeoperation auf Zypern schien die unmittelbare Gefahr einer sowjetischen Intervention heraufzubeschwören – ob Moskau die Annektierung eines mindestens auf dem Papier souveränen und lautstark um Blockfreiheit bemühten Staates durch ein NATO-Land hinnehmen würde, schien fraglich.

Zähneknirschend blies man in Ankara die geplante Invasion ab, und mit der Entsendung einer UN-Friedenstruppe Ende 1964 war die explosive Lage auf Zypern zunächst entschärft – doch das Grundproblem blieb ungelöst: Die 1959 in Zürich und London ausgehandelte Verfassung, die ein friedliches Miteinander beider Volksgruppen auf einem souveränen Zypern garantieren sollte, war und blieb untauglich. Während auf Zypern trügerische Ruhe einkehrte, zogen in Athen dunkle Wolken am innenpolitischen Horizont auf: Georg Papandreou mühte sich, das griechische Offizierscorps – nach seiner festen Überzeugung einer der Hauptverantwortlichen für die immer noch nicht verwundene Wahlniederlage von 1961 – einem Großreinemachen zu unterziehen. Doch sein Verteidigungsminister Petros Garoufalias, ein Mann mit engen Verbindungen zum Königshof, weigerte sich, die von Papandreou gewünschten Umbesetzungen in der Armeeführung vorzunehmen. Papandreou antwortete mit der Entlassung des Verteidigungsministers, doch der weigerte sich zu gehen; auch König Konstantin II., Thronfolger des im März 1964 gestorbenen Königs Paul, lehnte es ab, den Minister seines Amtes zu entheben. Was von Papandreou als eine Abrechnung mit jenen geplant war, die ihn angeblich 1961 um den Wahlsieg gebracht hatten, fiel nun voll auf ihn zurück. Im Mai 1965 kursierten in Athen erste Gerüchte über eine angebliche Verschwörung in den Streitkräften, deren Drahtzieher, so hieß es, niemand anders sei als Andreas Papandreou: Der damals 46 Jahre alte Sohn des Georg Papandreou war nach einer akademischen Karriere in den USA nach Griechenland zurückgekehrt und begann nun, eine immer größere Rolle in der Zentrumsunion zu spielen. Andreas Papandreou galt trotz seines fast zwei Jahrzehnte währenden Aufenthaltes in den USA und seines amerikanischen Passes als ausgesprochen linksorientiert; während sein Vater Griechenlands NATO-Mitgliedschaft nie ernsthaft in Frage gestellt hatte, sagte man Andreas deutlich neutralistische Tendenzen nach. Daß er tatsächlich – was bis heute unbewiesen ist – der Initiator eines geplatzten Linksputsches in der Armee gewesen sein könnte, mochten viele Griechen seinerzeit nicht ausschließen.

Besorgnis lösten die politischen Ambitionen des «jungen» Papandreou in Washington aus. Die ehedem von den Amerikanern durchaus begrüßte Machtübernahme durch die Zentrumsunion wurde mit wachsendem Einfluß von Andreas Papandreou auf den Gang der Dinge zu einem politischen Abenteuer mit zweifelhaftem Ausgang. Als der 25jährige König Konstantin II. im Juli 1965 Georg Papandreou quasi zum Rücktritt nötigte, wußte er die Amerikaner hinter sich. Papandreou hoffte auf Neuwahlen, die ihm erneut eine stabile Mehrheit bringen sollten – doch König Konstantin zog es vor, über eineinhalb Jahre hinweg mit kaum mehrheitsfähigen Übergangsregierungen einen erneuten Urnengang zu verhindern. Er schuf damit, unbeabsichtigt wohl, aber doch höchst leichtfertig, die Voraussetzungen für den Staatsstreich vom 21. April 1967.

Es waren die Jahre der gekauften, aber deshalb noch lange nicht stabilen Mehrheiten, es waren Jahre, in denen die politische Korruption in Griechenland aufblühte wie kaum jemals zuvor. Konstantin II., dieser Monarch mit politischen Ambitionen, aber ohne politisches Verantwortungsbewußtsein, und all jene Politiker, die sein Spiel mitmachten, ruinierten zwischen 1965 und 1967 nicht nur das Vertrauen der griechischen Wähler in die Funktionsfähigkeit der parlamentarischen Demokratie – sie richteten diese Demokratie selbst zugrunde.

Für den Mai 1967 waren nach endlosem Hin und Her Neuwahlen angesetzt worden. Georg Papandreou durfte mindestens auf eine relative Mehrheit der Stimmen hoffen und schien bereit, notfalls gar im Bunde mit den Konservativen wieder Ministerpräsident zu werden. Ob sein Sohn Andreas das mitmachen würde, war nicht so sicher: Am griechischen Königshof und auch in Kreisen der Armee gab es Befürchtungen, ein Wahlsieg der Zentrumsunion könnte mit der politischen Kaltstellung des Georg Papandreou enden und Andreas zum eigentlichen Wahlsieger machen – zu einem Wahlsieger, der gewiß keine Koalition mit der politischen Rechten eingehen würde, sondern viel eher bereit schien, eine Volksfront zu bilden.

Doch zu den für den 28. Mai 1967 angesetzten Wahlen kam es nicht. In der Nacht zum 21. April 1967 übernahm eine Clique von Obristen die Macht in Griechenland.

Die Obristen an der Macht

Sie hießen Georgios Papadopoulos, Nikolas Makarezos und Gregorios Spandidakis. Sie übernahmen gemeinsam mit einem Dutzend Mitverschwörern die Macht, um – wie sie sagten – einer kommunistischen Verschwörung in Griechenland zuvorzukommen. Ihren Putsch nannten sie eine «Revolution». Ihre Ideologie reduzierte sich auf «Ruhe» und «Ordnung»; doch was sie Ruhe nannten, war Terror, und ihre Ordnung war eine Diktatur. Sie gaben vor, für die «wahre Demokratie» zu streiten – aber sie ließen Tausende von Oppositionellen verhaften, deportieren und grausam foltern. Sie führten die Pressezensur ein und setzten die Menschenrechte außer Kraft. Sie beriefen sich auf den «Fortschritt» und verboten den Männern lange Haare und den Frauen kurze Röcke. Sie prägten der griechischen Drachme ihren Stempel auf: den aus der Asche aufsteigenden Phoenix. Sie entzogen der Schauspielerin Melina Mercouri die griechische Staatsangehörigkeit und verboten die Musik des Komponisten Mikis Theodorakis. Ihre Zensoren machten sich über die Tragödien des Aischylos und die Komödien des Aristophanes her, um sie von allem zu reinigen, was in den Augen der neuen Machthaber «ungriechisch» war.

Der Putsch vom 21. April 1967 lief mit bemerkenswerter Präzision ab. Vorbereitet wurde er von einem Kreis von 15 Offizieren, die sich, nachdem sie schon seit einigen Jahren in konspirativen Treffs über die Möglichkeiten einer Machtübernahme diskutiert hatten, am 18. April trafen, um das Unternehmen zu starten. Etwa 14 Stunden bevor die Panzer rollten, wurden weitere zwanzig Offiziere in die Pläne eingeweiht. Insgesamt dürften am Morgen des 21. April nicht mehr als dreihundert Offiziere an dem Staatsstreich beteiligt gewesen sein. Ihnen gelang es, ohne Mitwirkung des Generalstabs während weniger Stunden das gesamte Land unter ihre Kontrolle zu bringen. Keine zwölf Stunden nach dem Putsch waren bereits die meisten Politiker festgenommen – unter ihnen Georgios und Andreas Papandreou, alle anderen führenden Mitglieder der Zentrumsunion, die Spitzenleute der Vereinigten Demokratischen Linken, aber auch viele prominente Angehörige der konservativen Partei, wie zum Beispiel der amtierende Ministerpräsident Panagiotis Kanellopoulos, Verteidigungsminister Papaligouras und auch Georgios Rallis, damals Minister für Öffentliche Ordnung.

Während der ersten Tage nach dem Putsch wurden – so die offiziellen Angaben der Obristenregierung – «etwa sechstausend» Personen festgenommen. Tatsächlich dürfte die Zahl der Verhafteten bei acht- oder zehntausend gelegen haben. Allein im Lager auf der Ägäisinsel Jaros wurden zu diesem Zeitpunkt bereits 6100 Menschen festgehalten; weitere Gefangene wurden in Lager gebracht, die schon während des griechischen Bürgerkrieges eingerichtet worden waren.

Viele Athener wurden an jenem Morgen des 21. April vom Rasseln der Panzerketten auf dem Asphalt geweckt. Wer das Radio einschaltete, um zu erfahren, was geschehen war, hörte Marschmusik. Damit war alles gesagt. Panzer rollten an jenem Morgen nicht nur zu den wichtigsten strategischen Punkten der Stadt: zum Sintagmaplatz, zu den Ministerien, zu den Bahnhöfen und zum Flugplatz. Panzer rollten auch hinaus nach Tatoi, wo König Konstantin in seiner Sommerresidenz unerwartet von einer Abordnung der neuen Machthaber Besuch bekam. Der militärische Aufmarsch, so wurde dem Monarchen erklärt, diene seinem eigenen Schutz. Und als sei gar nichts dabei, präsentierten die Obristen dem König noch am gleichen Tag die unterschriftsreifen Ernennungsurkunden einer neuen Regierungsmannschaft – an ihrer Spitze der den Putschisten treu ergebene Oberstaatsanwalt Konstantinos Kollias. König Konstantin gab der Erpressung nach – er unterzeichnete. Mit seiner Unterschrift war die Diktatur formalrechtlich verankert. Das Regime bekam den Anschein der Legalität.

König Konstantin hat sich an jenem 21. April 1967 die Sympathien seiner Landsleute verscherzt. Konstantin, der ohnehin kein ganz ungestörtes Verhältnis zu den demokratischen Spielregeln hatte, erwarb sich an jenem Tag den Ruf eines charakterlosen, feigen Mitläufers. Melina Mercouri sagte später: «Armer junger König! Dieser Staatsstreich war die große Chance seines Lebens. Er hätte nur ins Exil gehen zu brauchen. Doch statt dessen ... Aber natürlich braucht es Mut zu einer solchen Entscheidung. Oder Intelligenz!»

Konstantin hielt sich zurück. Er hielt sich raus. Er nahm alles hin und schwieg. Unterdessen wurde in seinem Namen zensiert, deportiert und gefoltert. «Mit milden Maßnahmen», so entschuldigte er Jahre später sein Versagen, habe er versucht, die Obristen auf den Weg der Rechtsstaatlichkeit zurückzuführen. «Milde Maßnahmen» gegen jene, die entschlossen waren, sich auf nichts als die Gewehre zu stützen? Das freilich sprach für gefährliche politische Einfältigkeit. Konstantins letzter Versuch, dem Obristenregime ein königliches Machtwort entgegenzusetzen, scheiterte im Dezember 1967 kläglich. Sein dilettantisch organisierter Gegenputsch war ein Fiasko, nachträglich betrachtet nur tauglich als Alibi zur Flucht. Am 14. Dezember 1967 traf Konstantin mit seiner Familie an Bord einer italienischen Luftwaffenmaschine in Rom ein.

Georgios Papadopoulos entpuppte sich nun mehr und mehr als der starke Mann der Junta; und die Fassade, bislang durch die Existenz des Königs und einer sogenannten «Zivilregierung» mühsam gewahrt, begann zu bröckeln. Nach der Flucht Konstantins wurde General Zitakis als Regent eingesetzt, Papadopoulos übernahm das Amt des Ministerpräsidenten, später dann auch das des Außenministers, des Verteidigungsministers, des Ministers im Amt des Ministerpräsidenten, des Erziehungs- und Religionsministers. Als sei dies nicht genug der Machtfülle, schwang er sich im März 1972 gar noch zum Regenten auf.

Das Bildungssystem, die Justiz, die Armee und die gesamte staatliche Verwaltung wurden umfangreichen Säuberungen unterzogen: Mißliebige Lehrer und Professoren wurden entlassen, «unzuverlässige» Offiziere in den Ruhestand versetzt, den Staatsbediensteten wurden schriftliche Loyalitätserklärungen abverlangt, mit denen der Öffentliche Dienst auf die Ideologie der Putschisten statt auf die Verfassung eingeschworen werden sollte. Die Schulbücher wurden neu geschrieben, und gekaufte Journalisten und Schriftsteller, unter ihnen auch deutsche, sangen fortan im Ausland das Loblied einer Junta, die sich in den westlichen Ländern zunehmender Kritik ausgesetzt sah: Den Europarat hatte Griechenland unter starkem Druck verlassen müssen, um so einem formellen Ausschluß zuvorzukommen; Gegner des Regimes, denen die Flucht ins Ausland geglückt war, organisierten in Paris und London, in den Niederlanden und in Skandinavien Tribunale, auf denen die Menschenrechtsverletzungen im Mutterland der Demokratie angeprangert wurden. *Amnesty International* kam Anfang 1968 nach detaillierten Berichten einer aus Hellas zurückgekehrten Untersuchungskommission zu dem Ergebnis, «daß Folter mit Bedacht und offiziell angewandt wird». *BBC* und *Deutsche Welle* wurden zu einem Forum des Widerstandes gegen die Militärdiktatur. Insbesondere in den Kölner Studios der *DW* mühten sich zahlreiche Exilgriechen, ihren Landsleuten in der Heimat über die Radiowellen ein ungeschminktes Bild der Vorgänge in Griechenland und in der Welt zu vermitteln.

Dem Druck der öffentlichen Meinung, den weltweiten Protesten vermochte sich auch die Regierung in Washington nicht zu entziehen. Zwar gibt es eine Reihe von Hinweisen darauf, daß mindestens einige Kreise des amerikanischen Geheimdienstes CIA schon vor dem 21. April 1967 Verbindungen zu den Putschisten gehabt hatten, und naturgemäß war Washington an einer prowestlichen, auf die NATO eingeschworenen Regierung in Athen außerordentlich interessiert. Insbesondere Andreas Papandreou hatte für die Amerikaner zu den Schreckgespenstern der vergangenen Monate gehört. Sein zunehmend antiamerikanischer Kurs hatte in der Athener US-Botschaft gar Überlegungen ausgelöst, die für den 28. Mai 1967 angesetzten Wahlen in Griechenland «zu beeinflussen» – etwa durch massive finanzielle Unterstützung für gemäßigte, prowestliche Kandidaten. Daß der drohende Wahlsieg der Papandreous durch den Putsch verhindert worden war, löste in amerikanischen Regierungskreisen unzweifelhaft einige Erleichterung aus. Doch gleichzeitig schien es sich zu verbieten, die Putschisten öffentlich mit amerikanischer Rückendeckung zu versehen. US-Botschafter Talbot sah sich am Morgen des 21. April in einer äußerst prekären Lage, denn just in jenen Stunden, als die Panzer der Obristen durch die Straßen der Hauptstadt rollten, befand sich ein amerikanischer Frachter kurz vor Piräus – an Bord war amerikanisches Kriegsgerät für Griechenland. Den Amerikanern schien es naturgemäß wenig opportun, just zu diesem Zeitpunkt an den Kais von Piräus nagelneue Panzer, Kanonen und Armeefahrzeuge zu entladen und den neuen Machthabern zu übergeben. So stoppte die US-Regierung unmittelbar nach dem Putsch die Lieferung allen «schweren Kriegsgerätes» an Griechenland, der Frachter nahm wieder Kurs auf die USA. Doch mit diesem Teilembargo war das Obristenregime keineswegs von amerikanischen Lieferungen abgeschnitten – schwere Waffen wurden zwar nicht geliefert, aber, wie es schien, dafür um so mehr «kleines Kriegsgerät»: Gewehre, Munition und Ausrüstungsgüter.

Die amerikanische Haltung zur Militärdiktatur in Griechenland war höchst ambivalent: Öffentlich erhob Washington stets die Forderung, die Junta müsse unverzüglich zur Demokratie zurückkehren; doch hinter den Kulissen wurden die Obristen reichlich mit Gesten der Nachsicht und des Verständnisses versorgt. Als etwa der Europarat Ende 1969 eine öffentliche Untersuchung über Menschenrechtsverletzungen im Griechenland des Oberst Papadopoulos veranstaltete, entwikkelten amerikanische Diplomaten in den europäischen Hauptstädten einige Aktivität, um eine formelle Verurteilung der Junta zu verhindern. Mit dem Regierungswechsel von Johnson zu Nixon bekamen die Beziehungen zwischen Washington und Athen im gleichen Jahr eine neue Qualität – die Nixon-Administration machte kaum einen Hehl aus ihren durchaus freundschaftlichen Gefühlen für die griechischen Militärs. Nixons Wirtschaftsminister Maurice Stans kam Anfang der siebziger Jahre nach Athen und pries in einer Tischrede die angeblichen wirtschaftlichen Erfolge der Obristen und lobte das «Gefühl der Sicherheit», das diese Regierung ausländischen Investoren in Hellas vermittle. Schon einige Zeit zuvor hatte ein ranghoher amerikanischer NATO-General sein Werturteil über die Obristen in die Worte gefaßt: «Die großartigste Regierung seit Perikles!»

Während die griechischen Militärs in den sieben Jahren ihrer Diktatur auf offizielle Besucher aus den westeuropäischen Staaten verzichten mußten (einzige Ausnahme war die Visite des französischen Außenministers), registrierten sie um so dankbarer, daß sich die USA solche Zurückhaltung nicht auferlegten; zu den amerikanischen Besuchern jener Jahre gehörte zum Beispiel ein gewisser Spiros Anagnostopoulos –

ein Mann griechischer Abstammung, in dessen amerikanischem Reisepaß der Name Spiro Agnew stand; es handelte sich um keinen Geringeren als den Vizepräsidenten der USA. Aber auch General Andrew Goodpaster, NATO-Oberbefehlshaber in Europa, posierte lächelnd an der Seite des Diktators Papadopoulos für die Pressefotografen, und auch US-Verteidigungsminister Melvin Laird mochte es sich nicht nehmen lassen, den Obristen in Athen seine Aufwartung zu machen. Die belohnten solche Aufmerksamkeiten schließlich damit, daß sie der 6. US-Flotte Heimathafenrechte in Piräus einräumten.

Die Europäische Gemeinschaft hatte sich zwar entschlossen, das 1962 in Kraft getretene Assoziationsabkommen mit Griechenland einzufrieren, doch das war kaum mehr als eine Geste des Mißfallens. Der in dem Abkommen vorgesehene schrittweise Abbau der Zölle zwischen Griechenland und der Gemeinschaft ging planmäßig weiter, und hinter den Kulissen verhandelte man eifrig über die weitere Harmonisierung der griechischen Agrarpolitik.

Offizielle und publikumswirksame Anerkennung suchten und fanden die Obristen ausgerechnet in einer Himmelsrichtung, die ihrer eigenen verqueren Ideologie eigentlich höchst zuwider sein mußte: im Osten. 1970 schloß Papadopoulos Handelsabkommen mit der UdSSR, mit der DDR, mit Bulgarien, Rumänien und Albanien. Im Jahr darauf wurden die diplomatischen Beziehungen mit Tirana wieder aufgenommen, und 1972 tauschte man Botschafter mit der Volksrepublik China aus.

Solche außen- und handelspolitischen Aktivitäten dienten nicht zuletzt dem Zweck, die Wirtschaftslage des Landes zu verbessern – eine der wichtigsten Voraussetzungen, um mindestens der griechischen Geschäftswelt die Diktatur schmackhaft zu machen. Doch da bedurfte es wohl ohnehin keiner allzu großen Anstrengungen: Die Mehrzahl der Unternehmer des Landes hatten eh nicht zu den Parteigängern der Papandreous gehört, und daß ihnen – wenn auch durch einen Militärputsch – die Wiederwahl des greisen Georgios Papandreou und der mutmaßliche Aufstieg seines sozialistisch orientierten Sohnes Andreas erspart geblieben war, wußten viele wohl zu schätzen. Griechenlands Reeder zum Beispiel waren von den Vergünstigungen, die ihnen die Regierung Papadopoulos offerierte, so begeistert, daß sie den Juntachef im März 1972 gleich auf Lebenszeit zum Ehrenpräsidenten des Reederverbandes wählten. Auch andere Unternehmer machten unter dem schützenden Schirm der Junta, die auf Wirtschaftswachstum um nahezu jeden Preis bedacht war, glänzende Geschäfte. Die Regierung Papadopoulos, angetreten, für «Sauberkeit», «Ehrlichkeit» und «Ordnung» zu sorgen, erwies sich als die wohl korrupteste Administration der neueren griechischen Geschichte: Gesetze wurden nach Belieben den jeweiligen Bedürfnissen angepaßt, Verordnungen ad hoc erlassen und wieder aufgehoben, das Recht nach Gutdünken gebeugt; wer ein Freund der Junta war oder versprach, ein solcher zu werden, der durfte hoffen, daß seinen unternehmerischen Aktivitäten der Weg geebnet werden würde.

Gleiches galt für ausländische Investoren. Unter keiner Regierung hatten Anleger aus anderen Staaten je zuvor so günstige Konditionen, so großzügige Subventionen und Steuervorteile angetroffen. Doch den Wirtschaftsstrategen in Uniform mangelte es leider arg an ökonomischem Sachverstand und politischem Weitblick; und so stellte sich manches von den Obristen so großzügig geförderte Projekt zwar als äußerst lukrativ für die Investoren heraus – doch zur Entlastung des griechischen Arbeitsmarktes, zur Verbesserung der Wirtschaftsstruktur des Landes trugen die wenigsten dieser Projekte bei. Das «Wirtschaftswunder» der Obristen entpuppte sich nach 1974 als eine Fata Morgana, als Wachstum auf Pump. Schon 1972 führte Griechenland die europäische Inflationsskala an, im Jahr darauf verlor die Drachme 30% ihres Wertes. Es zeigte sich, daß viele der großmäulig angekündigten Auslandsinvestitionen nie zustande kommen würden: Ein zwischen der Obristenregierung und dem amerikanischen Multi *Litton* abgeschlossener Vertrag über Touristikprojekte auf Kreta und auf dem westlichen Peloponnes wurde aufgekündigt; Verhandlungen mit Aristoteles Onassis und Stavros Niarchos über bedeutende Investitionen in Griechenland scheiterten; aus der geplanten ersten griechischen Automobilfabrik, die mit Hilfe des französischen *Renault*-Konzerns errichtet werden sollte, wurde nichts.

Das Jahr 1973 brachte der Junta, die bis dahin das Land mit Terror, Zensur, Deportationen und Korruption nahezu vollständig unter Kontrolle hatte, die ersten größeren Schwierigkeiten. Die sich dramatisch verschlechternde Wirtschaftslage sorgte für Unruhe. Das ehrgeizige Aufrüstungsprogramm der Junta hatte dem Land einen Auslandsschuldenberg von dreißig Milliarden Dollar beschert, und der Kursverfall des Dollar, mit dem die Drachme durch eine feste Parität verbunden war, beschleunigte die Geldentwertung. Auch die Streitkräfte standen längst nicht mehr geschlossen hinter Papadopoulos, dessen politische Ignoranz allmählich auch jenen suspekt wurde, die noch 1967 zu seinen treuesten Gefolgsleuten gehört hatten. Eine Meuterei in der Marine konnte das Regime im Mai 1973 noch niederschlagen. Papadopoulos reagierte auf den Versuch, ihn zu stürzen, mit Massenverhaftungen im Offizierscorps der Seestreitkräfte. Gleichzeitig nutzte er die Gelegenheit, sich nun auch jenes Mannes gänzlich zu entledigen, der, so seine Behauptung, bei der Meuterei die Hand im Spiel gehabt habe: König Konstantin. Am 29. Juli ließ Papadopoulos über einen neuen Verfassungsentwurf abstimmen, der aus Griechenland eine Republik machte – bis dahin war das Land, obwohl der König schon Ende 1967 ins Exil geflohen war, immer noch formal eine Monarchie gewesen. Einziger Kandidat für das nun neugeschaffene Amt des Staatspräsidenten war Georgios Papadopoulos. Mit mehr oder weniger subtilem Druck sorgte die Junta dafür, daß 78 % der wahlberechtigten Griechen für die neue Verfassung stimmten – eine Verfassung, die natürlich alle Macht im Staate den Militärs beließ. Doch der auf acht Jahre «gewählte» Staatspräsident Papadopoulos sollte sich seines neuen Postens nur wenige Monate erfreuen. Im November desselben Jahres kam es zum ersten massenhaften Protest gegen sein Regime.

Mitte November 1973 gab es Unruhe am Athener Polytechnion, der Technischen Hochschule. Die Studenten hatten einen Streik ausgerufen – sie forderten freie Wahlen zum Studentenparlament. Was als scheinbar harmloser Studentenprotest begonnen hatte, bekam um den 15. November plötzlich eine neue, gefährliche Dimension: Die Demonstranten hatten das Gebäude der Hochschule besetzt, und andere solidarisierten sich mit ihnen: Gymnasiasten, Arbeiter, Studenten aus Patras und aus Thessaloniki. Vor den Toren des Polytechnions wurden Flugblätter verteilt: «Nieder mit der Diktatur der Obristen.» Schließlich nahmen die Besetzer einen Rundfunksender in Betrieb, verbreiteten rund um die Uhr, was viele Griechen dachten, aber nicht laut zu sagen wagten. Die Obristen, bisher nie mit einer vergleichbar massiven und militanten Opposition konfrontiert, registrierten mit Entsetzen, daß die Passanten vor den Toren der Hochschule offen ihre Sympathie mit den Besetzern bekundeten, sie mit Lebensmitteln, Medikamenten und aufmunternden Worten versorgten. In der Nacht vom 16. auf den 17. November schließlich ließ Papadopoulos die Panzer rollen.

Jene, die diese Nacht vor dem Polytechnion oder am Radio miterlebt haben, werden sie so schnell nicht wieder vergessen: die verzweifelten Hilferufe über den Rundfunksender der Studenten, ihre in vielen Sprachen gesendeten Appelle an die ausländischen diplomatischen Vertretungen in Athen, ihre Aufrufe an die Landsleute, nun endlich den aktiven Widerstand zu wagen gegen das Militärregime; und schließlich jener letzte Satz, der in dieser Nacht in den Radios zu hören war, als die Panzer vor dem Hauptportal der Hochschule vorgefahren waren: «Wir wissen, daß ihr nicht auf uns schießen werdet – denn wir sind eure Brüder!»

Einen Moment stoppten die Panzer, dann walzten sie das schmiedeeiserne Tor nieder, und die «Revolution» der Obristen hatte ihr erstes öffentlich ermordetes Opfer: Ein 17jähriger starb unter den Panzerketten. Wie viele außer ihm in dieser Nacht starben, weiß niemand. Die Toten hat keiner gezählt. In den offiziellen Statistiken ist heute von 34 Opfern die Rede. Viele, die dabei waren, sagen, es seien weit mehr gewesen: hundert, vielleicht auch zweihundert.

Jene 34, von denen man weiß, daß sie starben, und jene anderen Toten, die es möglicherweise gegeben hat, werden seither im November eines jeden Jahres von den Studenten des Landes mit einem Schweigemarsch geehrt. Eine willkommene Gelegenheit auch für Politiker, ein Datum des nationalen Widerstandes gegen die Tyrannei zu feiern.

Doch das war es wohl nicht. Die Wahrheit über jene Nacht im November 1973 ist wenig schmeichelhaft für viele, die den Jahrestag heute so andächtig begehen. Richtig ist, daß in jenen Tagen mehr Athener als je zuvor seit 1967 ihre Solidarität mit jenen offen zeigten, die den Widerstand wagten. Es stimmt auch, daß viele, die in jener Nacht die verzweifelten Hilferufe der Besetzer im Radio hörten, kaum eine Chance hatten, auch nur in die Nähe des Polytechnions zu gelangen, weil das Militär die Umgebung der Hochschule hermetisch abgeriegelt hatte; viele, die durchzukommen versuchten, wurden festgenommen oder zusammengeschlagen. Natürlich gab es in jener Nacht auch viele, die den Verletzten, den von Polizei und Soldaten Gejagten, Hilfe und Unterschlupf in ihrer Wohnung boten. Aber richtig ist auch, daß die große Mehrheit in ihren Häusern blieb, die vorbeirasselnden Panzer durch die vorgezogene Gardine beobachtete und nicht den Mut aufbrachte, auf die Straße zu gehen und so – vielleicht – der Diktatur mit einem massenhaften Protest ein Ende zu machen. Erinnerungen an den 21. April 1967, als Papadopoulos die Macht ergriffen hatte: «Wir glaubten, das griechische Volk sei auf den Straßen, um für seine Freiheit zu kämpfen», sagte einer der damals von den Soldaten im Schlafzimmer Festgenommenen, Andreas Papandreou. Ähnliches werden die Schüler, Studenten und Arbeiter in der Technischen Hochschule in jener Nacht im November 1973 wohl auch geglaubt, gehofft haben. Aber es war wohl am Ende wirklich, wie eine Athener Zeitung später schrieb, «die Nacht, in der unsere Gesellschaft kollektiv versagte und ihre Kinder im Stich ließ».

Die griechische Militärdiktatur überlebte die Revolte vom November 1973 einstweilen, walzte sie nieder. Papadopoulos aber stürzte über das Blutbad, das er angerichtet hatte. Wenige Tage nach dem Sturm auf das Polytechnion übernahm Dimitrios Ioannidis, der Chef der berüchtigten Militärpolizei, die Macht in Griechenland. Papadopoulos, jener Mann, der «die Ideale der Revolution vom 21. April 1967 verraten» hatte, wurde verhaftet, an seine Stelle als Staatschef trat Generalleutnant Phaidon Gizikis. Ioannidis selbst, der starke Mann des neuen Regimes, hielt sich im Hintergrund. Doch auch seine Tage waren gezählt.

Krisen um Zypern waren in Griechenland immer schon gut gewesen für Regierungswechsel. Eine von Ioannidis angezettelte Zypernkrise, die bisher explosivste von allen, besiegelte schließlich das Ende der griechischen Militärdiktatur.

Noch einmal: ‹Enosis›

Schon seit Beginn der sechziger Jahre war Dimitrios Ioannidis ein glühender Befürworter der Enosis, des Anschlusses Zyperns an Griechenland gewesen. Jetzt, wo er an den Hebeln der Macht saß, glaubte er offenbar die Stunde gekommen, seinen Traum zu verwirklichen. Daß Erzbischof Makarios mittlerweile die einst auch von ihm erhobene Forderung nach Enosis fallengelassen hatte, erschwerte die Angelegenheit etwas. Der erste Schritt zur Union Zyperns mit Griechenland, so wußte Ioannidis, mußte die Beseitigung des Erzbischofs sein – eines Mannes, der in den Augen der Athener Junta wie auch vieler amerikanischer Politiker ohnehin ein Sicherheitsrisiko war: Seine offene Parteinahme für ein blockfreies Zypern, seine politischen Flirts mit Männern wie Castro und Tito, seine spektakulären Auftritte in vielen Staaten der Dritten Welt – all dies hatte den ohnehin bestehenden Verdacht erhärtet, daß Makarios kaum noch Sympathien für die NATO und deren strategische Interessen auf Zypern aufbrachte.

Auf der Suche nach einem Helfer für die geplante Beseitigung des Erzbischofs versicherte sich Oberst Ioannidis der Dienste eines alten Bekannten: Nikos Sampson war ein berüchtigter EOKA-Terrorist und rechtskräftig verurteilter Mörder, der Ioannidis schon aus den sechziger Jahren eng verbunden war, als beide Geheimpläne zur Vernichtung und Vertreibung türkischer Zyprioten entwickelt hatten. Mit logistischer, materieller und militärischer Hilfe von Ioannidis organisierte Sampson im Juli 1974 einen Putsch gegen Makarios. Wie durch ein Wunder entkam der Erzbischof aus dem von den Putschisten belagerten Palast, erreichte die britische Militärbasis von Akrotiri und wurde von den Engländern nach London ausgeflogen, wo er – schon totgesagt – wenige Stunden später vor der Presse auftrat. Nikos Sampson hatte sich mittlerweile als neuer zyprischer Präsident installiert.

Dieser Coup am 15. Juli 1974, der ganz offenkundig auf eine – der zyprischen Verfassung widersprechende – Vereinigung der Insel mit Griechenland angelegt war, verschaffte nun der Türkei den langersehnten Anlaß, die seit 1964 bereitliegenden Pläne zur Invasion der Mittelmeerinsel hervorzuholen und in die Tat umzusetzen. Aus der Sicht Ankaras war die Lage auf Zypern höchst brisant: Sampson hatte sich während der fünfziger und sechziger Jahre mit Terroranschlägen gegen Angehörige der türkischen Volksgruppe hervorgetan; ihn als «Präsidenten» der Republik Zypern zu akzeptieren, war für die Schutzmacht Türkei ganz und gar undenkbar. Ioannidis hatte damit begonnen, an der Grenze zur Türkei Truppen zusammenzuziehen; der türkische Geheimdienst berichtete von Vorbereitungen für eine griechische Zyperninvasion. Und Washington schien gar bereit, den Mörder und Putschisten Sampson als rechtmäßigen Präsidenten der Republik Zypern anzuerkennen: Henry Kissingers Pressesprecher Robert Anderson hatte zwei Tage nach dem Putsch die Frage eines Journalisten, ob Washington die neue «Regierung» auf Zypern anerkenne, mit dem vielsagend vagen Satz beantwortet: «Wir sind dabei, eine Entscheidung zu treffen.» Für die Türkei schien offenkundig, daß die USA angesichts des Sturzes von Makarios erleichtert waren, andererseits es aber noch nicht wagten, das Sampsonregime öffentlich anzuerkennen. Ein prominenter zypriotischer Politiker kommentierte diese Haltung Washingtons später mit den bitteren Worten: «Es war, als hätte eine fremde Macht die Kontrolle über die USA ergriffen und Al Capone im Weißen Haus installiert!»

Die Washingtoner Regierung unternahm einen letzten Versuch, die Türken von der Invasion Zyperns abzubringen. Kissinger schickte seinen Staatssekretär Joseph Sisco nach Ankara; doch der mußte bald erkennen: Es gab nichts zu verhandeln. Der türkische Ministerpräsident

Bülent Ecevit, einst Seminarschüler bei Henry Kissinger in Harvard, erklärte rundheraus: «Die USA haben den Fehler gemacht, uns 1964 und 1967 von der Invasion abzuhalten; die Türkei hat den Fehler gemacht, darauf einzugehen. Wir sollten, Mr. Sisco, dieselben Fehler nicht endlos wiederholen!»

In der Nacht zum 20. Juli 1974 setzte Ankara seine Invasionstruppen in Marsch. Bülent Ecevit erklärte: «Eine Aktion für Brüderlichkeit und Freiheit! Gott helfe uns und dem zypriotischen Volk!»

In Athen reagiert Oberst Ioannidis auf die türkische Landeoperation mit der totalen Mobilmachung. Doch als er den Angriffsbefehl gegen die Türkei gibt, verweigern ihm die Generale die Gefolgschaft. Ein Krieg gegen die Türkei erscheint ihnen als unkalkulierbares Abenteuer – Ioannidis entpuppt sich in ihren Augen endgültig als der größenwahnsinnige Amokläufer, der er tatsächlich ist. Schließlich, am 23. Juli 1974, wirft Ioannidis das Handtuch. Staatspräsident Gizikis ruft die führenden Militärs und einige der vor dem Staatsstreich vom 21. April 1967 aktiven Politiker ins Verteidigungsministerium. Das Treffen endet mit einem Telefongespräch nach Paris. Am anderen Ende der Leitung: Konstantin Karamanlis. Am frühen Morgen des 24. Juli 1974 trifft Karamanlis an Bord eines vom französischen Staatspräsidenten Giscard d'Estaing zur Verfügung gestellten *Mystère*-Jet auf dem Flughafen Ellinikon ein.

Neue Demokraten unter alter Führung

Es ist ein Empfang, wie ihn der elf Jahre zuvor verbittert und enttäuscht ins Exil gegangene Karamanlis sich gewiß nicht hatte träumen lassen. In Athen sind in jener Nacht nahezu eine Million Menschen auf den Beinen; sie strömen zum Flugplatz, sie säumen die Straßen von Ellinikon zur Innenstadt, sie drängen sich auf dem Sintagmaplatz vor dem Parlament; sie weinen, sie lachen, sie umarmen einander. Sprechchöre werden laut: «Gebt die Junta an das Volk!» Die wohl bewegendste Demonstration jener Nacht findet vor der Technischen Hochschule statt. Dort, wo sieben Monate zuvor mindestens 34 junge Griechen ihren Widerstand gegen das Militärregime mit dem Leben bezahlt hatten, versammeln sich nun Tausende – Tausende, denen es wichtiger ist, diese ersten Stunden nach dem Sturz der Diktatur hier zu verbringen und nicht vor dem Parlament, wo eine unübersehbare Menge auf Konstantin Karamanlis wartet. Vor dem Polytechnion werden in dieser

Nacht die Namen jener vorgelesen, die am 16. und 17. November ermordet worden waren. Jeden Namensaufruf beantwortet die Menschenmenge vor der Hochschule mit dem Satz: «Er ist für die Freiheit gestorben!» Tausende knien auf den Stufen zum Hauptportal nieder, Tausende bringen Blumen; Menschen, die sich nie zuvor gesehen haben, umarmen einander, fassen einander bei den Händen und singen, im Gedenken an die Opfer der Diktatur, die griechische Nationalhymne.

Keine 24 Stunden nach der Bankrotterklärung der Junta und der Rückkehr des Konstantin Karamanlis hatte Griechenland bereits wieder eine komplette Regierung. Karamanlis nannte sie eine «Regierung der nationalen Einheit». Ihr gehörten viele jener Männer an, die schon während der fünfziger und sechziger Jahre in Hellas politische Verantwortung getragen hatten – viele von ihnen spielten seither in der griechischen Politik eine herausragende Rolle. Das Amt des Außenministers, dem es in den Tagen und Wochen nach dem Machtwechsel vor allem oblag, zur Lösung der akuten Krise um Zypern beizutragen, übertrug Karamanlis dem Zentrumspolitiker Georgios Mavros. Das delikate Amt des Verteidigungsministers übernahm Evangelos Averof – einst war er unter Karamanlis Außenminister gewesen, nun hing es vor allem von seinem Geschick ab, wie sich die Streitkräfte der neuen Regierung unterordnen würden. Das Ressort des Finanzministers schließlich ging an Ioannis Pesmazoglou, jenen Mann, der Anfang der sechziger Jahre Griechenlands Assoziation an die EWG verhandelt hatte; auch seine Aufgabe war nicht leicht: Griechenland war praktisch bankrott.

Im November 1974, kaum vier Monate nach dem Ende der Diktatur, wurde in Griechenland wieder gewählt. Konstantin Karamanlis und seine inzwischen gegründete *Neue Demokratie (N. D.)*, eine Partei mit konservativer Grundhaltung, aber starken liberalen Elementen, gewann diese erste freie Wahl seit 1964 mit einer überzeugenden Mehrheit von 54,4 % der Stimmen. Dank des die großen Parteien wiederum begünstigenden Wahlrechts entfielen auf die N. D. im Parlament sogar 220 von dreihundert Sitzen – eine bequeme Zweidrittelmehrheit, die es Karamanlis erlaubte, auf Kompromisse bei der nun anstehenden Reform der griechischen Verfassung zu verzichten. Zweitstärkste Gruppierung im Parlament war die *Zentrumsunion / Neue Kräfte* unter Georgios Mavros – eine Partei, die sich selbst in der Tradition der einst von Georgios Papandreou geführten Zentrumsunion sah, die jedoch in den folgenden Jahren politisch nahezu bedeutungslos werden sollte. Andreas Papandreou trat zur Wahl mit einer ebenfalls neugegründeten Partei an: der *Panhellenischen Sozialistischen Bewegung (PASOK)*, die sich als Sammelbecken der nichtkommunistischen Linken begriff. Bei den Wahlen von 1974 kam Papandreous PASOK auf nur 13,6%, seither jedoch hat sie sich neben der N. D. zur zweiten großen politischen Kraft in Griechenland entwickelt. Erstmals seit dem Ende des Bürgerkrieges waren auch die Kommunisten wieder zur Wahl zugelassen – für Konstantin Karamanlis ein offenbar unumgängliches Zugeständnis, galt es doch, nach den sieben Jahren der Diktatur die Nation zu einen und nicht, neue Gräben zu ziehen, die eine Rückkehr zur Demokratie hätten gefährden können. Die insgesamt drei kommunistischen Parteien, die sich an der Wahl von 1974 beteiligten, kamen zusammen allerdings auf nicht einmal 10% der Stimmen; auch die rechtsradikale *Nationaldemokratische Union* blieb politisch bedeutungslos.

Noch bevor Karamanlis an die Ausarbeitung einer neuen Verfassung ging, stand die Frage der Monarchie zur Debatte. Das 1973 von Papadopoulos veranstaltete Referendum galt selbstverständlich als null und nichtig. Am 8. Dezember 1974 waren die Griechen aufgerufen, in einer Volksabstimmung über die Zukunft der Monarchie und über das politische Schicksal des im Londoner Exil weilenden Königs Konstantin II. zu entscheiden. Mit einer klaren Mehrheit von 69,2% entschieden die Griechen für die Republik und gegen die Monarchie. Damit scheint dieses Kapitel ein für allemal abgeschlossen. Konstantin II. selbst war es gewesen, der mit seinem Lavieren und Intrigieren in den Jahren 1963 bis 1967 die konstitutionelle Monarchie in Griechenland in Verruf gebracht hatte. Seine Versuche, in den Wochen vor dem Plebiszit vom 8. Dezember 1974 seine damalige Verhaltensweise zu erklären und zu entschuldigen, schlugen fehl. Seine Glaubwürdigkeit und damit die der von ihm repräsentierten Institution war in den Augen der meisten Griechen ruiniert.

Nichts in der Politik sei endgültig, sagt man, und das gilt zumal für Griechenland, wo der Wechsel das einzig Beständige zu sein scheint. Doch selbst überzeugte Monarchisten – solche gibt es in Hellas auch heute noch – haben inzwischen die Hoffnung aufgegeben, daß Griechenland eines Tages zur Monarchie zurückkehren könnte. Zu vieles hat sich gewandelt: Die Jahre der Militärdiktatur haben die politische Szene dieses Landes von Grund auf verändert. Nie zuvor gab es in Hellas ein solches Maß an politischer Stabilität wie seit dem Ende der

Obristenherrschaft. Es scheint, als sei die Zeit der gewagten politischen Abenteuer vorbei.

Die neue Verfassung Griechenlands, die Anfang 1975 dem Parlament zur Beratung vorgelegt wurde und schließlich nach langen, leidenschaftlichen Debatten verabschiedet wurde, stärkt vor allem die Position der Exekutive. Herausragendes Kennzeichen ist die Stellung des Staatspräsidenten: Er verfügt über sehr weitgehende konstitutionelle Rechte, kann unter bestimmten Umständen das Parlament auflösen und Neuwahlen ausschreiben, kann Volksabstimmungen durchführen lassen und die Verabschiedung von Gesetzen mit seinem Veto verhindern, beziehungsweise verzögern. Der griechische Staatspräsident genießt also ähnlich umfangreiche Kompetenzen wie der französische; und so hieß es schon 1975, der «Gaullist» Karamanlis habe während der Zeit seines Pariser Exils bei Giscard d'Estaing gelernt, wie eine Präsidialverfassung auszusehen habe; er habe sie sich gewissermaßen auf den Leib geschneidert.

1980 wechselte Konstantin Karamanlis tatsächlich vom Amt des Ministerpräsidenten in das des Staatsoberhauptes. Er hält damit, gewählt zunächst bis 1985, weiterhin eine Schlüsselposition in der Politik seines Landes und erweist sich einmal mehr als die alle überragende Persönlichkeit in der politischen Arena Nachkriegsgriechenlands. Sein Wechsel ins Präsidentenamt mag auch von der Überlegung beeinflußt worden sein, unabhängig von der jeweiligen Parlamentsmehrheit den Gang der Dinge beeinflussen zu können – ein Ministerpräsident kann am Wahltag, in Griechenland auch zwischen den Wahlen stürzen; ein Staatspräsident hingegen ist auf fünf Jahre fest gewählt und vorher kaum absetzbar – es sei denn, durch einen Staatsstreich. So betrachtet sich Konstantin Karamanlis für die Zeit seiner Amtsperiode wohl als den Garanten für einen prowestlichen Kurs des Landes. Diese Einschätzung wird nicht nur in Griechenland, sondern auch in den meisten Ländern des Westens geteilt.

Dieser Kurs des Landes scheint ohnehin fest vorgezeichnet: Der Beitritt zur Europäischen Gemeinschaft, von Karamanlis gegen manche Widerstände daheim und im Ausland energisch erstritten, ist, das wissen auch die Beitrittsgegner, kaum wieder rückgängig zu machen; Griechenlands Rückkehr in die militärische Integration der NATO, aus der das Land nach der Zypern-Krise 1974 ausgeschieden war, ist gleichfalls ein Faktum, mit dessen Revision sich die auf Anti-NATO-Kurs eingeschworenen Sozialisten schwertun dürften. Mit der

NATO-Reintegration – befürwortet von Ministerpräsident Georg Rallis und Außenminister Costas Mitsotakis – wurde im Herbst 1980 ein politisches Problem gelöst, das allmählich die Dimension eines gordischen Knotens angenommen hatte. Für Konstantin Karamanlis war der Teilrückzug aus der Allianz 1974 der Preis für sein innerpolitisches Überleben gewesen. Jene NATO, die der türkischen Zyperninvasion tatenlos zugesehen hatte, die zuvor sieben Jahre die Obristen in Athen geduldet oder gar protegiert hatte, war in weiten Teilen der griechischen Öffentlichkeit völlig in Mißkredit geraten. Hellas blieb zwar politisch Mitglied im Bündnis, zog seine Streitkräfte aber aus der Kommandostruktur der NATO zurück, nahm an den meisten Manövern nicht mehr teil und schied auch aus dem NATO-Frühwarnsystem aus. Daß Griechenland über kurz oder lang wieder Vollmitglied der NATO werden würde, schien allerdings niemals ernsthaft in Frage gestellt. Doch die Reintegration bereitete unvorhergesehene Schwierigkeiten: Über mehrere Jahre hinweg blockierte Ankara Griechenlands Wiederaufnahme mit seinem Veto – der Türkei ging es darum, die Athener Regierung zunächst zu Zugeständnissen in den strittigen bilateralen Fragen der Hoheitsrechte in der Ägäis zu bewegen. Doch der Machtwechsel im Iran, die sowjetische Invasion in Afghanistan und das sich im Verlauf des Jahres 1980 drastisch verschlechternde Ost-West-Verhältnis schufen eine neue Lage; schließlich trug auch der Putsch vom 12. September 1980, als in Ankara die Generale die Macht übernahmen, zur Lösung der NATO-Frage bei: Die türkischen Militärs konnten es sich offenbar leisten, eine weniger kompromißlose Haltung zu zeigen als zuvor die zerstrittenen Politiker in der türkischen Hauptstadt. In Griechenland allerdings bleibt die Rückkehr in die NATO umstritten – immer noch beobachten viele Griechen, auch solche, die nicht zum Block der Linkswähler zählen, dieses Bündnis mit großer Skepsis – vielleicht kein Wunder in einem Land, das während der vergangenen 150 Jahre so oft unter ausländischer Intervention, unter fremder Einmischung zu leiden hatte.

Spuren der Diktatur

Bei den Wahlen vom November 1974 waren die Rechtsradikalen, die unverbesserlichen Gefolgsleute der bankrotten Junta, auf kaum mehr als 1 % der Stimmen gekommen. Doch ihr wahres Wählerpotential war, wie sich bald zeigen sollte, weit größer – wenn auch nicht groß genug, um das demokratische Gefüge Griechenlands nach 1974 ernsthaft in Gefahr bringen zu können. Daß nicht alle Juntafans aufgegeben hatten, zeigte sich im Februar 1975, als in den Streitkräften eine Verschwörung aufgedeckt wurde, die den Sturz der Regierung Karamanlis zum Ziele hatte. Die Urheber wurden ermittelt und verurteilt, und anläßlich dieses Ereignisses zeigte sich, daß die große Mehrheit des Offizierscorps der griechischen Streitkräfte loyal zu der demokratisch gewählten Regierung stand.

Verteidigungsminister Averof hatte gleich nach dem Machtwechsel klargestellt, daß die Offiziere, auch jene, die mit Papadopoulos und Ioannidis gemeinsame Sache gemacht hatten, auf Milde rechnen durften: Maßstab für die Beurteilung des Einzelfalles, so Averof, sei nicht allein die Vergangenheit, sondern auch die künftig gezeigte Loyalität. Auf diese Weise umschifften Karamanlis und Averof eine gefährliche Klippe: Ganz gewiß hätte es die Armeeführung nicht hingenommen, wenn man sie nun öffentlich an den Pranger gestellt hätte. Karamanlis setzte auf Bewältigung, nicht Vergeltung. In den Monaten nach dem Machtwechsel wurden 100000 Angehörige der Öffentlichen Dienste aus ihren Amtsstuben entlassen – jene, denen man die aktive Zusammenarbeit mit dem Obristenregime nachweisen konnte. Vor Gericht gestellt jedoch wurden nur jene, die am eigentlichen Staatsstreich von 1967 teilgenommen hatten, und jene anderen, die sich in der Folgezeit offenkundiger Verstöße gegen die Grundrechte schuldig gemacht hatten. Die Protagonisten des Staatsstreiches vom 21. April wurden im Sommer 1975 abgeurteilt. Von den 24 Angeklagten jenes ersten großen Juntaprozesses wurden 18 für schuldig befunden, unter ihnen Papadopoulos, Pattakos und Makarezos; sie wurden zum Tode verurteilt, jedoch unmittelbar anschließend zu lebenslanger Haft begnadigt. Weitere Prozesse folgten, in denen die berüchtigsten Folterknechte des Regimes und die Verantwortlichen für das Blutbad an der Technischen Hochschule im November 1973 zur Verantwortung gezogen wurden. Es gab in jenem «Sommer der Prozesse» manches Urteil, das in den Reihen der Opposition und auch in der Öffentlichkeit Empörung auslöste; manch einer, der auf den Haftinseln Jaros oder Leros gefoltert worden war, mußte die bittere Erfahrung machen, daß nicht alles Unrecht gesühnt, nicht jedes Verbrechen bestraft wurde. Dimitrios Ioannidis freilich, der berüchtigte Chef der Militärpolizei und Putschist der zweiten Generation, bekam (auf dem Papier zumindest) die ganze Strenge des Gesetzes zu spüren: Er wurde in acht Fällen zum Tode verurteilt; doch auch Ioannidis kam anschließend in den Genuß einer Begnadigung zu lebenslanger Haft.

Wand an Wand mit den anderen prominenten Urhebern des Staatsstreichs sitzt er heute im Gefängnis *Koridallos* in Piräus. Er verfügt, wie seine Mitgefangenen, über ein Maß von Komfort und Freizügigkeit, das sich mancher gewöhnliche Kriminelle in Griechenland wohl wünschen möchte: Eine umfangreiche Bibliothek und ein Farbfernsehgerät sorgen für Unterhaltung, Besuche von Familienangehörigen und Freunden dienen dem Zeitvertreib, ein Tennisplatz gar steht zur Verfügung. Ioannidis, Papadopoulos und das restliche Dutzend Putschisten haben seit ihrer Verhaftung 1975 weit weniger Pein erdulden müssen, als jene vielen tausend Opfer der Diktatur Tag für Tag durchzustehen hatten.

Daß da ein bitterer Nachgeschmack bleibt, ist wohl verständlich: Nein, Vergeltung hat es nicht gegeben. Jene, die überführt und verurteilt wurden, weil man ihrer habhaft werden konnte oder wollte, genießen einen Strafvollzug mit außerordentlichen Privilegien; viele Tausende, die mitgefoltert haben, blieben ungeschoren. Sie gehen heute unbehelligt ihren Geschäften nach, betreiben Cafés oder Hotels, dienen in der Uniform eines Obersten, regeln vielleicht den Verkehr an einer Straßenkreuzung oder leiten eine Gendarmeriestation in der Provinz. Daß alle Schuldigen wirklich bestraft wurden, wird niemand behaupten können.

Das wäre wohl auch eine illusionäre Vorstellung gewesen. Die Zahl der Mittäter, ohne die keine Diktatur auskommt, ging wohl in die Hunderttausende; sie alle aufzuspüren und vor Gericht zu stellen, das hätte nicht allein die Justiz des Landes lahmgelegt – das hätte überdies die Nation zutiefst gespalten, hätte zwangsläufig Urteile von höchst zweifelhafter Qualität produziert und im übrigen den gesamten Staatsapparat paralysiert. Der von Konstantin Karamanlis gewählte Weg – Bewältigung der Vergangenheit statt Vergeltung – hat sich im Rückblick als richtig erwiesen. Er sicherte der Republik Griechenland einen neuen Anfang nach siebenjähriger Gewaltherrschaft. Die Münzen mit den Phoenix, dem Symbol der Junta, sind aus dem Zahlungsverkehr verschwunden; das Siegel der Diktatur, seinerzeit den Nummernschildern der Autos aufgestempelt, ist mit einem Tupfer schwarzen Lacks übermalt. Die Spuren der Diktatur sind getilgt.

Bestandteil dieses neuen Anfangs nach 1974 war, daß nicht nur Kommunisten, sondern auch Faschisten an Wahlen teilnehmen, daß sie

Zeitungen drucken und politische Versammlungen abhalten dürfen. Man verrät kein Geheimnis, wenn man feststellt, daß die griechische Sicherheitspolizei, die *Asfalia*, diese Randgruppen des politischen Spektrums mit einiger Intensität beobachtet. Dennoch bleibt festzuhalten: Daß die Radikalen auf der Rechten wie auf der Linken ihre politischen Positionen frei darstellen und vertreten können, ist vielleicht das bedeutsamste Merkmal der gegenwärtigen griechischen Republik. Sie vermag, wie kein griechischer Staat in der Geschichte zuvor, extreme Positionen zu ertragen und zu absorbieren. Jahrelang konnte das Leib- und Magenblatt der Junta-Fans, die Tageszeitung *Eleftheros Kosmos* (‹Freie Welt›) die abstrusen Parolen der radikalen Rechten ungehindert an den Kiosken feilbieten. Die Nachfrage allerdings ließ alsbald nach – 1983 verschwand die Zeitung, von der zuletzt kaum noch dreitausend Exemplare abgesetzt wurden, aus dem Blätterwald. Auch die Postillen der kommunistischen Linken kommen, obwohl Pflichtlektüre für die Genossen, nicht auf sonderlich bemerkenswerte Auflagen. Für die langatmigen, schon syntaktisch kaum verdaulichen Ergüsse des KP-Zentralorgans *Rizospastis* (‹Der Radikalist›) interessieren sich nur rund 15000 Leser, und *Avghi* (‹Morgenröte›), das Blatt der griechischen Eurokommunisten, kommt auf nicht mehr als 5000 Exemplare.

Kritik freilich, und gerade berechtigte Kritik auch konservativer Blätter wie der angesehenen *Kathimerini* (‹Tageszeitung›) nahmen die ND-Regierungen der Jahre 1974 bis 1981 meist höchst irritiert, mal auch verunsichert, dann wieder mit levantinischer Gelassenheit hin. Besucher aus Westeuropa wundern sich bisweilen über die, wie sie finden, mangelnde Kritikfähigkeit der griechischen Administrationen, über ihr unterentwickeltes Selbstbewußtsein, ihre Empfindlichkeit und ihr Bemühen, alles im besten Licht erscheinen zu lassen.

Recht schwer taten sich die Konservativen sicherlich mit dem EG-Beitritt und dessen publizistischer «Vermarktung». Jedermann in Hellas wußte, daß dies eine Herausforderung für das Land werden würde, daß es Anpassungsprobleme und Schwierigkeiten geben würde. Die Regierung freilich neigte dazu, die positiven Aspekte des Beitritts allzusehr in den Vordergrund zu stellen und die Probleme zu verniedlichen. So wurde manch übertriebene Hoffnung geweckt.

Ist das, was 1979 beschlossen und zum 1. Januar 1981 vollzogen wurde, wirklich die Heimkehr der einst von Zeus entführten Europa? Ist Griechenlands Beitritt zur Europäischen Gemeinschaft, dieser kostspieligen, brüchigen, vielfach in Verruf geratenen Institution, wirklich die Rückkehr Europas zu seinen Ursprüngen? Solch mystifizierende Deutungen waren selbst aus dem Munde nüchterner Politiker zu hören. Manchmal hatte man gar den Verdacht, es gebe für den Beitritt Griechenlands zur EG so wenige sachliche Argumente, daß man Zuflucht zu metaphysischen Begründungen nehmen müsse. Konstantin Tsatsos, damals Staatspräsident der griechischen Republik, war es, der schon 1977 fast beschwörend bat, man möge Griechenland, das zehnte Mitglied der Gemeinschaft, nicht an dem messen, was da an großer Vergangenheit mit einhermarschiert komme. Konstantin Tsatsos steht mit solchen Appellen nicht allein. Die Situation erinnert ein wenig an das späte 18. und frühe 19. Jahrhundert, als die Philhellenen in ihrer Begeisterung für das antike Hellas, das des «goldenen Zeitalters», die Wirklichkeit des zeitgenössischen Griechenland nicht recht zu verstehen vermochten – die klassischen Säulen verstellten gewissermaßen den Blick auf die Realitäten. Das sollte sich nicht wiederholen. Es mag für dieses Griechenland schmeichelhaft sein, wenn man es in die Tradition des Plato, des Perikles oder des Makedonen Alexander stellt. Aber nicht das Schulbuchgriechenland ist jetzt zehntes Mitglied der Gemeinschaft, nicht das Griechenland des Parthenon; auf seinen angewelkten Lorbeeren auszuruhen, das kann und will Hellas sich nicht leisten. Ein EG-Land also wie jedes andere auch? Das ganz sicher nicht.

Zunächst: Wirtschaftlich gesehen ist das zehnte Mitglied der Gemeinschaft etwa so wenig entwickelt wie das bisherige Schlußlicht Irland. Die Strukturprobleme sind hier so drängend wie in keinem anderen EG-Staat, und die griechische Industrie ist nur in wenigen Sektoren auf dem europäischen Markt voll konkurrenzfähig. Dennoch oder gerade deswegen macht Griechenlands Beitritt Sinn: Er wird längst überfällige Strukturreformen beschleunigen, wird sie erzwingen. Der Beitritt wird für frischen Wind sorgen – und wenn die griechischen Unternehmer, die Verwaltung, die Staatsbürokratie, wenn sie alle die Segel richtig setzen, dann wird sie dieser frische Wind kräftig voranbringen. Schließlich: Dringend gebotene und bisher immer wieder aufgeschobene Maßnahmen zur Regionalförderung werden nun endlich in Angriff genommen; allein im ersten Jahr der Mitgliedschaft, 1981, erhielt Hellas aus dem Regionalfonds der Gemeinschaft den stattlichen Betrag von 550 Millionen Mark – mit diesem Geld werden Elektrizitätswerke und Straßen, Wasserleitungen und Kanalisationsnetze in der Provinz gebaut.

Wichtiger vielleicht noch als die wirtschaftlichen Gesichtspunkte sind die politischen. Wohin gehört dieses Griechenland? In den vergangenen Jahrhunderten war dieses kleine Land am Rande Europas der Aufmarschplatz für Heere aus allen Himmelsrichtungen. Unzählige Male wurde Hellas erobert, unterworfen, ausgeplündert. Das ist die schwere Hypothek der geographischen Lage zwischen Orient und Okzident. Wo die Grenze zwischen diesen beiden Welten verläuft, ist schwer zu sagen – geistesgeschichtlich und kulturhistorisch gibt es sie nicht im Sinne einer kartographisch faßbaren Linie. Griechenland ist der Schauplatz der Begegnung und der Konflikte zwischen diesen Welten. Zu keiner von ihnen zu gehören und zu beiden zugleich, das machte über viele Jahrhunderte hinweg die widersprüchliche Identität dieses Landes aus. Die Chancen stehen gut, daß jener Grieche, der am Flughafen Ellinikon heute ein Flugzeug nach Frankfurt, Paris oder London besteigt, befragt, wohin die Reise geht, arglos antworten würde: «Nach Europa!» – geradeso, als gelte es, auf einen anderen Kontinent zu fliegen. Das sollte niemanden irritieren: Ohne Zweifel begreift sich dieses Griechenland heute als ein Teil Europas, verstehen sich die Griechen als Europäer. Die gelegentlich spürbare Distanz ist das Ergebnis einer Geschichte, in deren Verlauf Griechenland immerhin nahezu ein halbes Jahrtausend lang von diesem Europa fast hermetisch abgetrennt war; und dann, nach der Befreiung von den Türken, folgten Jahrzehnte, in denen das Land eher das Objekt europäischer Großmachtpolitik war als wirklich Herr seiner selbst.

Eine von Grund auf veränderte Welt seit dem Ende des Krieges 1945 hat alte Fragen bedeutungslos gemacht und neue aufgeworfen. Griechenlands Entscheidung für Europa, für Westeuropa, fiel im Bürgerkrieg. Die Vision eines blockfreien Hellas, wie sie von den Sozialisten in Athen immer wieder beschworen wird, ist nicht realistisch. Zur Orientierung nach Europa hin gibt es für Griechenland keine Alternative. So ist der Beitritt zur Europäischen Gemeinschaft für dieses Land vor allem eine politische, eine historische Entscheidung gewesen. Für Konstantin Karamanlis verbindet sich mit der EG-Mitgliedschaft zugleich die Hoffnung, ein der Gemeinschaft angeschlossenes Griechenland könnte endlich jene innenpolitische Stabilität finden, die es zur Lösung seiner wirtschaftlichen Probleme so dringend braucht. Die Zugehörigkeit zur Gemeinschaft könnte, so spekulierte Karamanlis, die Bandbreite der politischen Auseinandersetzungen in Hellas auf jenes Maß reduzieren, das auch andernorts in Europa üblich ist. Das wäre dann, wenn es Wirklichkeit wird, tatsächlich so etwas wie die Heimkehr Griechenlands nach Europa – freilich nicht in jenem mythologisierten Sinne, wie es manche Beitrittsapologeten darstellen, wenn sie statt der Zukunft dieses Landes eher seine Vergangenheit im Blick haben.

Der «große Wandel»?

Mit dem Schlachtruf *allagi*, was soviel heißt wie Wechsel, Wandel, zogen sie in den Wahlkampf. Auf riesigen Plakattafeln, aufgesprüht auf Hauswände, aufgepinselt auf die Bürgersteige konnten es die Passanten allenthalben lesen: «Das Volk will den Wandel, PASOK kann ihn bringen!»

Herbst 1981 – wieder Wahlkampf in Griechenland, zum drittenmal seit dem Sturz der Diktatur. Es war der aufwendigste, der teuerste, der lauteste Wahlkampf, den Hellas je erlebt hatte. Aber auch – trotz scharfer Gegensätze und mancher Mißtöne – der friedlichste, der fröhlichste. Die politische Konfrontation indes war härter als je zuvor seit 1974: wenn man den Meinungsumfragen trauen durfte, dann hatte Andreas Papandreou nicht nur reale Chancen, diese Wahl zu gewinnen; nein, der PASOK, da waren sich nahezu alle Beobachter einig, war dieser Wahlsieg kaum noch zu nehmen.

Papandreou, der sich noch wenige Jahre zuvor offen für das «jugoslawische Modell» und gar Ghaddafis «direkte Demokratie» begeistert hatte, zog zwar mit einem entschärften Programm in den Wahlkampf, aber harte Kritik an der NATO und Zweifel am Sinn der EG-Mitgliedschaft waren weiterhin unüberhörbar: «Hellas, für immer raus aus der NATO», «Raus mit den Todesbasen» –, so skandierten die Anhänger der PASOK in den Wahlkampfversammlungen. Doch der Parteichef selbst gab weniger klare Auskünfte: Weder was das Verhältnis des Landes zur NATO noch was die Zukunft der amerikanischen Militärstützpunkte in Griechenland anging, legte Papandreou sich fest. Je näher der Wahltermin rückte, desto undeutlicher wurden die Konturen der außenpolitischen Pläne des Herausforderers. Nicht viel anders stand es um die Innen-, Wirtschafts- und Gesellschaftspolitik. Hatte Papandreou noch in den ersten Jahren nach dem Sturz der Junta gnadenlos für eine umfassende Verstaatlichung aller wichtigen Industriebetriebe des Landes plädiert, so war nun von der «Sozialisierung» bestimmter Wirtschaftszweige die Rede – Wirtschaftszweige, die, wie etwa das Bank- und Versicherungswesen oder die Schwerindustrie, de facto längst überwiegend in Staatsbesitz waren: Über 95 % des Bankgewerbes befand sich im Besitz der staatlichen Banken. Allein die staatseigene «Nationalbank» hielt die Aktienmehrheit in über 500 Mittel- und Großbetrieben des Landes.

Ob die «weiche Welle» des Andreas Papandreou in den Monaten vor der Wahl allein dazu bestimmt war, die wahlentscheidenden Stimmen aus der politischen Mitte zu gewinnen oder ob ihr ein echter Sinneswandel des Oppositionsführers zugrunde lag, darüber rätselten im Herbst 1981 viele Griechen. Die Konservativen warnten vor Experimenten: Ein Sieg der Sozialisten, so prophezeiten sie, werde das «Land ins Chaos stürzen», gar «Weimarer Verhältnisse» heraufbeschwören; ein «Weg ins Ungewisse – aber gewiß ohne Rückkehr», so orakelte ein konservativer Minister vor der Wahl. Aber auch im konservativen Lager gab es differenziertere Ansichten über das, was Griechenland im Falle eines sozialistischen Wahlsiegs bevorstehen könnte: «Papandreou», so sagte schon Wochen vor der Wahl ein prominenter Minister des Kabinetts Rallis, «wird in der griechischen Außenpolitik nichts ändern; aber er wird den Eindruck erwecken, als wolle er das – er wird alles in Frage stellen, und das wird der Glaubwürdigkeit seiner Politik international schweren Schaden zufügen.»

Athen, 15. Oktober 1981, drei Tage vor der Wahl: eine unübersehbare Menschenmenge hat sich auf dem Sintagmaplatz vor dem Parlamentsgebäude versammelt. Vierhunderttausend mögen es sein, die sich da bis weit in die umliegenden Straßen hineindrängen. Hunderte von Scheinwerfern tauchen die Szenerie in ein gleißendes Licht. Auf den Balkonen ringsum, auf den Flachdächern stehen die Menschen, in den Bäumen sitzen sie. Unten auf dem Platz wogt ein Meer von grünen Fahnen und bunten Luftballons. Es herrscht Volksfeststimmung: man lacht, singt, schwenkt Fahnen und Transparente. Sprechchöre übertönen die Bouzoukimusik aus den Lautsprechern: «Mit dir, Andreas, für ein neues Griechenland ...»

Und dann betritt er die Rednertribüne, hebt beide Arme, reckt der tobenden Menge die Finger zum «V» entgegen – «V» für victory, für

Sieg. Feuerwerksraketen steigen auf, Kanonenschläge ballern los, in dicken Trauben trudeln die gasgefüllten Luftballons in den Himmel. Wieder erklingen die Sprechchöre: «Das Volk mit PASOK an die Macht! PASOK, Frieden, Demokratie ...»

Oben auf der Tribüne steht der 62jährige Papandreou, gefeiert von seinen Anhängern und hat einige Schwierigkeiten, sich überhaupt Gehör zu verschaffen. Jene Rede, die er dann schließlich hält, hat viel von jenem Pathos, ohne das wohl kein griechischer Politiker vor seine Wähler zu treten wagt: «Dies ist keine politische Kundgebung», ruft Papandreou, «dies ist ein Volksfest des Sieges, der Befreiung unseres Volkes, das seit Jahrzehnten von der Rechten unterdrückt worden ist ... Heute abend haben wir uns befreit!... Bürger von Athen, Demokraten, heute abend ist der Kampf entschieden – das Volk, die Demokratie, der Wandel haben gesiegt!»

Als drei Tage später, am Abend des 18. Oktober 1981, die ersten Auszählungsergebnisse über die griechischen Fernsehschirme flimmerten, da deutete sich ein Erdrutsch nie dagewesenen Ausmaßes an. Noch 1977 hatten die Konservativen in allen 56 Wahlkreisen des Landes eine klare Mehrheit erzielt. Jetzt schien das alles auf den Kopf gestellt. In kaum einer Wahlurne landauf, landab fanden sich mehr Stimmzettel für die «Neue Demokratie» als für die PASOK. Woher auch immer die ersten Meldungen kamen, ob aus Makedonien oder vom Peloponnes, aus Kreta oder den Athener Vorstädten, stets waren es Hiobsbotschaften für die Konservativen: überall führten die Sozialisten mit klarem Vorsprung. In einigen Wahlkreisen hatten sie ihren Stimmenanteil verdoppelt, in anderen gar verdreifacht. Mit jeder Minute, mit jedem neuen Auszählungsergebnis wurde es mehr zur Gewißheit, was viele seit Wochen schon geahnt, gehofft oder befürchtet hatten: Griechenlands Konservative hatten eine vernichtende Wahlniederlage erlitten, und die PASOK ging einem Sieg entgegen, der selbst die kühnsten Träume noch zu übertreffen schien.

Der Sieg des Andreas Papandreou war triumphal: magere 13 % der Stimmen hatte seine PASOK 1974 erreicht, 1977 waren es immerhin schon 25 % gewesen, und nun hatten gar 48 % der griechischen Wähler für den «großen Wandel» votiert, den Papandreou dem Land versprach. Griechenlands erste sozialistische Regierung seit dem Zweiten Weltkrieg konnte sich damit auf eine bequeme Mehrheit von 174 der 300 Parlamentssitze stützen.

Insgeheim freilich hofften wohl viele von Papandreous Wählern, der «große Wandel» möge ganz so groß nun doch lieber nicht ausfallen. Denn nicht so sehr der eigenen linken Stammwählerschaft verdankte Papandreou diesen Sieg, sondern vor allem dem Zugewinn liberaler Wählerstimmen und gar einer großen Zahl von Überläufern aus dem konservativen Lager. Die Wahl vom 18. Oktober 1981 war eine Protestwahl: Protest gegen wirtschaftliche Inkompetenz, finanzpolitische Leichtfertigkeit und gesellschaftspolitischen Stillstand; Protest gegen politische Protektion und Korruption; Protest auch gegen eine sich immer selbstherrlicher gerierende Staatsbürokratie. Die Konservativen wurden an jenem 18. Oktober 1981 von einer gewaltigen Woge der Unzufriedenheit und des Überdrusses überrollt. Nach fünf Jahrzehnten konservativer Vorherrschaft waren wohl die meisten Griechen die alten Gesichter und die abgenutzten Slogans endgültig leid.

Mit einer Ausnahme wohl: daß es da noch Konstantin Karamanlis gab, machte vielen Mut, für Papandreou zu stimmen. «Karamanlis – oder die Panzer!», so hatte die unausgesprochene Devise 1974 und 1977 gelautet; jetzt, 1981, war er in den Augen vieler Wähler erneut ein Garant für Stabilität – der konservative Staatspräsident, der «griechische Adenauer», so kalkulierte mancher, würde schon dafür sorgen, daß der «Wandel» nicht unversehens zur Revolution ausarten könnte. Und so ging die «Ära Karamanlis» mit dem Wahlsieg der Sozialisten nicht zu Ende. Es begann vielmehr ein weiteres Kapitel.

Nicht allen Konservativen freilich fiel es leicht, sich nach dem 18. Oktober 1981 von der liebgewordenen Macht zu trennen. Die Statur, seine Amtsgeschäfte, wie es sich in Demokratien gehört, dem Nachfolger zu übergeben, hatte kaum ein konservativer Minister. Die meisten der neuen Amtsträger fanden in ihren Büros leere Aktenschränke und leere Schubladen vor. Als Angela Kokolla, die Chefsekretärin und langjährige Vertraute des neuen Regierungschefs Andreas Papandreou frühmorgens die Amtsräume inspizierte, mußte sie feststellen, daß der Amtsvorgänger buchstäblich alles hatte mitgehen lassen – es gab weder Schreibpapier noch Bleistifte. Nur eine Sprühdose Ungeziefergift hatte der konservative Premier Georg Rallis seinem Nachfolger hinterlassen!

Trotz lückenhafter Aktenlage und leerer Regale allerdings machten die Sozialisten alsbald viele Entdeckungen in ihren Ämtern. In Jahrzehnten ununterbrochener Herrschaft hatten es die Konservativen verstanden, ihre Gefolgsleute gut zu versorgen: oft genug ohne Rücksicht auf Qualifikation und Bedarf waren Zehntausende von Günstlingen in den öffentlichen Dienst übernommen worden. In Ämtern, Behörden und Ministerien wimmelte es nur so von Mitarbeitern, die auf die Frage, was denn ihre Tätigkeit umfasse, keine klare Auskunft zu geben vermochten. Rund 100 Pförtner zum Beispiel beschäftigte der griechische Staatsfunk – das Funkhaus hat einen Haupt- und zwei (meist verriegelte) Nebeneingänge! Im Presse- und Informationsamt der Regierung wurden 80 Angestellte angetroffen, die alle zur Auskunft gaben, ihre Aufgabe bestehe in der Bedienung der Fotokopiergeräte der Behörde. Es gab dort ganze zwei solcher Apparate! Auf hochbezahlten Dolmetscherstellen saßen Beamte, die allein ihre Muttersprache Griechisch beherrschten. Über Personalmangel konnten auch die meisten griechischen Botschaften im Ausland nicht klagen – die im sonnigen Rom zum Beispiel hatte es unter den Konservativen auf immerhin 17 Pressereferenten gebracht. In vielen Auslandsvertretungen der Republik Griechenland war Botschaftspersonal in so reicher Zahl vorhanden, daß die Diplomaten längst zur Schichtarbeit übergegangen waren, um sich in die vorhandenen Büros und Schreibtische zu teilen.

Den Leerlauf und die Hemmnisse in der verkrusteten Staatsbürokratie zu beseitigen, das hatte Papandreou seinen Wählern unter anderem versprochen. Und da ging es um weit mehr als nur eine Verwaltungsreform: tief verwurzelt war (und ist) in Griechenland die Überzeugung, daß der Bürger vom Staat eigentlich nur Schlechtes zu erwarten habe – nämlich Einschränkungen der in Griechenland gelegentlich exzessiv, um nicht zu sagen anarchistisch interpretierten Freiräume des Individuums. Diese Individuen freilich legen, jenseits der durch die Familienbande abgesteckten Grenzen, bisweilen erschreckend unsoziale Verhaltensweisen an den Tag. Daß so gut wie niemand glaubt, sich an Verkehrsregeln halten zu müssen, wo doch das Vordrängen an der Ampel oder das Verscheuchen der Fußgänger am Zebrastreifen schnelleres Fortkommen zu versprechen scheint, illustriert beispielhaft, woran das soziale Zusammenleben in Griechenland gelegentlich leidet: nämlich an einem Mangel an Solidarität. Da werden ehrliche Steuerzahler als Deppen verlacht und Steuerprüfer als Schergen verteufelt. Vom «Staat», von «der Regierung» erwartet man allerlei individuelle Zuweisungen der Gunst; man erwartet, daß Schlaglöcher ausgebessert werden, daß Polizisten Einbrecher fangen, aber man empfindet es als Zumutung, wenn dieselben Polizisten Strafmandate an Parksünder verteilen oder die Finanzbeamten jenes Geld einzutreiben versuchen, ohne das Schlaglöcher nun mal nicht ausgebessert werden können.

Gewiß: die Konservativen waren nicht ganz schuldlos daran, daß mancher Grieche sich fragte, was mit seinen Steuergeldern eigentlich geschehe: die Repräsentanten der staatlichen Autorität entsprachen in den Jahren seit dem Zweiten Weltkrieg ebensowenig dem Schulbuchideal wie die Bürger. So manche Steuerdrachme floß in dunkle, unergründliche Kanäle. Das war dann auch mit ein Grund für viele Griechen, am 18. Oktober 1981 für Andreas Papandreou zu stimmen – denn der versprach die «wahre Demokratie», versprach «Transparenz» – und beides hatte Griechenland nun wirklich bitter nötig.

Woran die griechische Demokratie bislang gekrankt hatte, das wurde vielen, vornehmlich jenseits der Grenzen, erst nach dem Regierungswechsel klar: da schafften die Sozialisten zum Beispiel, kaum an die Macht gekommen, jene Zensurgesetze ab, die, erlassen während der Metaxas-Diktatur und ausgerechnet während der deutschen Besatzung im Zweiten Weltkrieg, Jahrzehnte seither unverändert überdauert hatten – wohl weil sie den Konservativen durchaus zupaß kamen. Danach wurden nicht nur Schallplatten, Tonbandkassetten und Filme aus dem Ausland der Begutachtung und Freigabe durch ein Zensurkomitee unterworfen; auch die griechischen Filmemacher mußten ihre Drehbücher dem Zensor vorlegen, bevor ihnen der Erwerb unbelichteten Filmmaterials für die Dreharbeiten – sozusagen auf Bezugsschein – gestattet wurde. Über jeden Meter Zelluloid überdies mußten die Produzenten Rechenschaft ablegen – auf daß nicht aus den Abfällen Unbotmäßiges abgelichtet werde! Daß Griechenland unter dem strengen Regiment dieser Gutachter zu einem der größten europäischen Pornofilm-Produzenten aufstieg, enthüllt anschaulich die Doppelbödigkeit dieser Zensurmoral, deren ausführende Organe gegen gewisse devisenträchtige Anfechtungen offenbar nicht gefeit waren.

Die Abschaffung dieser Zensurgesetze war die erste einer ganzen Reihe von Gesetzesänderungen, die darauf abzielten, die Rechtsprechung im Lande zu demokratisieren und die Rechtsnormen zu reformieren. Dazu gehörten unter anderem: die Senkung des Wahlalters auf jetzt 18 Jahre, die Einführung der Zivilehe (von der allerdings eigenartigerweise bislang nur etwa sechs Prozent der Heiratswilligen Gebrauch machen) und die Reform des Familienrechts. War der Mann früher «Alleinherrscher» in der Familie, so hat nun die Frau ein gleichberechtigtes Mitsprache- und Entscheidungsrecht. Von dem im Sommer 1983 verabschiedeten Gesetz zur Einführung eines nationalen Gesundheitswesens versprechen sich die Sozialisten ein Ende der in Hellas bisweilen unerträglichen Beutelschneiderei im weißen Kittel und eine bessere medizinische Versorgung insbesondere in der Provinz – dort mochten sich die Doktoren bisher nur widerwillig niederlassen, weil es da wenig zu liquidieren gab. In Gang gekommen ist auch die von den Konservativen stets ängstlich verhinderte Dezentralisierung der staatlichen Verwaltung. Die Kommunen haben nicht nur mehr Kompetenzen erhalten, sondern vor allem – eine entscheidende Voraussetzung für die regionale Selbstverwaltung – mehr Geld. Mit der Anerkennung des «nationalen Widerstandes» während der deutschen Besatzung im Zweiten Weltkrieg schließlich versuchten die Sozialisten, einen Schlußstrich unter den nun fast vier Jahrzehnte zurückliegenden griechischen Bürgerkrieg zu setzen. Auch Widerstandsorganisationen, die bislang unter den Konservativen wegen ihrer kommunistischen Ausrichtung verfemt waren, wurden nun offiziell anerkannt, und ihre damaligen Mitglieder erhalten staatliche Renten. Gesicherter ist der Lebensabend auch für die meisten griechischen Landwirte geworden, denen die PASOK-Regierung deutliche Erhöhungen ihrer ehedem höchst spärlichen Altersrenten verschaffte.

Für viele allerdings hatte der von Papandreou ins Werk gesetzte «Große Wandel» durchaus seine Schattenseiten. Ob nun bei der Gendarmerie oder bei der Feuerwehr, bei Post und Wasserwerken, in den Ministerien und Ämtern: Überall schienen die Sozialisten von der manischen Furcht besessen, Beamte und Angestellte, die nicht das Parteibuch der «Panhellenischen Sozialistischen Bewegung» auf dem Herzen trugen, könnten womöglich den «Großen Wandel» zu sabotieren trachten. Nicht einmal vor den Fußballschiedsrichtern und Sportplatzwarten machte die Säuberungswelle halt.

Doch diese «Katharsis» war wohl mit ein Grund dafür, daß die von Papandreou versprochene «Entschlackung» der hoffnungslos verkrusteten griechischen Staatsbürokratie bislang höchst mühsam vorankam. Die neuen, linieintreuen Mitarbeiter nämlich zeichneten sich vielfach durch ein gerüttelt Maß an Unerfahrenheit aus. So manche verwirrende Wendung in der griechischen Außenpolitik der Jahre 1982 und 1983 geht fraglos auf das Konto diplomatischer Ungeschicklichkeiten. Nun war sich freilich auch so mancher Diplomat im Athener Außenministerium und in den Botschaften des Landes nicht immer ganz im klaren über die Grundlinien des von Papandreou eingeschlagenen außenpolitischen Kurses, denn der blieb auch nach der Wahl eigenartig unbestimmt. Noch im Wahlkampf hatte der Sozialist bei seinen Anhängern den Eindruck erweckt, eine von ihm geführte Regierung werde der NATO den Rücken kehren und die amerikanischen Stützpunkte im Lande unverzüglich schließen. Doch im Sommer 1983 schlossen die Sozialisten nach monatelangen Verhandlungen mit den Vereinigten Staaten ein neues Stützpunktabkommen. Es sah den Fortbestand der US-Basen für fünf Jahre vor, danach, so interpretierte Papandreou in der Öffentlichkeit das Abkommen, würden die Stützpunkte geräumt. Tatsächlich aber sichert der Vertrag auch über diese Fünfjahresfrist hinaus den USA ihre militärische Präsenz in Griechenland, wenn er nicht eigens im Herbst 1988 aufgekündigt wird. Die endgültige Entscheidung über die Zukunft der amerikanischen Stützpunkte in Griechenland also ist noch keineswegs gefallen – sie wird von der im Herbst 1988 amtierenden Regierung zu treffen sein.

Vom NATO-Austritt Griechenlands war gleichfalls nach der Wahl nicht mehr die Rede, wie auch der Verbleib des Landes in der Europäischen Gemeinschaft von Papandreou nicht mehr in Zweifel gezogen wurde – jedenfalls nicht gegenüber den Gemeinschaftspartnern. Dieses Einschwenken auf eine unzweideutig westliche Linie hinderte Papandreou freilich nicht daran, seinen Anhängern in Parteiversammlungen und auf Kundgebungen immer wieder außenpolitische Perspektiven vorzugaukeln, die es in Wirklichkeit gar nicht gab. Es war ein in der Tat oftmals verwirrendes Bild, das die griechische Außenpolitik seit dem Oktober 1981 bot: schrille Töne für den innenpolitischen Gebrauch, ätzende, bisweilen böswillige Angriffe gegen Griechenlands Partner und Verbündete in der Öffentlichkeit; auf der Arbeitsebene hingegen, im bilateralen Gespräch, in EG- und NATO-Konferenzen zeigte sich Papandreou als zwar streitbarer, aber letztlich doch kompromißbereiter und gar konzilianter Partner. Irritiert zwar durch die oft polternden öffentlichen Auftritte des Athener Regierungschefs im eigenen Land, aber dann doch immer wieder beruhigt durch die persönlichen Zusicherungen in bilateralen Gesprächen, registrierten die Amtskollegen Papandreous in Westeuropa und jenseits des Atlantik erleichtert, daß auch ein sozialistisch regiertes Griechenland nicht, wie noch vor einigen Jahren befürchtet werden mußte, ins Lager der Blockfreien abdriften werde.

Wenig erfreulich für die Sozialisten entwickelte sich seit dem Machtwechsel vom Oktober 1981 die Wirtschaftslage im Lande. Zum erstenmal in der Nachkriegsgeschichte begann die Arbeitslosigkeit in Griechenland zu einem ernsten Problem zu werden. Zwar erhöhten die Sozialisten gleich nach der Wahl die Mindestlöhne deutlich und führten, mindestens für die unteren Lohn- und Gehaltsgruppen, einen annähernden Inflationsausgleich ein. Die Mehrzahl der griechischen Arbeitnehmer und Angestellten bekam die Geldentwertung unmittelbar zu spüren: allein zwischen dem Oktober 1981 und dem Januar 1984 verlor die Drachme mehr als 45 % ihrer Kaufkraft. Zum Jahreswechsel 1983/84 zeigten fast alle Wirtschaftsindikatoren nach unten: Investitionen und Einzelhandelsumsätze, Industrieproduktion und Energieverbrauch waren rückläufig. Besonders ungünstig entwickelten sich die für Griechenlands Leistungsbilanz so wichtigen Einkünfte aus der Seeschiffahrt, dem Fremdenverkehr und den Gastarbeiterüberweisungen. Die Deviseneinnahmen aus dem Tourismus und der Handelsschiffahrt gingen 1983 gegenüber dem Vorjahr um jeweils mehr als 20 Prozent zurück, nachdem sie schon 1982 deutlich unter dem Stand von 1981 gelegen hatten. Die schwierige Arbeitsmarktlage in Westeuropa führte dazu, daß die Auslandsgriechen um rund 10 Prozent weniger harte Devisen in die Heimat schickten als im Vorjahr. Unter dem Strich verzeichnete die Leistungsbilanz zum Jahresende 1983 ein Minus von knapp 2 Milliarden Dollar – geringfügig weniger als im Jahr zuvor, aber diese auf den ersten Blick günstige Entwicklung war bei Licht besehen nur ein weiteres Indiz für die Krise: Sie beinhaltete einerseits den Zufluß von EG-Geldern in Höhe von rund 700 Millionen Dollar; zum zweiten war sie erklärlich durch einen deutlichen Rückgang der Importe und sinkende Öl-Einfuhren – beides spiegelte die Schwäche des griechischen Inlandsmarktes im Jahre 1983 wider, nicht etwa eine Gesundung im Außenhandel des Landes.

Natürlich war die Krise weder ausschließlich hausgemacht noch in erster Linie von den regierenden Sozialisten zu verantworten. Eine Volkswirtschaft wie die griechische, die seit jeher gravierende Exportschwächen, niedrige Produktivitätsraten und eine hohe Abhängigkeit von der Wirtschaftsentwicklung in den westlichen Industrienationen zeigte, mußte von der globalen Rezession besonders hart getroffen werden. Diese weltweite Konjunkturflaute legte nun die gravierenden Strukturschwächen der griechischen Volkswirtschaft erneut offen. Und so waren die Aussichten für die weitere Wirtschaftsentwicklung des Landes zum Jahreswechsel 1983/84 alles andere als rosig. Papandreou mußte erkennen, daß er bei seinen Wählern allzu große Hoffnungen geweckt hatte – der immer wieder angekündigte Aufschwung jedenfalls wollte sich partout nicht einstellen.

Enttäuscht wurde auch eine andere Hoffnung, die Papandreou im Wahlkampf insbesondere bei den Wählern der liberalen Mitte so nachhaltig zu wecken verstand, daß diese ihm gleich zu Hunderttausenden zugeströmt waren: die Hoffnung auf mehr politische Transparenz, auf eine wirkliche, tiefgreifende Demokratisierung dieses Landes. Nicht ohne Verbitterung glaubte mancher Grieche zu erkennen, daß auch unter den Sozialisten die alte Vetternwirtschaft – eben nur mit umgekehrtem Vorzeichen – weiterging. Früher durfte auf Baugenehmigungen oder Jobs im Staatsdienst hoffen, wer die Beamten und Politiker nur gut genug «schmierte»; heute ist ohne Zweifel im Vorteil, wer ein Parteibuch der PASOK sein eigen nennt.

Ob jene Unregelmäßigkeiten, die da allenthalben auch unter der Regierung des Andreas Papandreou vorkommen und die sich als gefährliche Stolperdrähte auf dem Weg zu einer Demokratisierung Griechenlands erweisen, von Papandreou selbst und seinen Führungsleuten gebilligt oder auch nur wahrgenommen werden, ist nicht die eigentlich interessante Frage. Ohne Zweifel gibt es im Kabinett, gibt es auch in den Führungszirkeln der PASOK zahllose Frauen und Männer, die echte Demokraten sind und deren politische Moral über jeden Zweifel erhaben ist. Dennoch wird man nicht behaupten können, daß ein Fingerspitzengefühl für das, was politisch sein darf und was nicht, überall in der Partei verbreitet ist. Die Chance, in seiner Partei zu demonstrieren, was Demokratisierung sein kann, was Transparenz bedeutet, hat Papandreou bislang ungenutzt gelassen. Ein Parteitag, laut Statut das oberste Gremium der Partei, hatte auch neuneinhalb Jahre nach der Gründung der PASOK noch nicht stattgefunden. Zuletzt für den Herbst 1983 angekündigt, wurde der Termin für den Kongreß erneut verschoben – nun soll er im Jahre 1984 stattfinden. Ob er dann wirklich stattfindet, steht allerdings in den Sternen. Selbst wenn: von dem Parteitag wird man nicht die große Wende erwarten dürfen – von einer kontroversen, lebendigen, öffentlichen Debatte über die drängenden politischen Gegenwartsfragen und Zukunftsprobleme trennen die PASOK immer noch Welten. Das erklärt dann wohl auch, warum die Sozialisten manches Mal so überaus gereizt auf Kritik, zumal auf solche aus den eigenen Reihen, reagieren.

Obwohl sich der «Große Wandel» beileibe nicht so entfaltete, wie das Papandreou selbst und seine Anhänger erhofft hatten, genoß der Parteichef und Ministerpräsident auch mehr als zwei Jahre nach seiner Wahl nahezu ungebrochene Sympathien bei den Wählern. Alle Meinungsumfragen deuteten darauf hin, daß Papandreou nur unwesentlich an Zulauf verloren hatte. Mit ein Grund dafür war, daß sich die Konservativen von ihrer vernichtenden Wahlniederlage des 18. Oktober 1981 nicht zu erholen vermochten. Wenige Tage nach der Parlamentswahl hatte sich der bisherige Regierungs- und Parteichef Georg Rallis einer Vertrauensabstimmung in der konservativen Parlamentsfraktion gestellt und diese erwartungsgemäß verloren. Neuer Parteichef und Oppositionsführer wurde Evangelos Averof. Doch der greise Rechtskonservative vermochte die Partei nicht aus dem Tief zu führen, ja, unter seiner Führung setzte sich die Erosion der Sympathien für die Nea Dimokratia sogar noch weiter fort. Insbesondere die jüngeren Wählerschichten der liberalen Mitte vermochte Averof nicht für sich zu gewinnen. Die Dauer-Führungskrise lähmte die Partei und machte vorerst alle Aussichten zunichte, die ND könnte womöglich bei der Parlamentswahl im Herbst 1985 an die Macht zurückkehren.

Vorerst aber konzentrierte sich das Interesse der politisch Interessierten (und wer wäre das nicht in Griechenland!) auf ein anderes Datum: den Mai 1985. Dann nämlich würde ein neuer Staatspräsident zu wählen sein. Das Verhältnis zwischen der sozialistischen Regierung und dem konservativen Konstantin Karamanlis war, allen gegenteiligen Beteuerungen in der Öffentlichkeit zum Trotz, letzthin oft recht angespannt. Würden die Sozialisten, gemeinsam mit den Konservativen, Karamanlis noch einmal auf fünf Jahre zum Staatsoberhaupt wählen? Würde Karamanlis erneut kandidieren? Oder würden sich die Sozialisten des oft lästigen «Bremsers» Karamanlis entledigen und, gemeinsam mit der kommunistischen Fraktion, einen der ihren ins höchste Staatsamt wählen? Schmiede womöglich gar Andreas Papandreou selbst Pläne, den Stuhl des Regierungschefs mit dem des Staatspräsidenten zu tauschen und zum «Oberaufseher» der griechischen Politik aufzusteigen?

Offene Fragen, auf die im Frühjahr 1984 noch niemand eine Antwort wußte. Zu unsicher schienen überdies alle Prognosen: im November 1983 hatte Rauf Denktasch sich auf Zypern seinen alten Traum erfüllt und eine autonome «Türkische Republik Nordzypern» proklamiert. Damit schien die Teilung der Mittelmeerinsel aufs erste zementiert; daß die UNO den neuen «Staat» ächtete, änderte am Status quo der Spaltung wenig. Das Verhältnis zwischen Griechenland und der Türkei bewegte sich auf einen neuen Tiefpunkt zu und sorgte für neue Spannungen zwischen Griechenland und den Bündnispartnern in der NATO. Eine Einigung in der Ägäis-Frage schien erneut in weite Ferne zu rücken.

So blickten Anfang 1984 viele in Griechenland mit einiger Skepsis in die Zukunft, eine Zukunft, die – in Europa und so erst recht in Hellas – voller Ungewißheiten zu sein schien.

Literaturübersicht

Vorbemerkung:
Die deutschsprachige Literatur zur Geschichte und Gegenwart des modernen Griechenland ist nicht sehr zahlreich. Es wurden daher in das folgende Literaturverzeichnis auch die wichtigsten fremdsprachigen Titel zum Thema aufgenommen. *d. V.*

Bakojannis, Pavlos: Militärherrschaft in Griechenland. Stuttgart 1972
Bengtson, Hermann: Griechische Geschichte. Von den Anfängen bis in die römische Kaiserzeit. München 1976
Bowra, Cecil Maurice: Griechenland. Von Homer bis zum Hellenismus. Reinbek 1977
Bradford, Ernle: Die griechischen Inseln. München ^{3}1973
Buck, Karl H.: Griechenland und die Europäische Gemeinschaft. Erwartungen und Probleme des Beitritts. Bonn 1978
Campbell, John / Philip Sherrard: Modern Greece. London 1968
Chandler, Richard: Reisen in Griechenland. Leipzig 1777; Hildesheim 1976
Clogg, Richard: A Short History of Modern Greece. Cambridge 1969
Clogg, Richard (Hg.): The Struggle for Greek Independence. London 1973
Clogg, Richard / George Yannopoulos: Greece under Military Rule. London 1972
Dryander, Elisabeth von: 6mal Griechenland. München ^{2}1976
Durrell, Lawrence: Griechische Inseln. Reinbek 1978
Durrell, Lawrence: Leuchtende Orangen. Rhodos, Insel des Helios. 1964
Durrell, Lawrence: Schwarze Oliven. Korfu, Insel der Phäaken. 1963
Durrell, Lawrence: Bittere Limonen. Erlebtes Cypern. Reinbek 1962
Edey, Maitland A.: Die verlorene Welt der Ägäis. Reinbek 1978
Fink, Humbert: Am Anfang war die Ägäis. Von Inseln und Küsten. München 1976
Friedell, Egon: Kulturgeschichte Griechenlands. München 1970
Gaitanides, Johannes: Griechenland ohne Säulen. München 1978
Gaitanides, Johannes: Das Inselmeer der Griechen. München 1979
Gaitanides, Johannes / Rudolf Schneider-Manns Au: Traumfahrten durch die Ägäis. München 1977
Gaitanides, Johannes / Susanne Worms: Ägäisches Trio: Kreta, Rhodos, Zypern. München 1974
Galanopoulos, Angelos G. / Edward Bacon: Die Wahrheit über Atlantis. München 1977
Gallas, Klaus: Kreta. Kunst aus fünf Jahrtausenden. Köln 1974
Grieben-Reiseführer: Griechische Inseln. München 1973
Grieben-Reiseführer: Griechisches Festland. München 1976
Holden, David: Greece Without Columns. The Making of the Modern Greeks. London 1972
Hummen, W.: Griechenland und die Europäische Gemeinschaft. Probleme und Lösungsansätze im Bereich der Industrie. Berlin 1977
Kaschnitz, Marie Luise: Griechische Mythen. Hamburg / Düsseldorf 1972
Kästner, Erhart: Die Lerchenschule. Aufzeichnungen von der Insel Delos. Frankfurt 1964

Kästner, Erhart: Ölberge, Weinberge. Frankfurt 1953
Kästner, Erhart: Die Stundentrommel vom heiligen Berg Athos. Frankfurt 1956
Kazantzakis, Nikos: Im Zauber der griechischen Landschaft. München 1977
Laccarrière, Jaques: Griechischer Sommer. Wanderungen in Hellas. Wiesbaden 1977
Legg, Keith R.: Politics in Modern Greece. Stanford 1969
Marinatos, Spyridon: Kreta, Thera und das Mykenische Hellas. München ³1977
Mavor, James W.: Reise nach Atlantis. Wissenschaftler lösen das Rätsel einer Weltkatastrophe. München 1969
McNeill, William H.: The Metamorphosis of Greece since World War II. Chicago 1978
Melas, Evi: Athen. Köln 1977
Melas, Evi: Die griechischen Inseln. Köln 1976
Melas, Evi: Richtig Reisen: Griechenland. Köln 1980
MERIAN: Thessalien. Hamburg 1969
MERIAN: Athen. Hamburg 1973
MERIAN: Lesbos, Chios, Samos. Hamburg 1978
MERIAN: Kreta. Hamburg 1978
MERIAN: Ägäische Inselwelt. Hamburg 1961
Meynaud, Jean: Bericht über die Abschaffung der Demokratie in Griechenland. Berlin 1969
Miller, Henry: Der Koloß von Maroussi. Reinbek 1978
Nikolinakos, Marios / Kostas Nikolaou: Die verhinderte Demokratie: Modell Griechenland. Frankfurt ²1969
Papandreou, Andreas: Democracy at Gunpoint: The Greek Front. New York 1970; London 1971
Poethen, Johannes: Der Atem Griechenlands. Düsseldorf 1977
Polyglott-Reiseführer: Griechenland. München 1973
Seyppel, Joachim: Hellas, Geburt einer Tyrannis. Berlin 1968
Sherrard, Philip: Byzanz. Reinbek ²1975
Skriver, Ansgar: Soldaten gegen Demokraten. Militärdiktatur in Griechenland. Köln 1968
Stern, Laurence: The Wrong Horse. The Politics of Intervention and the Failure of American Diplomacy. New York 1977
Weber, Carl W.: Athen. Aufstieg und Größe des antiken Stadtstaates. Düsseldorf 1979
Weiss, Walter / Karl Kerényi: Griechenland. Frankfurt 1977
Wiesel, J. M. / R. Speich: Athen, Attika und die argo-saronischen Inseln. Stuttgart 1970
Woodhouse, C. M.: The Philhellenes. London / Athen 1977
Woodhouse, C. M.: Modern Greece. A Short History. London 1977
Woodhouse, C. M.: The Story of Modern Greece. London 1968
Young, Kenneth: The Greek Passion. London 1969

Personen- und Sachregister

Ortsregister